国家社科基金
后期资助项目
GUOJIA SHEKE JIJIN HOUQI ZIZHU XIANGMU

企业绿色技术创新行为研究

Enterprise Green Technology Innovation Behaviour

关洪军 赵爱武 杜建国 著

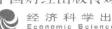

中国财经出版传媒集团

经济科学出版社
Economic Science Press

国家社科基金后期资助项目
出版说明

后期资助项目是国家社科基金设立的一类重要项目，旨在鼓励广大社科研究者潜心治学，支持基础研究多出优秀成果。它是经过严格评审，从接近完成的科研成果中遴选立项的。为扩大后期资助项目的影响，更好地推动学术发展，促进成果转化，全国哲学社会科学规划办公室按照"统一设计、统一标识、统一版式、形成系列"的总体要求，组织出版国家社科基金后期资助项目成果。

全国哲学社会科学规划办公室

序　言

　　面对资源约束趋紧、环境污染严重、生态系统退化的严峻形势，国际社会已经普遍认识到发展绿色产业经济的重要性，并将企业绿色技术创新作为实现可持续发展的重要手段。2014 年 11 月 12 日，在中美双方于北京发布的《中美气候变化联合声明》中，我国正式提出"中国计划 2030年左右二氧化碳排放达到峰值，并争取尽早实现"。这一方面体现了我国政府解决环境问题的决心，另一方面也意味着以往高能耗、高排放粗放型增长模式进入倒计时。然而，我国还有大量的贫困人口，社会福利水平较低，同时城市化和工业化目标尚未实现，节能减排的同时，还必须考虑经济的增长问题。因此，如何在发展经济的同时实现减排目标成为亟待解决的热点问题。

　　企业绿色技术创新被认为是实现环境与经济绩效"双赢"的根本途径。然而，由于绿色技术创新的双重外部性和不确定性，导致绿色技术创新对企业的私人回报小于社会回报。因此，企业绿色技术创新的推进需要政府和公众的积极支持与参与。参与主体的多元化、异质性和复杂交互机制，使得企业绿色技术创新成为传统研究方法难以准确把握的复杂动态系统。而企业个体利益与社会整体利益的矛盾与冲突，也加大了企业绿色技术创新行为研究的难度。

　　研究问题的复杂性要求研究者和管理者必须转变观念、改变思路，从企业绿色技术创新的系统性、复杂性和多样性等特点出发，基于复杂性科学的视角，全面准确把握企业绿色技术创新中涉及的相关主体特征、属性、行为规则、交互规则等，深入剖析企业绿色技术创新行为的演化规律，并在环境政策制定中充分考虑到参与各方的协同作用，运用系统的思维方式，从系统全局观念出发，揭示出所有要素及其内在联系，将对企业绿色技术创新行为管理的研究从经验管理推向系统管理和复杂性管理。

　　近年来，方兴未艾的社会科学计算实验方法可以通过概念模型刻画社会系统的复杂运行机制，基于多智能体建模技术，将绿色技术创新参与者映射为不同的智能主体，通过参与主体的属性、行为规则和交互规则，反映现实系统中对象的异质性、复杂性和交互与决策过程；发挥计算实验情景建模的优势，通过不同情境下企业绿色技术创新行为的对比分析，探索企业绿色技术创新的动力机制和动态演化规律；并基于实证结果与实验结果的对比，验证计算实验模型的可靠性。以此计算实验模型为工具，可以实现预设政策情景的效果模拟，从而为政府的相关政策制定提供理论依据。

关洪军等在这部专著中系统梳理了绿色技术创新的理论基础，并运用实证方法分析了企业绿色技术创新的驱动机制，在此基础上，将现实系统中企业绿色技术创新面临的复杂环境纳入计算实验模型，可视化再现了企业绿色技术创新的多主体交互过程，揭示了企业绿色技术创新行为演化的内因及规律，并重点从政策和市场两个方面入手，模拟外部环境变化对企业绿色技术创新行为及其绩效的影响，探索企业绿色技术创新行为的政策优化策略。主要包括：环境税与企业绿色技术创新、创新补贴与企业绿色技术创新、消费者需求偏好演化与企业绿色技术创新以及企业绿色技术创新的政策优化组合等。

本专著立足于政府和企业的现实需求，充分考虑了企业绿色技术创新行为中相关主体的多元化、异质性、适应性和复杂交互机制，采用计算实验方法，深入探讨了不同环境规制政策及消费者需求偏好对企业环境技术行为的微观影响机理，并进一步揭示了个体微观行为与系统宏观现象之间的内在联系，为政府环境规制的出台提供了理论依据和决策参考，具有重要的理论价值和实践意义。同时，本书对企业绿色技术创新行为的建模思路和计算实验平台的设计与实现过程均进行了详细的介绍，可以作为其他研究人员运用计算实验方法建模的实例参考。

南京大学工程管理学院

盛昭瀚

2017 年初春

前　　言

　　绿色技术创新作为实现可持续发展的根本途径，日益受到社会各界的关注。企业绿色技术创新行为在政府、消费者、公众、媒体等多方利益主体的参与下，日益表现出更多的复杂性特征，并可能会涌现一些传统研究方法难以把握的复杂动态系统行为。社会科学计算实验方法作为研究复杂动态系统的有力工具，可以将技术创新理论、市场竞争理论、消费者理论、复杂自适应系统理论等交叉融合，在对现实系统合理抽象的基础上，根据现实情景构建基于计算实验平台的人工模拟系统，通过参与主体的属性、行为规则和交互规则，反映现实系统中主体的异质性、复杂性和交互与决策过程；通过不同情境下企业绿色技术创新行为的对比分析，探索企业绿色技术创新的动力机制和动态演化规律；通过实证结果与实验结果的对比，验证计算实验模型的可靠性；通过相应参数的调整，模拟不同外部干预对企业绿色技术创新行为的影响，进而为政府相关引导政策的制定提供理论基础。

　　本书在系统梳理绿色技术创新相关理论的基础上，针对绿色技术创新的双重外部性和不确定性困境，立足于政府减排目标实现和企业经济效益提高的需求，将市场需求、环境规制、企业竞争、科技发展等因素纳入企业绿色技术创新计算实验平台，从环境规制优化、消费者偏好演化等角度，分别模拟了不同外部干预下企业绿色技术创新行为的演化路径，探索了实现企业环境绩效与经济绩效"双赢"的政策环境和引导策略，主要包括以下内容：

　　（1）模拟了不同消费者选择、产品竞争和环境税情境下企业绿色技术创新演化过程，探索环境税征收时机及强度对企业环境绩效及经济绩效的影响。研究发现，在市场机制、产品竞争和环境税的协同作用下，当可替代绿色创新技术达到一定水平时，较高的环境税能够推动企业采纳绿色创新技术，并同时实现减排和增效的目标，促使产业向绿色经济方向发展；而较低的环境税可能出现企业花钱买污染的状况，与环境税初衷背道而驰。

（2）探索不同补贴方式对企业绿色技术创新行为的影响。研究发现，在多主体共同作用下，创新产品市场补贴与创新技术转换补贴相结合，可取得最高的补贴资金利用效率；但在创新技术发展水平较低时，应同时补贴创新过程投入，方能取得最佳效果；因此，基于不同的创新技术发展水平，可采取灵活的创新补贴组合手段，分段优化补贴组合，使得补贴资金使用效率和效果同时达到最优。

（3）通过模拟不同环境政策情境下企业绿色技术创新过程，探索不同政策工具及其组合对企业绿色技术创新行为的影响。研究发现，在市场机制与企业竞争的共同作用下，严格的环境税费与绿色技术创新产品市场补贴政策相组合，可最有效地促使企业绿色技术创新，但在技术更替的过程中会将大量资金薄弱、技术落后的企业淘汰；而宽松的环境税费与补贴绿色技术创新产品市场的政策工具相组合，可以在维持企业正常经营的前提下，逐步促进企业绿色技术创新。

（4）通过分析消费者在外界环境刺激下引发的个体偏好突变过程，研究了消费者偏好演化对企业绿色技术创新行为的影响。实验结果显示，绿色先行者通过自身环境偏好的突变，在社会整体偏好突变中扮演"桥梁"角色，他们对绿色技术创新产品和环保知识的积极宣传，可以影响更多消费者，从而带动整个网络成员环境偏好的改变。同时，在社会整体环境偏好水平较低时，绿色技术创新的资金投入和风险会导致企业经济绩效的下滑，为保护绿色技术创新企业的积极性，政府应通过绿色技术创新激励及绿色技术创新产品补贴等方式降低企业绿色技术创新风险。

本书将企业绿色技术创新行为的研究置于复杂环境下多主体约束的动态背景下，并针对系统的复杂性特征对研究方法提出的较高要求，采用社会科学计算实验方法，通过构造问题中主体行为之间的互动、情节以及问题所依托的环境背景来再现现实社会经济情景，分析系统行为与演化规律。通过"虚""实"结合的计算实验手段来研究不同环境规制情境下企业绿色技术创新行为的演化路径，可以为政府环境规制的出台提供有利的理论依据和决策参考，具有重要的理论价值和实践意义。

关洪军
2017 年 2 月

目　　录

第一章 绪 论

【本章导读】

面对恼人的"十面霾伏""APEC 蓝"让人们看到了环境治理的希望。然而,"APEC 蓝"是非常时期、超常规手段治理的结果,这种简单的限行限产方式对社会生活及经济活动的影响较大,不能作为环境治理的长效手段。不过,它让人们看到了严厉治污对环境产生的巨大改变,使更多的人认识到,通过全社会的努力,可以重现蓝天白云、山清水秀。

2014 年 11 月 12 日,在中美双方于北京发布的应对气候变化联合声明中,我国正式提出 2030 年左右碳排放达到顶峰。这一方面体现了我国政府解决环境问题的决心,另一方面也意味着以往高能耗、高排放粗放型增长模式的"天花板"被量化确定。然而,我国还有大量的贫困人口,社会福利水平较低,同时城市化和工业化目标尚未实现,节能减排的同时,还必须考虑经济的增长问题。因此,如何在发展经济的同时实现减排目标成为亟待解决的热点问题。

本章首先在介绍本书研究背景的基础上,指出本书研究的理论意义和实践意义;其次对本书涉及的国内外研究现况,分别从环境规制下企业绿色技术创新行为、公众参与下企业绿色技术创新行为、市场需求下企业绿色技术创新行为、企业绿色技术创新行为与企业竞争力关系和计算实验及其相关应用五个方面进行综述和评析;再次介绍了本书的研究目的、研究内容、研究方法和采用的技术路线,提出了针对企业绿色技术创新这一复杂社会问题使用社会科学计算实验方法的研究思路;最后,对本书的主要贡献进行了说明。

工业革命以来,经济高速发展导致的环境恶化、资源匮乏等全球性问题不断加剧,国际社会已经普遍认识到可持续发展的重要性。我国已经建立了相对完善的环境保护政策体系，各级政府也投入了大量的人力、物力和财力保障环境政策的贯彻实施，但企业污染治理与环境保护效果与人们的期望相差甚远。中青舆情监测室 2014 年 2 月 28 日发布的监测报告显示，"环境治理"远高于"反腐"，稳居民意热点的榜首。环境治理效果的差强人意，引发诸多对目前环境政策的反思。民众希望企业和政府能打破现有的环境格局，不仅在末端治理上做出努力，更能够通过绿色技术创新等手段，完成绿色节能生产方式的转变，彻底改变以往高能耗、高排放的发展模式，实现生态环境的根本好转。

绿色技术创新也常被称为"绿色创新""生态创新""环境驱动型创新"和"可持续创新"等。尽管称谓不同，但都是指通过引进新的思想、行为、产品和流程来减轻企业生产活动造成的经济负担，或实现特定的生态可持续发展目标，旨在减少对环境的不利影响。譬如，企业通过改造生产工艺，采取更清洁的生产方式，减少环境污染；或采用新的生产技术，生产可替代的环保新产品等。技术创新是经济发展的灵魂，绿色技术创新是在技术创新基础上发展起来的专业创新活动，它蕴涵了当今社会节能减排的要求，因此，绿色技术创新成为以成本有效方式达到环境目标的一条黄金道路，也成为实现可持续发展的重要途径。随着人们环境保护意识的增强，绿色技术创新正成为未来技术创新的必然选择（张伟等，2011）。但绿色技术创新的复杂性比普通技术创新高。

普遍认为，企业绿色技术创新行为取决于企业自身的技术条件和创新活动的预期收益（Horbach，2008）。由于除一般创新的外部性外，绿色技术创新使整个社会受益（Rennings，2000），因此，"双重外部性"是绿色技术创新的显著特征，这导致绿色技术创新对企业的私人回报小于社会回报；同时，绿色技术创新具有不确定性风险，因此，完全由市场机制引导的企业绿色技术创新必然小于社会最优水平。张红凤等（2009）认为，正是由于环境保护与经济发展的两难，环境承载阈值以及环境问题负外部性的存在，昭示了以实现社会福利最大化为目标的环境规制的必要性。

虽然环境规制促进企业绿色技术创新的观点已经在学界达成了共识（汤长安和黄平，2013），然而，企业绿色技术创新不能认为是环境规制的系统响应，环境规制的设计应以诱导企业绿色技术创新为重要目的（Janicke & Lindemann，2010）。从这个视角出发，Ashford 等（1985）和 Hahn（1989）强调了环境规制制定者必须认真考虑规制设计的严格性、灵活性和实施的时机。

与此同时，关于环境规制能否使企业实现环境绩效与经济绩效"双赢"的问题，学者们在不同的前提假设、分析方法、研究样本和变量构造下取得了并不一致的结论。一方面，环境规制通过强制企业购置治污设备和技术或限制污染密集型产品的生产、减少采用特定投入要素组合等多种方式以达到所要求的环境标准，会带来企业生产成本的增加，从而削弱企业的创新能力和国际竞争力（Denison，1981；Gollop & Roberts，1983；Gray，1987）。另一方面，环境规制和企业竞争力之间则具备实现"双赢"格局的现实可能性。Porter 和 Van（1991，1995）的研究成果表明，合理的环境规制能够刺激被规制企业优化资源配置效率和采用创新技术，并使企业在积极创新中通过创新补偿与先动优势等途径为企业创造收益，部分或全部弥补企业的绿色技术创新成本，甚至给企业带来收益，在实现环境绩效与经济效益"双赢"的同时，提高其核心竞争力。

由此可见，环境规制在企业绿色技术创新中扮演重要角色，直接影响企业绿色技术创新的积极性和绿色技术创新的绩效。另外，企业经济绩效的实现离不开行业竞争和市场选择。因此，为降低绿色技术创新风险，创新企业期望获得政府与公众的积极支持。然而，在现实与理论层面，由于相关主体的异质性和所处情景差异，如环境规制、企业竞争、消费者偏好异质性等，企业绿色技术创新行为会表现出极大的不确定性，这无疑给企业创新决策和政府引导带来了极大的挑战。为此，有必要对企业绿色技术创新决策行为在不同现实场景下的约束条件及作用机理、演化特征等进行系统研究，以明确企业绿色技术创新的动因及机制，促使企业自觉步入绿色可持续发展的道路。

经济发展和生态环境保护之间的平衡关系问题，实质上是如何把生态环境压力和污染影响控制在可接受范围内、实现可持续增长的问题。中共十八届四中全会公报以"依法治国"为主题，使环境税等相关立法预期再度升温。实现经济发展与减排的双重目标，需要运用法治化背景下的长效经济手段，通过合理的政策引导，促使企业积极投入绿色技术创新，成功向绿色节能生产模式转变，这是实现经济可持续发展的根本途径，也是各级政府环境政策制定中需要优先考虑的关键因素。

Fankhauser 等（2013）结合专利数据和国际贸易与输出数据研究发现，绿色竞赛可能改变目前的竞争力现状，许多当前有着较强优势的国家产业将由于绿色转换能力落后于其他国家，失去竞争优势。在此背景下，积极推动企业实施绿色技术创新，对于最终赢得这场全球范围的绿色竞赛具有更加重要的战略意义。

第一节　研究意义

本书将企业绿色技术创新行为的研究置于复杂环境下多主体约束的动态背景下，并针对系统的复杂性特征对研究方法提出的较高要求，采用计算实验方法，通过构造问题中主体行为之间的互动、情节以及问题所依托的环境背景来再现现实社会经济情景，分析系统行为与演化规律。通过"虚""实"结合的计算实验手段来研究不同环境规制情境下企业绿色技术创新行为的演化路径，可以为政府环境规制的出台提供有利的理论依据和决策参考，具有重要的理论价值和实践意义。

一、理论意义

1. 系统梳理企业绿色技术创新相关理论，多视角分析企业绿色技术创新行为的相关影响因素，将市场机制、行业竞争、消费者选择、环境规制等统一纳入企业绿色技术创新整系统，并结合现实场景，深入剖析环境规制作用下企业绿色技术创新行为的微观机理，从系统论、整体论视角全面理解环境规制在企业生产模式转变中发挥的作用，深化了对环境规制与企业绿色技术创新关系的认识与理解。

2. 通过企业绿色技术创新行为微观动因的分析与研究，揭示环境规制促进绿色产业转型的路径与机制。从环境规制与企业绿色技术创新行为动态交互的角度分析企业绿色技术创新的微观动因和内部机制，并将企业绿色技术创新行为的研究拓展到企业竞争和市场交互的复杂情境下，更加吻合企业主体实施绿色技术创新行为的本质特征与基本规律。计算实验方法作为一种情景建模工具，可综合考虑并细致刻画内外部主体的异质性、适应性及其交互关联机制对企业绿色技术创新行为的影响，从而更深刻地揭示系统宏观层面的长期动态演化规律。

3. 从个体微观行为出发研究群体行为的涌现与互动机理，揭示系统宏观整体性的微观基础，使微观行为与宏观涌现紧密结合。这不仅拓展和深化了环境规制下企业绿色技术创新行为的研究，而且也为环境治理问题提供了新的研究思路。

4. 企业绿色技术创新计算实验平台的构建，可以作为进一步研究企业相关行为的研究工具，也可以为其他社会系统计算实验平台的构建提供参考。首先根据实证调研结果总结归纳一般性实验场景，进而运用复杂系统理论及多智能体技术，结合管理学、行为学等多学科的相关理论研究成果，构建定量计算的人工系统计算实验模型，通过与现实系统的"虚""实"结合，反复调整模型结构及主体规则，使之能够真实反映现实系统，并能够通过相应参数的调整，模拟不同情境下系统的动态演化。通过这种自上而下的分析和自下而上的建模思路，拓展和深化了这一领域的理论研究。

二、实践意义

1. 通过不同情境下企业绿色技术创新过程中企业环境绩效与经济绩效的动态分析，厘清企业绿色技术创新行为的差异及其与政府规制、技术水平、市场需求等的关联机制，为企业绿色创新技术采纳提供决策参考。

2. 立足于政府需求，结合我国产业的发展现状，通过对不同环境规制下实验结果的系统分析，提高政府环境规制的针对性和有效性，为政府引导企业向绿色低碳生产模式转变提供决策支持。

3. 对企业绿色技术创新激励政策的相关研究成果，可以作为其他创新技术推广与扩散的政策参考。

第二节　国内外相关研究综述

相对于一般创新，绿色技术创新除了具有典型的溢出效应，还由于降低外部环境成本而产生外部效应，即"双重外部效应"（Rennings，1998）。这也导致企业很难有动力自觉实施绿色技术创新。而企业绿色技术创新的决定因素主要包括三个方面：供给（技术能力、环境问题和市场特征）、需求（预期市场需求、公众环保意识、公众对环保产品的偏好）以及规制和政治影响（环境政策、规制结构）。Rennings（1998）通过区分绿色技术产品创新（如绿色新产品）和绿色技术过程创新（如清洁生产技术）来研究技术条件、环境规制和市场因素对绿色技术创新的影响，发现绿色技术产品创新主要由消费者需求和企业竞争等市场因素推动，而绿色技术过程创新则更多由环境规制驱动。

企业绿色技术创新行为是企业为应对环境问题而采取的主动变革，对企业绿色技术创新行为的研究必然随全社会对环境问题的日益关注而逐步深入，并经历着从简单到复杂，从局部到整体，从表象到本质的认识过程，相应的研究方法也从定性、定量研究为主，逐步发展到实证调查、数理分析和计算实验等多种手段相结合，并进一步融合了环境科学、行为及心理学、管理学等多门学科的相关理论和研究成果，从政府规制、公众参与、市场需求等多个角度探究企业绿色技术创新行为的演化机理。

一、环境规制下企业绿色技术创新行为研究

环境规制被认为是企业进行绿色技术创新的初始动因。1960 年开始，经济合作与发展组织（OECD）国家和新兴经济体政府一直致力于通过相关政策的制定鼓励技术创新以减少污染排放。Anna（2014）通过研究政策工具对高排放行业绿色技术创新的影响，发现政策工具是研发部门绿色技术创新和创新技术扩散的关键因素，而不同类型的政策工具对不同类型的创新活动产生促进作用，譬如，一般的经济手段可以激励渐进式创新，而行政命令式监管促进企业技术更替。

由于环境问题的负外部性，早期以行政命令式监管为主的污染控制手段在促进企业控制污染排放、推进清洁生产、保护生态环境方面发挥了十分重要的作用，相应的企业绿色技术创新行为研究主要集中在政府干预和企业遵从之间的关系上，通过对企业绿色技术创新行为的调查来评价政府监察、各种处罚、环境管理政策的效果（张炳等，2007；张倩和曲世友，2013）。李怡娜和叶飞（2011）以广东省珠三角地区 148 家制造型企业为样本，研究发现：制度压力对企业绿色技术创新行为有显著的正向影响，企业实施绿色技术创新行为对环境绩效有显著的正向影响。Biglan（2009）从环境的负外部性角度提出政府规制可以影响到企业环境行为，迫使企业将环境外部成本内部化到其自身的生产成本中。同时，朱庆华和柳卿（2011）通过对 236 份有效问卷调查的统计分析，提出了中国电信设备制造行业实施绿色技术创新设计（生态设计）的实践动力模型，发现外部动力对电信设备制造企业进行绿色技术创新行为有着正向影响，其中政府规制的影响作用最大。

然而，研究发现，这种行政命令式的环境工具对企业绿色技术创新行为的影响并不总是正向的。由于行政命令式环境政策工具的贯彻实施依赖于政府的监督和执法力度，而地方政府往往片面追求经济增长，加上执法成本高，取证难度大，企业对环境政策表面应付等原因，以监管与处罚手段为主的行政命令式环境工具并没有有效促进企业绿色技术创新的实施。另外，Chappin 等（2009）以荷兰造纸与纸板行业为例研究环境政策对绿色技术创新行为的影响时，发现环境政策既促进又阻碍绿色技术创新行为，阻碍的原因在于政策的频繁变化。同时，沈能和刘凤朝（2012）利

用我国 1992～2009 年的面板数据研究表明：环境规制对绿色技术创新的促进作用存在地区差异，这种地区差异主要是受到环境规制强度及经济发展水平的影响。

事实上，由于绿色技术创新初始资金投入高，缺乏经济鼓励政策等因素，阻碍了企业实施绿色技术创新（Erzurumlu，2013；Zhang et al.，2013；卢方元，2007）。因此，学者们开始研究经济型环境规制对企业绿色技术创新行为的激励效应。许士春等（2012）通过分析排污税、拍卖的排污许可和可交易的排污许可三种环境规制对企业绿色技术创新行为的影响，发现排污税率和排污许可价格对企业绿色技术创新行为的激励程度都呈正相关，但政府是否限制可交易排污许可数量的规制效果存在差异。周华等（2012）从完全竞争市场条件下的中小企业出发，通过构建企业利润变化模型和社会福利函数，讨论了不同环境政策工具下的企业绿色技术创新行为选择，并分析了不同环境政策工具的激励效应。

总之，不同学科基于不同视角对环境规制与企业绿色技术创新行为的关系开展了大量研究：环境经济学主要关注不同规制工具对企业绿色技术创新行为的影响，以及环境规制对企业竞争力的影响；创新经济学侧重于运用一般创新理论探讨企业绿色技术创新行为的驱动要素和机制；而战略管理视角主要探索绿色技术创新整体战略对企业可持续发展的整体影响效应和机制；产业组织视角则主要研究企业间协作对企业绿色技术创新行为的群体效应（张钢和张小军，2011）。尽管四种视角的研究取得了丰硕的成果，但总体而言，对企业绿色技术创新的研究尚处于起步阶段。譬如，从环境经济学视角的研究主要以定性案例研究为主，仅考虑了企业对环境规制的应急反应，没有探索规制工具触发企业绿色技术创新的内部机理，无法为政府相关政策的制定提供深层次的理论支持。而创新经济学视角只是在一般创新驱动因素模型中加入了规制因素，但由于评价指标难以获取，因而难以运用实证方法来验证规制因素对企业绿色技术创新行为的实际驱动效果。基于战略管理视角的绿色技术创新研究侧重于讨论企业是否应该采取绿色技术创新战略，而很少研究如何通过战略管理帮助企业获得绿色技术创新的成功，没有深入剖析企业实施绿色技术创新战略需要具备的条件，以及如何帮助企业创造这些条件。产业组织视角主要聚焦于企业规模及企业联盟对企业绿色技术创新行为的影响，由于较少关注产业特征、市场机制等因素对企业绿色技术创新行为的影响，因而不利于揭示企业实施绿色技术创新的真实动因。

与此同时，来自媒体、社区等的公众压力成为企业绿色技术创新行为的主导驱动力量（Paul et al.，2009a，2009b），越来越多的企业认识到绿色技术创新行为在提高企业竞争力方面的重要作用（Youn et al.，2013），并开始将环境保护从原来的应付行为转变为自觉的主动行为。因此，对企业绿色技术创新行为的研究也相应地从企业对环境压力的被动反馈，转向公众压力、市场需求为导向的博弈抉择和主动反馈，探讨环境规制以外的企业绿色技术创新行为驱动力（Liu &Ye，2012；Liu，2009；Tseng et al.，2013）。

二、公众参与下企业绿色技术创新行为研究

随着公众环保意识的提高，企业的绿色技术创新行为受到来自外界各方越来越多的压力影响，企业选择绿色技术创新行为是在综合外部环境、自身因素的条件下进行的博弈抉择和主动反馈。熊鹰（2007）围绕政府、公众、企业三者关系展开分析，运用经典博弈论和制度经济学等有关原理，探讨了企业污染行为的本质，并通过建立公众参与效用函数对公众参与的影响因素进行了实证分析。考虑到企业绿色技术创新行为的动态变化，杜建国等（2013）用演化博弈理论方法，建立了公众与排污企业行为交互过程的演化模型，并对公众参与下的企业环境行为演化路径进行了研究。

公众参与可以弥补政府规制的不足，成为影响企业绿色技术创新行为的重要因素。薛澜等（2010）利用委托代理理论，对我国环境治理中公众是否参与、公众参与的不同阶段和不同参与模式产生的治理效果进行对比分析，发现不同治理模式的治理效果存在差异，但公众参与对环境治理具有重要作用。Arora（1999）等研究发现，在一些相对民主的地区，人们对企业环境行为有较大的影响力，那些民众投票率较高、拥有众多环境利益机构的地区，企业的生产行为对环境的影响相对较小。公众参与除了监督与约束企业的不良环境行为，还促使企业进行技术创新，采取清洁生产技术。Zhang 等（2013）基于结构方程模型，通过对中国常熟地区的实证研究表明，社会压力对企业发展清洁生产技术的影响是显著的、积极的，其直接影响大于认知态度和认知行为控制。另外，通过对中国企业的实证分析，Timothy 等（2009）认为加强公众参与和信息披露可以促使企业环境行为决策更绿色，Aerts（2009）进一步分析了媒体权力对企业绿色技术创新行为的影响。

公众参与的主体更多地来自企业所在的社区，他们通过抗议、请愿、示威、网络叙述报道等方式对本地企业的环境行为形成约束。Popp 等

（2011）通过研究减少氯使用的纸浆/纸漂白技术专利，发现造纸行业公众压力对企业绿色技术创新行为有重要影响。同时，柳卸林和姜江（2012）认为公众参与是理解环境污染对社区的影响以及进行绿色技术创新的前提，并认为公众在主体、领域、过程和保障等方面参与绿色技术创新的力度不够，同时从公众的信息获取、公众的监督和发挥社会团体作用等方面讨论了公众参与的方式。另外，投资者环保意识的提高也是促使企业主动采纳绿色创新技术的主要原因。Berry 和 Junkus（2013）调查了投资决策中使用社会责任投资标准的投资者和没有使用这一标准的投资者组成的 5000 个样本，发现这两类投资者在排列社会责任投资因素的重要性时虽有差异但强烈一致，占据主导地位的是环境和可持续问题。

由此可见，公众参与在推动本地企业的绿色技术创新行为方面发挥着重要作用，是政府规制的有力补充；然而，公众参与更多地局限于关注所在社区企业的环境行为，且个体参与受到时间和空间的局限，无法充分体现每个人的环保意愿。而随着绿色消费市场的兴起，更多的消费者通过绿色购买，将环保口号付诸支持企业绿色技术创新的实际行动，推动着企业将环境保护从原来的应付行为转变为自觉的主动行为。

三、市场需求下企业绿色技术创新行为研究

（一）绿色消费市场现状及消费者绿色购买行为研究

随着经济的发展和人们生活水平的日益提高，消费者绿色消费意识和需求也呈现出持续上升的态势。据中国绿色食品发展中心对北京和上海两大直辖市的调查结果显示：绿色食品在我国所蕴含的市场潜力是巨大的，有 79% ~84% 的消费者希望购买绿色食品，并愿意为绿色产品承担溢价支出。然而，Kilbourne 和 Beckmann（1998）调查发现，消费者的态度并不一定能转化为行为。据不完全统计，30% 的消费者声称在购买产品和享受服务时会优先购买考虑环境影响和社会责任的产品和服务，而实际上仅有 3% 的消费者将此观点转化为行动，故在绿色消费行为中存在明显的消费者态度—行为缺口。Cowe 和 Williams（2000）认为，流失的 27% 的潜在绿色消费者在实际购买环节中，可能关注产品的品质、价格等因素优于考虑环境因素。同时，Meagan 等（2013）通过对环保产品"绿色"标签的使用效果调查发现，单纯的"绿色"标志不足以成为消费者购买决策的决定因素，受购买习惯的影响，消费者对产品的熟悉及信任程度起着更关键的作用，"绿色"产品同样需要接受复杂市场的激烈竞争与挑战。实际上，由于企业在绿色产品开发设计、清洁生产、绿色产品包装、绿色

产品分销渠道的建立以及绿色产品的广告、公关策略等诸方面均需支付高额的成本，因此消费者若要践行绿色消费，需要为绿色产品承担一定程度上的溢价支出，这在一定程度上阻碍了消费者将绿色购买付诸实际行动。而相对于与消费者自身健康密切相关的绿色食品，非食品类环保友好产品的销售情况更加不容乐观，这从市场初期无磷洗衣粉的倍受冷落可见一斑。

绿色购买行为是一种环境责任行为，在消费领域和消费活动中，是指消费者在购买过程中对产品相关环保属性或特点的考虑及其购买活动，特别是对环境友好产品或绿色产品的购买行为（Mainieri et al.，1997；Shrum et al.，1995）。因此，不同于一般的消费行为，消费者的环保意识、绿色产品认知程度等影响消费者的绿色购买决策。孙剑（2010）根据 EKB 模型、H－S 模型和消费价值模型，结合绿色食品自身特征，发现绿色信息传播对绿色产品属性有普遍直接影响，绿色信息传播、绿色产品价值属性对消费者购买行为有直接影响。另外，消费者的绿色消费行为受到诸如参照群体、家庭成员、健康关注度、社会角色与地位等一系列社会因素的影响。Samantha 和 Angela（2010）通过对消费者购买绿色有机食品的动机研究发现，对健康和环境问题的关注导致越来越多的消费者购买和消费绿色有机食品。然而，虽然健康意识、产品质量、主观惯例和有机食品熟悉程度显著影响消费者购买意愿，但对绿色有机食品的熟悉程度是消费者购买行为的唯一关键因素。相对于绿色食品，非食品类环保友好产品面临更大的市场挑战。T. Ramayah 等（2010）从理性行为理论视角，以布尿布为例探讨了发展中国家消费者绿色购买意向的影响因素。研究结果显示，可循环使用绿色产品的后续劳动付出与消费者绿色购买意向负相关，而对环境破坏的认知、环境责任意识及自我价值感知与绿色购买正相关。

Engel（1995）将影响消费者购买决策的因素大体归结为三类：一是个人因素；二是心理因素；三是社会因素。事实上，消费者受自身认知的局限及获取信息的不完备所影响，做出的购买决策是有限理性的（Ariel，1997）。从理论上讲，没有两个消费者的心理是完全一样的，每一个消费者都是一个细分市场（井绍平，2004）。故消费者绿色购买决策的规则因人而异，因环境而异，是复杂的动态过程；而随着环境的变迁，绿色消费市场的演变规律在异质消费者的交互作用下，也具有高度的不确定性和复杂性。

(二) 消费者异质需求下企业绿色技术创新行为研究

由于全球市场基本原材料的价格几乎是相同的，成本竞争的空间越来越小，企业管理者开始更多地关注产品属性对市场需求的满足情况。而 Monroe (1990) 研究发现，消费者对商品感知价值的不同导致需求的异质性，也就是说，消费者对于商品的偏好具有异质性，而人们对环保的偏好导致绿色需求。绿色消费者对生态保护日渐重视，如果厂商不重视其产品的环保作用，将遭到消费者抵制或排斥。温肇东等 (1998) 认为来自顾客市场需求的拉力是推动企业绿色技术创新的一个强大力量，消费者对绿色产品的购买行为可以显著影响企业及供应链上游成员的环保行为。绿色购买与企业净收入和销售成本密切相关，企业借由技术、市场和产品的发展，改变产业或市场原有的架构，进而创造一种优势 (Shrivastava, 1995)。

Bekiroglu 等 (2011) 通过对土耳其建筑行业的实证调查，研究了企业管理者感知为前因的企业环境管理决策，证实企业通过产品创新，在价格、质量、产品环境可持续性方面展开竞争，争夺市场份额。而产品创新轨迹决定于异质消费者对于产品价格、质量、环境影响的偏好，换言之，消费者偏好决定了企业是否采取更清洁、更环保的新型生产技术取代对环境有害的技术模式。Paul 等 (2009a) 通过对美国汽车替代马车发展史的研究，运用技术竞争模型研究了异质性在环境偏好中的作用，并模拟了一定时期不同消费者偏好对环境污染水平的影响，揭示了异质消费者偏好在企业新技术模式发展中扮演的角色，证实新技术的采纳、开发、扩散是内生的。另外，George 和 Anastasios (2007) 从资本市场角度研究了企业环境管理水平和环境政策对股票价值的影响，发现越来越多的企业通过开发环境友好产品和服务提高自身形象，而资本市场中的企业环境政策影响企业股票价值，提高企业环境管理水平和环境表现可降低企业风险。

然而，传统观点认为，提高企业环境水平将损害企业经济绩效 (Horvathova, 2010)。一方面，清洁生产技术的创新过程面临变幻莫测的商业周期，创新投资周期长且回报不确定，期间市场和监管框架的变化可能会影响技术发展历程，为企业带来一定的风险；另一方面，市场上绿色产品的成本比传统产品高，由此会带来绿色产品的价格也比传统产品高，一些不良制造商就会以次充好，用普通产品来代替绿色产品，损害了企业绿色技术创新的积极性。同时，很多顾客不愿意降低产品质量换取产品绿色属性 (Peattie, 2001)；而且，顾客的绿色需求与他们的实际购买行为常常不一致 (Prakash, 2002)。因此，对企业来说，如何准确适应市场需求是个挑战。Lin 和 Tan（2013）通过对越南摩托车行业的调查研究，发现市场需求与绿色产品创新和企业形象正相关，绿色产品创新也与企业形象正相关，随着消费者环保意识的提高，绿色技术创新企业最终可以实现"绿色"与"竞争力"的"双赢"。Eva（2012）通过对 1176 家企业 2004～2008 年的环境绩效与经济绩效数据统计分析发现，企业为提高环境绩效投入的短期成本可能会影响其经济绩效，但长期来看，绿色技术创新可以实现环境绩效与经济绩效的"双赢"。

同时，随着企业间竞争与合作关系的加强，企业绿色技术创新行为产生的影响不仅局限于企业自身，特别是供应链核心企业，其绿色技术创新行为将显著带动上下游企业绿色技术创新行为的积极性。童昕（2007）以电子制造的无铅化为例，指出核心企业的供应链管理、OEM 厂商的制造技术能力、无铅元器件供应商之间的合作及专业化的检验检测机构等，是推动绿色创新技术扩散的关键因素。焦俊和李垣（2011）基于资源理论和利益相关者理论，提出了包括竞争者在内的利益相关者绿色技术创新战略联盟与企业绿色技术创新关系的基本理论框架，阐述了企业绿色技术创新的构成要素和运作机制。Feng 和 Wang（2011）、Lin（2013）认为绿色供应链管理已经成为一种提高企业绿色技术创新行为的方法，由于利益相关者的压力和法规，企业需要加强与客户和供应商的合作，共同推进绿色技术创新的实践。而曹柬等（2012）的研究表明，在一定的企业内外部条件下，环境产品创新者具有先动优势，同行企业间的博弈竞争是推动环境产品创新发展的重要动力和有效渠道。

尽管国内外学者大多认为绿色需求对企业的环境管理产生了很大影响，并从理论和实践层面对绿色需求和企业环境行为做了大量研究，为保护环境提供了宝贵的建议和思路，但目前研究仍存在环境政策工具研究范围窄、研究视角单一等问题（许士春等，2012）。在不同的绿色需求情境及环境规制约束下，绿色技术创新如何影响企业经济绩效？企业如何应对环境规制和消费者异质需求？如何打开企业的"黑箱"探讨其内在机理？对于这些问题还没有得到充分论证。Ilker（2012）的研究指出，绿色产品市场还很年轻，并且在不断成长中，政府和制造商承诺改善环境，客户支持购买绿色产品，这对绿色市场的发展将产生至关重要的影响。由于政府、消费者、企业及其交互关系的微观异质性与自适应性特点，传统的研究方法已不能满足对这一问题深入研究的需要。应从微观角度入手，通过情景建模和"虚""实"联动，揭示系统宏观整体性的微观基础，使微观行为与宏观涌现紧密结合，进一步拓展和深化这一领域的研究。

四、企业绿色技术创新行为与企业竞争力关系研究

通过实证与文献的方法分析绿色技术创新与竞争力之间的关系，主要集中在验证"绿色"是否物有所值。基于不同的样本，专家们得出了不一致的结论。例如，Horvathova（2010）研究发现，15%的样本显示环境绩效与经济绩效负相关，55%正相关，而30%认为两者没有直接关系。Ghisetti和Rennings（2014）认为，应该全面审视绿色技术创新的环境绩效与经济绩效，并根据创新类型分析创新效果。如对于以减少能源与资源占用为目的的创新来说，绿色技术创新显然需要付出成本；不过从创新降低环境破坏的角度来看，绿色技术创新仍然是物超所值的。

随着环境规制的提高，绿色技术创新必然使企业长期受益。但短期看，由于规制面临的外部约束，创新可能加重企业经济负担。而能源与资源利用效率方面的创新却可以使企业实现环境绩效与经济绩效的"双赢"。Bi等（2013）运用数据包络分析（DEA）方法，通过测算规制前后的全要素能源效率，测量了我国热发电环境规制与化石燃料消耗的关系，发现环境规制对我国热发电的能源效率产生重要影响。

同时，由于企业绿色技术创新具有"双重外部性"，企业的绿色技术创新绩效很大一部分是隐性的，因此，单纯的静态研究和局部研究难以全面真实地反映企业的绿色技术创新绩效。绿色技术创新是一个系统工程，某一企业的绿色技术创新行为会对相关企业产生正外部性，因此，绿色技术创新绩效测量研究应采用系统视角，综合考虑短期、长期绩效及企业采取绿色技术创新行为所产生的正外部性。另外，企业绿色技术创新产生大量的社会绩效，仅以经济绩效的好坏来衡量企业绿色技术创新行为的效果有失偏颇。因此，引入时间序列和系统观显得非常有必要，从系统视角采取更长时间跨度的研究可以更准确地刻画企业绿色技术创新的实际绩效。

五、计算实验及其相关应用研究

尽管数理分析和实证分析在企业绿色技术创新行为的研究中占有主要地位，但随着计算机模拟方法的发展，一些学者开始采用模拟的手段，尤其是用多Agent的方法来研究企业绿色技术创新行为规律，近年来在多Agent方法基础上发展起来的计算实验方法也成了研究企业绿色技术创新行为的一种有力选择。

研究不同环境规制下的企业绿色技术创新行为，离不开市场机制和企业竞争的大背景。事实上，企业绿色技术创新行为的研究对象是由分布式

主体构成的复杂网络，其成员主体的行为具有自适应特征，企业绿色技术创新行为受到企业主体、消费者主体的压力和外部环境的诸多约束。多Agent技术具有分布式、自治性等优点，可以较好地刻画这些特点（Jean，2008）。Fiksen等（2007）认为企业环境管理问题面临复杂性，采取基于Agent建模的方法可以较好地刻画多种行为主体之间错综复杂的关系；Jean（2008）构建了生产企业和消费者之间交互的产业演化模型，通过计算实验分析了消费者的需求特征、政府规制的强弱、生产企业之间的竞争对企业绿色技术创新行为的影响；Schwarz和Ernst（2009）以节水创新为例，研究了绿色技术创新扩散的多Agent模型，Agent采用深思熟虑的决策规则和一个非常简单的启发式决策规则，决策的整个框架是计划行为理论，并采用调研数据校正模型，实验结果显示，即使没有进一步推动，节水创新技术也会扩散；Arfaoui等（2014）通过多Agent模型，研究了欧洲化学品规制标准（REACH）的强制性和灵活性对企业绿色技术创新行为的影响。

计算实验遵循"自下而上"的建模范式，能相对容易且有效地融合复杂自适应理论、Multi-Agent技术、博弈论等理论和方法，实现对社会、经济、管理等复杂系统与环境的交互以及系统中各要素的动力学特征的刻画，并实现对系统涌现行为与演化规律的综合集成研究。计算实验方法近年来在社会科学领域获得了较为广泛的应用，如研究宏观经济走势的PHPEN模型（Sprigg et al.，2004）；研究人口问题的社会经济计算实验模型（王飞跃，2005）；研究天花感染传播的EpiSims模型（Barrett et al.，2005）；研究具有中心车站的元胞自动机城市交通流模型（陈若航和盛昭瀚，2006）；基于Agent的供应链谈判模型（Chan et al.，2005；Jiao et al.，2006）、供应链合作模型（侯云章等，2008）等。计算实验还应用于组织研究领域，如组织学习、组织结构、组织成长等（Chang & Harrington，2003；Scheurer，2007）；商业模式研究领域（徐迪和李煊，2010）；金融理论领域（李悦雷等，2012；熊熊等，2013；袁建辉等，2011；张永杰等，2010；Mikhail & Pietro，2010）；等等，均取得了较好的研究成果。其基本原理、框架与实现手段及应用研究（盛昭瀚等，2009，2010；盛昭瀚和张维，2011；张维等，2012）更使得计算实验方法得到了总结与升华。以上这些研究成果使得计算实验方法日趋成熟和完善，成为一个研究复杂性的有力工具，并激励我们把这种方法应用到企业绿色技术创新行为的研究中。

受参与主体行为多样性、外部环境约束以及主体之间交互的影响，企业的绿色技术创新行为决策面临着复杂性。企业在动态复杂环境下如何选择其绿色技术创新行为是很多学者关注的问题，不少研究者采用博弈、统计分析、实证分析等方法取得了一定的成果。但由于企业主体、消费主体以及主体之间的相互作用以及各主体的异质性、外部环境约束以及多样性变化等系统特征较难单纯地用定性或定量的方法来准确表达，因此，传统研究方法有一定的局限性。而基于多 Agent 与人工社会思想的计算实验方法能够将现实中的复杂研究对象映射为具有不同属性和规则的 Agent，通过自上而下的分析和自下而上的建模思路，尽可能刻画各个参与主体的主要特性和复杂交互，通过计算机系统再现现实社会中企业绿色技术创新行为的决策情景，并在此基础上进行系统行为与演化规律分析，为企业绿色技术创新行为这一复杂问题的研究提供了一种新手段。

六、国内外研究综述评析

综上所述，企业的绿色技术创新行为研究对于环境治理由事后管理转向事前预防与控制、由治标转向治本意义重大，国内外学者从不同视角做了大量开拓性的工作，并产生了积极的作用与影响。但现有研究对影响企业绿色技术创新的因素分析缺乏系统性，也没有从本质上揭示各因素作用于企业绿色技术创新行为的微观动因及本质。尤其有两点需要重点指出：

（一）企业绿色技术创新行为具有系统复杂性

企业绿色技术创新行为决策处于政府、消费者、企业与外部环境（公众、媒体、投资者等）构成的系统中，微观个体的个性、情感等异质性及有限理性、成员主体间的复杂交互和演化方式、外部环境的联动约束等，构成了系统复杂性的基础，并由此决定了系统演化的多种可能性。因此，对其研究应该做到：一是充分考虑主体的异质性、自主性、自适应性；二是充分考虑系统多个层次间的相互作用与涌现现象；三是充分考虑系统演化的多种可能性；四是充分考虑动态的环境性，特别是其非连续变化对系统宏观结构和微观行为的影响（盛昭瀚和张维，2011）。

（二）企业绿色技术创新行为具有情景依赖性

我国企业绿色技术创新行为所依赖的社会、经济、环境等情景与国外相比存在差异，这可能会部分影响现有国外实践经验或理论成果的实用性与可靠性。当前，我国社会经济的发展处于能源、环境等多重危机的压力下，今后一段时期将是深化改革开放、加快经济发展方式转变的攻坚期，如何将中国转型特殊背景纳入企业绿色技术创新行为的研究中应是研究者关注的重点。因此，有必要将"情景"作为因素纳入现有理论研究框架，通过具体情境的嵌入，形成具有中国特色的创新性研究成果，甚至重构相关理论。

尽管也有不少学者认识到企业绿色技术创新行为研究的重要性与复杂性，但由于涉及多主体、多学科、多领域等因素，少有研究将企业绿色技术创新行为的讨论置于多主体交互的现实背景中。现有研究仍局限在理论探讨层面，没有对绿色技术创新的构成维度进行深入探讨。利益相关者理论研究表明，不同的利益相关者会从自己的利益出发对企业施加不同的影响，而企业成功的关键在于能否很好地满足各方利益相关者的合理诉求。在当今绿色思潮盛行的时代背景下，企业能否顺应时代潮流，为公众提供健康、环保的产品和服务，在公众心目中树立良好的形象，成为决定企业能否长期生存和发展的前提。因此，应同时考虑消费者和企业两类主体的异质性，并将环境规制、企业竞争等复杂关系纳入企业绿色技术创新整系统，充分考虑系统的整体性、层次性、动态性等特征，从刻画主体的异质性、自主性、自适应性入手，深入探悉宏观现象与微观行为间的作用机制与关联。

鉴于此，本书首先以企业行为理论及计划行为理论为基础，从企业逐利的本质出发，将企业绿色技术创新行为的驱动因素概括为企业预期经济收益、资源冗余和利益相关者压力，并以此为基础构建企业绿色技术创新行为的理论模型；在实证检验理论模型的基础上，将管理科学中的计算实验方法引入环境管理问题的解决中，以我国当前企业环境治理的实际背景和现实问题为依托，考虑企业间关系的复杂性、主体的异质性和主体之间的交互，从系统科学，特别是复杂性科学视角对不同环境规制下企业绿色技术创新行为的机理及其系统复杂性进行细致刻画，采用计算实验和数理分析相结合、微观行为与宏观结构相结合、"虚"系统与"实"系统相结合等方法，研究不同环境规制情境下企业绿色技术创新行为的演化路径、群体绿色技术创新行为的涌现与互动机理和政策优化等问题。这对于进一步深化和拓展这一领域的研究，拓宽计算实验方法在管理科学与工程领域内的应用，促进相应成果在企业环境管理中的实际应用等具有积极的学术意义和应用价值。

第三节　研究的主要内容及方法

一、技术路线

本书的技术路线如图 1 - 1 所示。

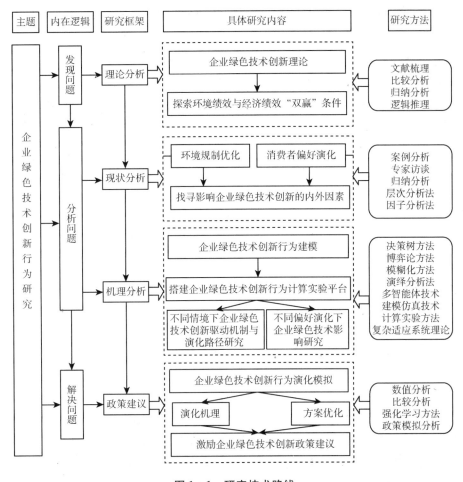

图1-1　研究技术路线

二、主要内容

本书共分八章，各章主要研究内容为：

第一章绪论。主要阐述研究背景及意义，国内外研究综述，研究的技术路线、主要内容和方法，并总结了主要创新点。这是全书的纲领。

第二章企业绿色技术创新理论基础。首先介绍了技术创新和绿色技术的有关理论，然后对绿色技术创新的相关概念进行了阐述；其次以计划行为理论为依据，探寻企业绿色技术创新行为的理论基础；最后分析了企业绿色技术创新的动力机制。

第三章企业绿色技术创新行为理论模型及验证。基于企业绿色技术创新行为理论提出相关假设，构建理论模型，并运用统计分析方法进行实证，从而验证理论成果的正确性，进一步厘清企业绿色技术创新行为的驱动机制。

第四章企业绿色技术创新多智能体模型。首先确定了全书的研究框架，介绍运用多智能体技术构建企业绿色技术创新模型的基本思路，然后对模型中涉及的主要场景进行详细阐述，描述场景中各主体在现实系统中的相关属性、行为规则和交互模式等，并对规则及交互模式的设计原理进行说明。

第五章企业绿色技术创新管理实验平台。从平台设计角度阐述了模型的实现过程，详细描述了实验平台构建的基本假设，并对相关主体的属性及行为规则进行阐述，给出各主体在计算机系统中的工作流程，并从计算机系统系统开发角度介绍了实验平台框架结构、模块及数据库等设计，最后介绍具体实现过程。

第六章环境税与企业绿色技术创新。运用第四章搭建的计算实验平台，分析环境税实施时机、强度等不同情境下企业绿色技术创新行为演化过程，探寻了环境税对企业绿色技术创新行为的影响路径，剖析了环境税征收政策中需要重点考虑的因素，为环境税具体政策制定提供理论参考。

第七章创新补贴与企业绿色技术创新。运用第四章搭建的计算实验平台，分析了创新补贴不同情境下企业绿色技术创新行为的演化过程，探寻了创新补贴对企业绿色技术创新行为的影响路径，对比了不同补贴工具对创新的激励效率，为创新补贴政策的制定提供理论参考。

第八章企业绿色技术创新政策优化组合。运用第四章搭建的计算实验平台，通过对比分析不同情境下企业绿色技术创新行为的演化过程，寻找激励企业绿色技术创新的最优政策组合，为环境规制政策的制定提供理论参考。

第九章消费者偏好演化与企业环境创新。基于消费者偏好演化的"渐变"与"突变"，分析不同偏好演化对企业绿色技术创新行为的影响，探寻了消费者偏好演化在企业绿色技术创新活动中的作用机理。

三、主要研究方法

由于现实世界消费者和企业的异质性以及外部环境的复杂性，其行为与决策规则必然具有多样性，难以通过常规的定性定量方法进行描述，而主体特征识别与行为规则抽象是整个计算实验平台构建的基础，也是进一步深入探究其演化路径和机理的前提，因此，本书拟首先搜集、整理、吸收国内外有关企业绿色技术创新行为、市场消费者异质性、绿色需求、政府绿色技术创新政策等方面的研究成果，并通过实际调研理解现实场景下企业绿色技术创新行为的复杂性和消费者及企业的行为和决策规律，采取实际调研、理论研究、计算实验三位一体的综合方法进行系统研究。

主体属性建模部分拟采用复杂适应系统（CAS）理论，并采用定性定量相结合的方法描述参与主体可获取的资源，通过多主体建模方法刻画参与主体所处局部环境，并采取多种方法来反映现实世界主体决策策略的多样性，包括 if then 规则方法、决策树方法、有限状态机方法、博弈论方法和优化方法等。同时，对于主体学习机制，我们拟分别从强化学习机制、无监督学习机制、贝叶斯学习机制等方面对主体学习能力进行建模。对于主体的进化机制，主要采用广义进化机制刻画主体复杂性与适应性的关系。

（一）理论、实证、实验相结合

关于企业绿色技术创新理论，目前尚没有统一的定义，已有研究从不同侧面对绿色技术创新进行了解释。本书在借鉴已有政策、理论及研究成果的基础上，归纳了企业绿色技术创新的相关参与主体及其影响因素，并在实证调研基础上抽象相关主体属性及行为规则、交互方式，构建计算实验平台，进而通过实验结果分析完善相关理论，提出政策建议。这是本书研究的主要技术路线。

（二）立足于政府与企业的现实需要展开研究工作

本书紧密围绕政府节能减排目标和企业逐利需求展开相关研究，将政府环境规制进行分类，按类别分析不同环境规制类型及环境规制组合对企业绿色技术创新行为的影响，并在实验中从政府资金投入、减排目标、企业经济效益等角度，分别探讨政策的可行性，这是本书研究企业绿色技术创新行为的出发点和目标。

（三）微观机理与宏观表现相结合

计算实验方法通过大量自适应、自学习的异质个体的交互过程，探索整系统的动态演化和整体宏观表现，进而从微观层面揭示系统整体演化的微观机理，并通过微观个体的行为改变，探索整个系统的宏观"涌现"，以此作为政策建议的理论基础。

第四节　本书的主要贡献

企业绿色技术创新对社会经济的可持续发展具有重要意义。但是，由于企业绿色技术创新的双重外部性及不确定性，政府和社会公众需要从不同角度做出努力，以创造有利于企业绿色技术创新的外部环境，共同推动企业绿色技术创新。本书通过多视角的分析和论述，结合环境规制、消费者偏好及企业绿色技术创新的发展现状，在实证研究的基础上，构建了企业绿色技术创新计算实验平台，并基于实验平台模拟了不同环境规制情境及消费者偏好情境下的企业绿色技术创新行为演化路径，丰富了绿色技术创新相关理论，并以此为基础提出了相关政策建议。

（1）通过对企业绿色技术创新相关理论与实践研究的归纳总结，多视角透视了企业绿色技术创新的发展历程、科学内涵和动力源泉，认为企业绿色技术创新是实现企业经济绩效和环境绩效的有效途径，尤其在我国节能减排和经济发展的双重压力背景下，推动企业绿色技术创新是实现经济和环境"双赢"的重要手段。实验结果验证了绿色技术创新促使企业经济和环境绩效提高的结论，并给出了"双赢"目标的具体实现条件。

（2）通过对不同环境规制情境及消费者偏好情境下企业绿色技术创新的实验模拟，生动展示了不同情境下企业绿色技术创新行为的演化过程，并通过实验结果的对比分析，为政府环境规制政策的制定提供了理论基础；同时，通过不同情境下企业环境技术路线选择对经济效益的影响，为企业在不同情境下选择有利的技术路线提供了理论参考，鼓励更多企业关注绿色创新技术。

（3）本书以实证调研抽象的现实场景为依据，运用多智能体技术构建企业绿色技术创新管理实验平台，可以作为进一步研究企业绿色技术创新行为的工具，并为其他学者运用计算实验方法研究社会科学相关问题提供了实例参考。本书的研究进一步丰富了社会科学计算实验的具体研究方法，拓展了计算实验方法在社会科学问题中的研究领域。

第二章　企业绿色技术创新理论基础

【本章导读】

技术创新是国家进步的灵魂和不竭动力，是企业生存发展的基础。而绿色技术创新蕴涵了当今社会节约资源、保护环境的思想，是建设生态文明的重要手段，它使生态文明建设落到实处，有利于实现全面建设小康社会的目标，有利于社会可持续发展目标的实现。企业技术创新的目的在于提供更加具有竞争力的商品和服务，以更好地满足市场和消费者需求。但是，如果企业片面追求经济效益，忽视社会责任，就会给社会带来危害。尤其是，技术创新不应以牺牲自然环境、公众利益为代价，不仅要考虑可操作性、经济效益，还要考虑利益相关者的权益，更多地在技术创新中引入绿色技术创新的理念。

本章从介绍企业绿色技术创新相关概念出发，理解绿色技术创新内涵；然后以计划行为理论为基础，梳理企业绿色技术创新行为理论，探索企业绿色技术创新驱动机制。

本章包括绿色技术创新相关概念及内涵、绿色技术创新驱动理论、企业绿色技术创新行为理论、企业绿色技术创新绩效四个小节。首先，介绍企业绿色技术创新相关概念，并进一步阐述了概念之间的内涵和关系；其次，分析了企业绿色技术创新行为驱动因素，在外部驱动因素分析的基础上，探索内源性因素在企业绿色技术创新中的本质，并以企业为主体，分析了内外部因素之间交互作用的关系；再次，研究了企业绿色技术创新行为理论，以计划行为理论为依据，探寻企业绿色技术创新行为的理论基础；最后，从企业经济绩效和环境绩效两个维度出发，梳理企业绿色技术创新行为的理论绩效，为后续计算实验模型构建，以及进行相应的应用研究打下基础。

虽然创新概念的提出已有百年历史，但对于技术创新理论的深入研究只有半个世纪的时间，而对于绿色技术创新理论的相关研究则起步更晚。技术创新理论的发展与技术研发、技术管理、国家政策等实践紧密相关（徐迎和张薇，2014）。企业技术创新的目的在于提供更加具有竞争力的商品和服务，以更好地满足市场和消费者需求。但是，如果企业片面追求经济效益，忽视社会责任，就会给社会带来危害（易开刚等，2014）。尤其是，技术创新不应以牺牲自然环境、公众利益为代价，不仅要考虑可操作性、经济效益，还要考虑利益相关者的权益，更多地在技术创新中引入绿色技术创新的理念。

第一节　绿色技术创新相关概念及内涵

绿色技术创新在传统技术创新概念之上限定了绿色范畴。因此，理解绿色技术创新的概念及内涵，首先应了解技术创新的概念及绿色技术的范畴。

一、技术创新

"创新"（Innovation）一词最早由熊彼特（J. A. Schumpeter）在《经济发展理论》一书中被正式提出。他将创新概括为五个方面：引入新的生产方法、工艺流程；生产新的产品；开拓原材料的新供应源；采用新的组织方法；开辟新的市场。技术创新是指重新组合或引入新的生产要素和生产条件，对生产体系或生产流程进行改造，从而建立一种新的生产经营系统，为企业带来更高收益的过程。熊彼特定义"创新是一种生产函数的变动"。他认为，技术创新必然打破原有的要素组合，是一个破旧立新的过程，它实现了生产要素的重新配置，建立一系列新的生产函数。1939年，他在《经济周期》一书中进一步完善了他的创新理论：创新实际上是将新的生产函数引入经济系统，从而改变原来的成本曲线。经济发展中的重大变革，诸如成本的大幅降低，市场结构的改变，行业内的残酷竞争，以及经济周期本身，都应主要归因于创新。1957年，索洛（R. Solow）在《技术进步和总生产函数》一文中提出了著名的索洛模型，认为从劳动力和资本上获得的经济增长从长期来看是稳定的，只有技术进步才是增长的重要来源。

熊彼特的创新理论主要包含技术创新和制度创新两个方面。技术创新是指一种新工艺或新设备在企业生产经营活动中的首次应用。通常由企业家根据市场的潜在需求，为赢取更高的商业利益而重新组织生产要素，建立起效率更高、效能更强的生产营销系统，或开发出新的产品、新的生产工艺，从而开辟新市场，获得新的原材料或半成品供给来源或建立企业的新组织，包括科研组织、商业和金融等一系列活动的综合过程（刘岗和刘孝贤，2002）。

从技术创新理论可见，技术创新包括五个方面内容：第一，开发新产品：开发并制造尚未被消费者使用的新产品；第二，生产模式创新：采用某产业尚未应用过的新的生产模式或生产工艺；第三，开辟新市场：开辟某行业尚未涉足的市场领域；第四，寻找新的供应商：寻找到原材料或半成品的新的供应商；第五，组织形式的创新：创造一种新的组织形式，或打破原有的占垄断地位的组织形式。而从技术创新得以实现的载体来看，企业是技术创新活动的主体。一种技术或发明的成果只有被应用于经济活动，形成物质生产力，才能成为创新。从这个角度出发，发明家不一定是创新家，只有敢冒市场风险，将研发成果转化为商品的企业家才是创新者。同时，由于技术创新的目的是提高企业竞争力，因此技术创新必然是企业间竞争的结果，反映了企业家市场逐利的本质，也自然离不开技术创新效率问题，即投入与产出的关系问题。从创新的实现过程看，创新包括三个阶段：研发阶段、技术创新阶段和技术扩散阶段。而从创新层次看，创新又分为企业技术创新、产业集群技术创新和国家技术创新。

因此，技术创新不是简单的发明创造，而是将发明和创造的成果引入企业生产体系，从而形成新的生产力，并提高企业竞争力。技术创新的目标在于促进经济发展和社会进步，是高效促进生产力水平提升的模式之一。

综上所述，技术创新通常是指新技术（包括新产品或新工艺）在生产活动等领域的成功运用，技术创新能够形成一种新的生产能力，其中包括对现有技术要素的重新组合。技术创新是一个过程，既包括新发明创造在实践中的应用和实施，也包括其商品化与产业化扩散。技术创新是企业为提高自身竞争力，经过研究开发，反复试验，运用新的原材料，或改造生产工艺或生产流程，提高企业生产效率，或研制出新产品并投入生产经营活动中，实现其商业价值，从而为企业带来更高收益的过程。技术创新需要不断研发以及反复试验，是一个长期而又复杂的过程。

传统的技术创新理论在社会发展中发挥了重要的积极作用。但随着科学技术的迅猛发展，科技成果不断转化为生产力，技术创新在推进人类社会变革的同时，不可避免地带来一系列日益严重的社会问题和负面效应。

主要表现在传统的技术创新理论专注于经济视角，忽视了对资源环境的保护，造成了人与自然发展的不和谐。特别是随着世界工业产业的高速发展，传统技术创新通常一味追求商业利益和工业产值最大化，使得先进的科学技术沦为对自然资源无休止掠夺开发和无节制消耗的"帮凶"。

恩格斯在《自然辩证法》中指出："我们不要过分陶醉于我们对于自然界的胜利，对于每一次这样的胜利，自然界都报复了我们。"事实证明，简单地从经济效益角度来考察技术创新，只会给我们自己及子孙后代带来更多难以解决的难题。然而，学术界尤其是经济学界一直以来割裂了技术创新与自然生态环境的相互依存关系，忽视了技术创新理论的内在缺陷，对技术创新理论缺乏系统性研究。而传统的生态哲学，生态伦理学主要侧重于对技术的反思，忽略了技术创新本身内在的生态价值，没有认识到自然生态与社会生态相互作用、相互转化、相互协调的内在可行性。只有将技术创新与环境保护的理念结合起来，从人与自然和谐发展的角度推动技术创新，才能真正实现经济发展的健康与可持续。

二、绿色技术

绿色技术又被称为环境技术、环境友善技术、环境优先技术等。哲学意义上对绿色技术的探讨起源于舒马赫《小是美好的》一书中提出的"中间技术、替代技术"概念。他认为应该通过创造某种技术提高我们双手和大脑的生产能力，这种技术就是中间技术。它以现代知识和经验为基础，服务于人类，适应生态学规律。主张"尽量降低对环境的干扰，最少量使用不可更新资源"等。

席德立（1993）认为绿色技术又称为清洁生产技术，它立足于保护自然生态环境，将促进社会经济可持续发展作为生产活动的核心内容。环境技术主要包括清洁能源技术、清洁工艺技术和清洁产出技术三个方面。张庆普（2001）认为，作为一种能够与生态环境系统相协调的新型技术系统，绿色技术在减少企业生产的边际外部费用的同时，通常也能够降低企业生产的边际内部费用。蒋洪强和张静（2012）认为，绿色技术是指用于污染治理、清洁生产、生态保护、资源循环利用、绿色产品生产等方面的知识、技巧、工具、手段等的总称，包括技术研发、技术生产、技术交易、技术实施等过程。杨伟娜和刘西林（2011）认为，绿色技术是环境友好型技术的简称，主要包括环境友好技术、末端治理技术、生态技术、清洁生产技术、节能减排技术等。

由此可见，绿色技术是指遵循生态发展的自然规律，考虑资源环境承载能力，维持自然生态发展均衡，尽可能减少资源利用，降低污染排放，以促进人类与自然和谐发展为目标的一系列手段与方法。绿色技术实际上通过合理规划降低物料和能源消耗，减少废弃物排放，将对环境的破坏降低或消灭于生产过程中。可以从以下几方面理解绿色技术：第一，绿色技术通过节能减排降低人类活动对环境的破坏，从而维持人类可持续发展。第二，绿色技术通过促进生态平衡，能够保持人与自然的和谐相处。技术的负效应使得人类的生存环境日益恶化，而积极发展能够促进生态系统良性循环的技术是我们的当务之急。第三，绿色技术不应该是某一种技术或某类产业部门的技术，它更应该是一门系统技术。绿色技术既包含在产品的设计制造阶段，又包含在产品的回收利用阶段；它既是一种技艺、技巧和方法，又是一种思想、意识和行为等。

从绿色技术的基本目标、基本手段、社会标准和终极目标的角度出发，绿色技术应具有以下几方面内涵：第一，绿色技术通过节约资源、降低原材料消耗、减少污染物排放，降低整个生产活动对人类和环境的负面影响，从而更加合理、有效地利用自然资源，实现人类可持续发展的目标。第二，绿色技术的基本手段是通过先进科学技术的运用，采用可替代的原材料，或改进生产工艺、强化企业管理，最大限度地提高资源利用效率。第三，绿色技术将有利于人类的健康和福利作为"产品"的社会标准，将有利于人类文明的进步作为衡量产品社会价值的标尺。第四，绿色技术的终极目标是实现经济效益、社会效益和环境效益的统一，通过环境技术的广泛采纳，保证整个国民经济的健康可持续发展，既关注于保护人类与环境健康发展，又要提高企业自身经济效益。

根据绿色技术对环境的不同作用，可将绿色技术分为三个层次：末端治理技术、清洁生产技术和绿色技术产品。第一，末端治理技术是在维持现有的生产技术及工艺流程的前提下，通过一定的技术手段对废弃物进行分离、处置、处理和焚化等，从而减少废弃物排放对环境造成的污染。第二，清洁生产技术有别于末端处理技术，是在废弃物产生之前采用一定的技术手段，从而减少有害物质排放。如选用可替代的原材料、改造生产工艺、强化内部管理和生产流程中加入废弃物循环利用等。第三，绿色技术产品是指采用新技术生产某种新产品，这种产品有别于传统产品，其在消费环节不会给环境带来危害。也就是说，绿色技术产品在消费过程中和消费后的残余物及环境污染物最少；对产品进行可拆卸型设计；产品具有回收利用价值，回收后可再循环利用。

三、绿色技术创新

绿色技术创新是在技术创新基础上发展起来的专业创新活动，它建立在经济和环境协调发展基础之上，以可持续发展作为价值衡量的标准，将环境保护的理念融入技术创新内涵。绿色技术创新也常被称为"绿色创新""绿色技术创新""生态创新""环境驱动型创新"和"可持续创新"等。尽管称谓不同，但都是指通过引进新的思想、行为、产品和流程来减轻企业生产活动造成的经济负担，或实现特定的生态可持续发展目标，旨在减少对环境的不利影响。

对绿色技术创新的含义，不同的学者有不同的理解。许庆瑞和王毅（1999）认为，绿色技术创新是降低产品生命周期总成本的技术创新。焦长勇（2001）则认为，绿色技术创新是环境技术从思想形成到产品推向市场的全过程。李平（2001）从创新主体角度出发，将创新主体的可持续发展价值取向作为评判绿色技术创新的依据，指采用系统科学方法开发的新型管理手段，能够促进人与自然和谐相处，推动社会经济效益与环境效益同步增长，实现可持续发展的过程。万伦来和黄志斌（2003）认为，绿色技术创新是以可持续发展为根本目标，创新主体多元化，成果扩散低成本化和公益化的技术创新，它既追求经济效益又追求社会效益。范群林等（2011）认为，绿色技术创新主要包括为避免或减少环境损害而产生的新的或改良的工艺、技术、系统和产品等，是一种系统性的组织创新和技术创新。通过绿色技术创新，可以改善企业内外的环境质量，降低社会成本和环境成本，促使企业承担起应尽的社会责任和生态责任，并进而提高经营绩效。

可见，绿色技术创新的目标是一个价值的统一体，它追求经济效益、社会效益和环境效益的统一，且在其价值的统一体中，生态价值居核心地位。

绿色技术创新从原材料的选择、生产的工艺流程到最终的产品都制定严格的环保标准，从源头上避免或减少技术对生态产生的不良影响。它将生态、经济和技术视为社会系统中几个互相推动、相互促进的要素。在这个系统中，技术在创造经济利益的同时也要保护生态环境。生态环境对经济发展具有反作用。技术作为中介，是实现人与自然和谐，经济与生态协调发展的杠杆。由于绿色技术创新对生态环境具有重要意义，因此，绿色技术创新具有"双重外部性"，其主体不再是传统技术创新的单一企业主体，而是一个以企业为核心，由政府、环保组织、科研院所以及公众等多方参与的复杂主体系统（李平，2005）。

绿色技术创新是传统技术创新与生态观念相结合产生的新范式，它融合了生态学可持续发展的相关理念，建立在新的生态系统和经济社会系统基础之上。绿色技术创新于各个技术创新阶段均引入了生态观念，从而引导技术创新朝着有利于节约资源、保护环境以及改善生态的良性方向发展。它以资源与环境生态保护为中心，培植环境保护意识，追求人类社会与自然生态系统的综合效益，也就是从整体上实现经济效益最佳、生态效益最好、社会效益最优的有机统一，从而确保企业及整个社会的可持续发展。

与传统技术创新相比，绿色技术创新主要有以下几个特点：第一，可持续性。由于绿色技术创新着眼于人类社会与自然生态的可持续发展，改变了以往高投入、高消耗的传统经济增长方式，在节能减排上做文章，从而保证经济发展对自然环境的影响控制在可承载能力范围内。第二，协调性。绿色技术创新致力于追求经济效益、社会效益和环境效益的和谐统一，追求人与自然的和谐统一，经济社会发展与生态环境保护的相互协调，将环境效益的提高摆在首要位置，在此基础上追求经济利益最大化，维持整个人类系统发展与生态环境发展之间的良性互动。第三，以系统论、生态学为科学依据。绿色技术创新是一个由技术、经济、社会、自然有机构成的和谐系统，其运行模式具有非线性和循环的特点，以整体目标最优化作为评价依据。它综合运用技术领域和生态领域的相关研究成果，通过模拟自然生态系统中物质、能量的运动、循环和再生过程，来研究与开发生产技术，改造工艺流程。

本书中的绿色技术创新是指以可持续发展为根本目标，企业在生产活动之前采取的与保护环境有关的技术创新活动，它有别于企业生产活动中的污染物末端治理，主要指环境技术产品创新和环境技术工艺创新。其中环境技术产品创新主要指开发各种能够实现生产过程节能减排的可替代产品，并使最终产品在消费过程中以及使用后不危害或尽量少危害人体健康，不影响或尽量少影响生态环境，或生产易于回收利用和再生的产品，通过产品回收利用，减少原材料消耗。环境技术工艺创新，指通过改造生产工艺流程或采用可替代原材料，降低生产过程中的污染物排放。环境技术工艺创新不仅可以有效地减少废弃物排放，降低物料及能源消耗，而且可以降低资源成本，降低整个生产活动对环境的不利影响，并通过生产效率的提高，使产品具有更强的竞争力。

总而言之，绿色技术创新是一个系统的整体，它以生态学原理和生态经济规律为理论基础，强调人类社会经济系统与自然生态系统的和谐发展。此外，绿色技术创新的推广与扩散不仅需要技术本身的先进优势，还需要多方面外在要素的激励与推动，例如，培养公众的环境保护意识、通过环境规制为企业制定环境保护的标准、补贴企业绿色技术创新活动等。因此，绿色技术创新不是一种单纯的技术活动，而是以可持续发展的科学价值观为指导思想，以生态学和经济学为理论基础的制度与技术的综合创新及其过程。

四、技术创新、绿色技术与绿色技术创新

由上述技术创新、绿色技术、绿色技术创新的相关概念可以看出，三者之间的关系如图 2 - 1 所示。

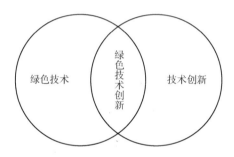

图 2 - 1　技术创新、绿色技术和绿色技术创新的关系

绿色技术既包括末端治理等非创新性技术，也包括采用新的生产工艺或开发新的环保产品等创新性技术；而技术创新既包括绿色技术创新，也包括传统技术创新，因此，绿色技术创新是以绿色技术为前提的一种特殊的技术创新形式。由传统技术创新向绿色技术创新的转变是范式的根本转变，与传统技术创新行为主体仅仅是企业不同，绿色技术创新拥有以企业为核心，政府、科研院所以及公众等参与并制约企业创新行为的多元行为主体系统（李平，2005）。与传统技术创新一样，绿色技术创新同样存在着解决技术难题、筹集风险资金、拓宽信息流通渠道、提倡创新思维、提高员工素质等一般技术创新的共性问题。但就目前而言，企业在实施绿色技术创新过程中遇到的最大难题是绿色技术创新的外部经济性问题。如果外部经济性问题不能得到有效解决，绿色技术创新就不会成为企业的自发行为。正是由于绿色技术或绿色产品存在的外部利益，导致"看不见的手"失灵。例如，某企业开展绿色技术创新，实行清洁生产，由此减少了废弃物、污染物，节约了自然资源，带来了外在的社会效益，这一经济

活动给该企业所带来的私人利益要小于该活动带来的社会利益，但该企业并不能因此而得到利益补偿；相反，另一企业实施传统技术创新，大量消耗自然资源，大量排放废弃物、污染物，破坏生态环境，给社会带来了危害，这一经济活动的私人成本小于该活动带来的社会成本，但企业自身并不需要支付外在成本用来抵偿这种损害。两相对比，前一家企业就不会自发地持续开展绿色技术创新，而后一家企业仍然会无所顾忌地持续进行传统技术创新，绝不会实施绿色技术创新。

由于资源及环境问题的外部性特点，长期以来，采用绿色技术就意味着产品及生产过程的高成本。因此绿色被认为是由政府主导和民间参与的，以环境保护相关法律法规为约束的规范性过程，企业很难自发开展绿色技术创新活动。随着经济发展、人民生活水平及环境保护意识的不断提高，企业绿化的意义远远超出了遵守环保法规、清洁生产流程以及提高能源利用效率等范围，成为一个组织对以往的活动过程进行反思并构建和培育绿色技术创新体系的过程（李旭，2015）。然而，与传统技术创新相比，绿色技术创新更强调基于新知识、新技术路线的探索性创新，因为只有突破非可再生资源的高消耗的瓶颈，才能实现资源高效使用、废弃资源以及可再生资源的使用以及绿色产品的开发。对于企业来说，理想的绿色技术创新成果是既能实现降低环境污染的期望，也能使企业获取相应的经济效益。但遗憾的是，现实中绿色和经济收益常常难以实现双赢（Chen，Lai & Wen，2006）。因此，有必要从绿色技术创新的驱动理论和企业行为理论出发，探索企业绿色技术创新行为的内外部影响因素及其作用机理。

第二节　绿色技术创新驱动理论

熊彼特在提出创新理论基本思想时指出，创新的原动力来自企业对超额利润的追求和企业家精神。企业作为经济实体的属性，决定了其从事绿色技术创新的内在驱动因素在于其经济的获利性。对于企业来说，绿色技术创新的基本目标仍然是创造新利润，它是企业家把一种生产要素或生产条件的"新组合"引入生产体系以在市场获取潜在利润的活动和过程，是一个以人为核心的，由技术、市场、社会经济、政治、生态环境等诸多因素相互作用形成的创造性动态系统，具有人本特性和系统特性。这种人本特性决定了企业家的创新精神和利益驱动，是创新最核心的动力来源，而系统特性决定了推动创新得以实现的动力，应该是多个或全部因素耦合的结果，因此，有必要进一步从企业内部因素、技术因素、市场因素、制度因素等方面入手，深入探析企业绿色技术创新行为的驱动因素及其理论依据。

一、绿色导向和绿色能力

从自然资源观点来看，企业绿色技术创新的影响因素可以归结为企业的绿色导向和绿色能力，即对绿色技术创新的正向经济预期和实现这种正向预期所具备的能力或潜力。

自然资源观点（natural resource based view，NRBV）认为，自然环境制约企业保持长期的竞争优势，因此，未来企业的竞争优势依赖于企业环境可持续行为的资源和能力。NRBV 将企业的绿色战略分为三类：污染防治、产品绿色技术创新和可持续发展。其中产品绿色技术创新基于产品整个生命周期视角，整合产品设计和生产过程，可以通过先动优势提高企业竞争力（Hart & Dowell，2010）。

NRBV 视角下，企业内部的组织要素是企业的绿色资源，也是企业开展绿色技术创新、保障持续竞争优势的基础。因此，影响企业绿色技术创新的内部要素主要包括企业的绿色导向、绿色能力等。绿色导向指企业对于环境保护的认知程度和过程，分为内部绿色导向和外部绿色导向（Banerjee，2001）。内部绿色导向指企业对于环境保护内部价值和伦理标准的认知及承诺，它是建立企业环境保护制度的企业文化基础，包括企业环境标准选择、绿色技术偏好、环境信息披露、员工环境保护素质培训等。外部绿色导向是企业对外部利益相关者环境诉求的认知过程。可见，绿色导向对于企业充分认识绿色标签的价值，提高企业对绿色技术创新的预期收益具有重要作用。而绿色能力指企业执行与环境战略相关的资源或者能力，主要包括绿色研发投入、绿色环境管理系统和战略柔性。其中，绿色环境管理系统包括 ISO 140001 体系以及绿色体系建立过程中企业管理者对绿色经营的承诺、组织结构、部门间协作、相关技术等。绿色能力是企业绿色技术创新战略成功实施的关键，在绿色战略实施的初期，绿色能力是企业做出绿色创新决策的必要条件，在绿色战略实施过程中，绿色能力保障企业战略目标的实现。

雷善玉等（2014）构建了企业绿色技术创新的"技术—情境—创新"动力机制模型，研究结果发现，企业自身的技术能力是绿色技术创新的直接驱动因素，而企业文化、市场导向、环境与创新政策等政府政策与行为等是对"技术—创新"关系具有调节作用的情境因素。这些影响企业绿色技术创新行为的情境因素中，企业文化是内部情境因素，市场导向、政府政策与行为等是外部情境因素，三者共同调节"技术—创新"的关系强度。在同样的外部情境下，企业内部技术能力、绿色导向等要素的差异，导致企业选择不同的绿色技术创新策略。

二、市场需求

企业对未来的经济预期来自对市场需求的认识。"需求拉动论"认为，技术创新源自市场需求，市场需求是技术创新活动的基本起点，也是推动企业积极技术创新的重要动力及成功保障。市场需求既包括消费者对产品和服务价格、质量以及效用的需求，也包括企业扩大生产规模的需求。市场对技术和产品提出明确的要求，需要企业通过一系列的技术创新创造出适合市场需求的产品。这些市场需求随着经济和社会的发展而不断发生变化，当这种变化积累到一定程度时，将直接影响企业产品的销售和收入水平。同时，需求的变化也为企业提供了新的市场机会，并引导企业以此为导向开展技术创新活动，从而形成对企业技术创新活动的拉动和激励效应。同时，技术创新的平均成本也会随着市场需求的不断增大而减少，并通过研发成本的分摊，降低研发失败的风险（邹彩芬等，2014）。最重要的是，市场需求能够进一步提高创新成功所带来的收益，促使企业有更大的动机来增加研发投入（岳朝龙等，2012），并有能力开展下一轮技术创新。

技术创新根据活动的不同阶段，可以分为技术发明、技术革新（技术的局部改良和发明的工业化应用）和技术推广（技术成果的扩散和转移）三个相互关联的环节。市场需求对技术创新的拉动作用在这三个环节中均有不同程度的体现（蔡宁和吕燕，2000）。首先，市场需求提供了技术发明的明确目的和实现目标；而作为技术的适用性开发，市场需求为技术革新提供了将技术发明进一步向适用性发展的阶段性具体要求，并作为其社会选择的测试工具；技术推广是新技术在应用层面的扩散与功能性扩展，在这个阶段，市场需求为新技术从一个应用领域向其他应用领域的扩散、移植和与其他技术的融合提供新的社会前景，通过模仿性消费及市场口碑等途径，扩大创新技术的应用领域，并为整个产业部门乃至整个市场需求体系的形成、演化和变革奠定基础，最终完成新技术范式的变革。

三、环境规制

虽然市场需求在激励企业绿色技术创新方面具有自我组织、自我加强的作用，但市场并不是万能的，它具有自身无法克服的功能性缺陷。一方面，市场不能从根本上解决创新的风险和创新的动力问题，尤其当公众不愿为环境支付更多溢价支出的情况下，由于企业主要以自身的经济利益作为评判是否进行创新的标准，市场机制并不能有效地推动企业实施绿色技术创新。另一方面，由于市场信息不对称问题以及企业对不同技术创新收益预期的差别，市场需求的推动作用是有限的。另外，企业绿色技术创新需要的政策、资金、技术等外部环境，也不能完全由市场提供，特别是与创新有关的法律、关税、政策等条件，需要政府的大力支持。

正是由于市场在激励创新上的有限性，要求政府在创新中发挥积极作用，努力营造一个鼓励技术创新的环境，特别是针对绿色技术创新，其双重外部性决定了仅靠市场机制、科学技术等因素不能完全提供绿色技术创新所需要的外部环境，政府的政策激励在绿色技术创新中发挥着重要作用。几乎各国政府都采用了各种支持和激励绿色技术创新的政策和手段。其中，环境规制是指针对环境破坏负外部性的特点，政府通过制定环境保护的法律、法规及相关的政策来引导企业的生产经营活动，使其符合环境保护的要求，实现经济与环境的协调发展。环境规制的目的是使生产者和消费者在做出决策时将外部成本考虑在内，从而将他们的行为调节到社会最优化生产和消费组合。

环境规制手段一般有两种，即直接规制手段和环境规制的经济手段。直接规制手段一般包括标准、配额使用限制、许可证等。环境规制的经济手段一般分为侧重于政府干预的庇古手段和侧重于市场机制的科斯手段，并以此为基础，将环境规制划分为两类：命令控制型环境规制工具和市场化环境规制工具。

（一）命令控制型环境规制

命令控制型环境规制是指政府通过立法或制定行政部门的规章、制度等来确定污染企业必须遵守的环境目标以及标准。由于这种环境规制的执行、监督和处罚等都要经过法律的确认，因此命令控制型环境规制又称为法律规制政策。此外，由于规制的制定与实施都由行政部门通过命令下达的方式执行，对企业的执法手段也以罚款或其他行政处罚为主，因此也称为行政规制政策。

命令控制型环境规制的理论基础是外部性理论。由于外部性的内部化难以依靠市场机制来完成，因此政策干预具有必要性。命令控制型环境规制主要包括两种政策工具：技术标准和绩效标准。

技术标准用于对企业生产过程或治理污染采用的技术做出详细规定，

并强制企业执行。技术标准可以是生产技术标准，也可以是减污技术标准，技术标准的确定通常采用"最适用"或"最可行"原则，以考虑大多数企业的技术能力。技术标准一方面缺乏成本有效性，另一方面缺乏对企业技术进步和进一步降污的激励，容易造成企业对技术的路径依赖。绩效标准对排污企业的排污量或排污强度进行控制。与技术标准不同，绩效标准不限制企业实际采用的技术标准，这使得企业减污方式可以自主选择，便于企业根据自身条件提高治污效率。但是，绩效标准同样缺乏激励作用，且监督成本较高，对违规企业取证难度加大，使规制实际执行更加困难。

Zhao 等（2015）利用结构化方程模型研究了命令控制型环境规制和经济型环境规制对企业绿色技术创新行为和竞争力的影响，发现两者在企业绿色技术创新战略选择、产品策略、技术路线和环境管理方面产生不同影响。前者在绿色技术创新和竞争力提高中扮演重要角色，而后者在企业绿色技术创新战略选择中发挥重要作用。

环境规制的改变产生的成本主要包括：第一，厂商成本。厂商成本主要指企业为达到环境规制的新要求而需要付出的额外成本，包括为满足规制要求升级设备的费用、生产工艺及流程改造费用、资源循环利用费用、为满足规制要求而对员工技能提高的培训费用等。第二，管理和监督成本。为保证环境规制的贯彻实施，政府部门需要付出的监督成本等。第三，规制的负成本。指环境规制在实施过程中对生产效率等产生负面影响所产生的损失。

（二）市场化环境规制

命令控制型环境规制缺乏对企业的激励作用，这使得基于市场的环境规制日益受到重视。市场型环境规制并不规定污染控制的具体水平或采用的技术标准，而是通过市场信号引导企业自觉做出反应，将污染成本内化到企业生产成本中，在企业追求自身利益的过程中同时实现控制污染的目标。由于市场化环境规制为企业提供了经济上的激励，因此也称为经济激励型环境规制。市场型环境规制分为价格型规制和数量型规制两大类，分别依据庇古税理论和产权理论，包括四类政策工具：环境税费、补贴、押金—返还和可交易许可证。

环境税费是庇古税理论在环境规制中应用的典型，主要有排污税费、使用者税费和产品税费等。与命令控制型环境规制相比，环境税费静态效率较高，减污成本具有随减污量增加而上升的特点，能够在统一的税率水平下，提高资源配置效率，使全社会以最小成本实现规制目标。而环境税费对企业减污的激励作用也高于命令控制型环境规制，企业可以通过技术创新与投入，采用清洁生产技术或先进治污设施节省税费。

补贴是"一种对直接（部分的）减污成本的偿还或者是对每单位排污减少的固定支付"（托马斯·思德纳，2005）。补贴在性质上与税收有相似之处，同样可以取得征收庇古税的效果。但由于补贴会激励企业进入或阻碍企业退出，从而使企业总排放量超过无补贴的情形。当补贴与特定的环境规制政策相结合，有利于激发企业绿色技术创新时，可以帮助企业减轻环境治理的负担，并降低企业总排放量。

押金—返还制度是当使用者购买可能会对环境造成污染的商品时，首先对其征收一定数额的押金，当商品按照预先承诺完成回收时，再向交送者返还相应的押金。可见，押金—返还制度可以敦促企业对产品的循环再利用，从而达到保护环境的目的。押金—返还制度通过经济激励手段敦促企业自觉完成废弃物处置，节省了监督成本；同时也激发了企业使用低耗材料的动力，为企业节省了开支。

可交易许可证也称为可交易排污许可证，是基于科斯理论发展起来的政策工具。该机制下，首先由政府界定排污的权利，并允许通过权利的市场交易实现减污资源的最优配置。因此，可交易许可证通过将环境资源的使用权私有化，实现保护环境资源价值的目的。监督与处罚是实施可交易许可证政策的重要环节，用于保证企业遵守交易的限制条件，并确保企业排污不超过许可证允许的范围。由于出售剩余许可证获得的经济收益能够对企业产生有效的激励，因此可交易许可证制度可以促使企业自觉采取绿色技术创新等手段减低污染排放。

从环境规制的定义本身来看，其目的是为了减少环境污染，并不是为了影响企业的绿色技术创新，但是政府在制定相关环境法律、法规时，同时明确了企业降低污染排放的有效途径，确立了企业绿色技术创新的目标，自然，环境规制也就具有了指引与调节企业绿色技术创新的功能。事实上，企业按照环境规制的相关要求，改造生产工艺与流程，并通过生产要素重组，使整个生产经营活动更加符合环境规制的要求，在这一过程中，同时也实现了新技术的更新换代。也就是说，环境规制设立了企业生产经营活动的新规则，为企业绿色技术创新确立了明确的目标。企业根据环境规制的变化，调整生产经营活动细节，通过绿色技术创新满足新的环境规制要求。

从环境规制对企业绿色技术创新影响的短期效应来看，命令控制型环境规制政策增加了企业的生产运营成本，加重了企业负担，阻碍了企业的进一步创新与发展；但是从长远角度看，环境规制政策激发了企业绿色技术创新，并使企业通过绿色技术创新获得创新补偿，有利于企业竞争力的实质性提高。同时，环境规制政策的实施必将引起市场格局的变化，企业生产成本会因环境规制的变化而发生变化，利益也在市场之间、产业之间、企业之间进行重新调整，新旧技术体制的经济预期将被重新评估，并影响企业对两种生产模式的重新选择。

四、企业间竞争与合作

随着经济全球化的发展，市场竞争已经成为企业经营活动中需要面对的常态。为了保证自身不在竞争中被淘汰、被兼并，为了在竞争中占据优势地位并保持发展态势，企业必须采取各种手段提高自身的竞争实力。从短期成效来看，开源节流、加强内部管理、增强营销力度等手段可以快速提高企业经济效益，但开源节流是有限度的。从长远发展角度来看，只有不断进行技术创新，保持企业在同行竞争对手中的技术优势，才是维持企业生存发展、取得高额利润的根本途径。也就是说，竞争通过市场机制激发了企业的绿色技术创新积极性，市场竞争成为企业绿色技术创新的重要动力。

市场竞争对企业绿色技术创新的推动作用通过以下途径得以实现：第一，竞争敦促企业及时准确地收集市场及竞争对手信息，便于准确及时掌握市场潜在需求，为技术创新准备一手资料。第二，竞争迫使企业迎合市场需求，不断降低产品价格，提高产品质量，满足消费者需求。在日益激烈的市场竞争中，企业必须不断学习先进的科学技术，通过不断技术创新改良生产工艺，或研发更加适销对路的新产品，来赢取更多的市场份额。如果缺乏市场竞争，企业就会安于现状，故步自封，失去技术创新的积极性。第三，竞争促使企业改变传统观念，采取积极的态度接纳新知识、新技术。市场竞争使人们产生了强烈的危机感、紧迫感，而技术创新的预期收益诱使企业和个人在竞争的实践中变压力为动力，采取积极创新的态度应对激烈的市场竞争。第四，企业的员工为适应竞争需要，自觉加强自身能力提升，通过学习新技术、新技能，提高科技素养，为技术创新完成人才储备。第五，竞争一定程度上消除了创新不确定性所带来的消极因素，提高了技术创新效率。创新所固有的不确定性属性是制约企业技术创新的主要障碍。在自由竞争的市场环境下，企业技术创新源于自身对创新技术的期望，通常会出现多家企业同时创新的情形。在这种情况下，企业可以从竞争对手的经验教训中获取知识，避免重蹈覆辙；同时，企业间可以互相交流实践经验，提高技术创新的效率，并最终形成主导产品。也就是说，市场虽然不能够消除单个技术创新活动的不确定性，但是大量创新个体的经验教训消除了整个经济系统的不确定性，并提高了整个经济系统的技术创新效率，从而推动技术创新高效发展。

同时，随着企业间关系的日益密切，企业间的关系不仅仅是竞争关系，合作伙伴关系也推动着绿色技术创新的发展。创新联盟、合作创新网络是企业进行技术创新的重要形式，并成为绿色技术创新未来发展的趋势。传统意义上，将企业间的合作划分为纵向合作和横向合作，供应链网络就是一种典型的纵向合作方式，供应链中的上下游企业为了自身竞争的需要进行技术创新时，势必需要其他成员予以配合，在相应的产品或生产工艺方面做出改变，以满足共同技术创新的需要；而在横向合作中，同行业内的企业之间为了维持本行业的盈利能力而设置技术壁垒，提高行业进入门槛，维护行业内企业的共同利益。此外，由于绿色技术创新的双重外部性及较高的不确定性风险，企业常常无法仅靠一己之力完成绿色技术创新，企业与高校、科研院所之间的合作就成为绿色技术创新的常见形式，而这种产学研合作的模式也成为推动企业进行技术创新的重要动力源泉，在企业技术创新中发挥积极作用。

五、技术发展

绿色技术创新以新技术作为经济活动的后盾，新技术既是绿色技术创新得以开展的基础，又是推动绿色技术创新进一步发展的重要力量。"科学技术是第一生产力"是生产方式中最活跃、最革命的因素，社会进步推动着科学技术的发展，科学技术在其内在规律和宏观动力的共同作用下，不断运动与发展，并通过在生产活动中的不断应用，推动着企业技术创新的发展。

综观整个科技发展史，每一次科学技术上的重大突破，总能够引起大范围的企业技术创新活动，并形成跨时代的技术成果。科学技术的崭新成果之所以能够激励企业技术创新，关键在于科技成果最终转化为新产品后，往往可以为企业带来高额的、带有垄断性质的利润。对高利润的期望促使企业积极接受科技发展成果，并通过技术创新将其快速转换为生产力。

虽然对科技成果进行转化的技术创新具有较大的不确定性，企业在实际操作中将面临种种困难，且需要较高的研发投入，但是，由于科技进步的新成果填补了市场空白，一旦创新成功，将给企业带来极大的发展机会。正是由于对新技术的前景期望，促使更多的企业甘愿承担较高的风险，积极进行技术创新。由此可见，科学技术进步是推动企业直接技术创新的动力之一。

科学技术之所以能够推动技术创新，源于科学技术的下述特性：第一，科学技术的发展性。随着人类认识自然、改造自然的能力不断提升，科学技术也经历着从简单到复杂，从低级到高级，从量变到质变的过程。因此，科学技术的发展是永无止境的。它不断突破原有的技术范式，形成新的技术体系，进而建立新的技术规范，具有循环发展的内在规律。技术与应用的差距便成为技术创新的发展源泉和推动力量。第二，科学技术的应用性。科学技术是人类改造自然、利用自然的工具、方法和知识的总称，因此，科学技术具有可被人类应用的内在特征。随着科学技术的不断成熟以及社会需求的不断提高，科学技术的新发现终将通过技术创新过渡到实用阶段。第三，科学技术的应用带来经济效益。科学技术的商业化应用产生的经济前景，激励企业家尽快通过技术创新完成技术成果转化，并使企业通过技术先动优势在市场中胜出，也反过来推动其他企业积极投入技术创新。

科学技术通过以下途径推动技术创新：第一，技术诱导。科学技术的新成果能够开拓企业家的思路，促使他们采用新模式组织研发活动，并将技术创新的成果应用于商业活动。第二，技术范式。科学技术重大进步所形成的技术规范一旦模式化，就形成了一种标准。在这种标准的规范下，一项技术商业化后，类似的技术创新活动就会自觉遵守同一技术规范，不断进行渐进式创新，并为激进式的根本性创新积累知识与能量。如此周而复始，完成技术创新的螺旋式发展。第三，技术预期。包括技术周期与经济效益预期。当技术尚未进入衰退期时，采用新技术进行的技术创新可以满足社会的潜在需求，为技术创新企业带来额外的经济效益。正是这种对技术采纳的收益预期，促使企业将新技术投入商业化应用。第四，输入推动。当科学技术发展产生的新型材料应用于传统工艺时，必将促使企业通过更新设备、改造生产工艺以适用生产条件的变化，这推动了企业生产工艺的技术创新。

事实上，上述内外部因素在企业绿色技术创新行为中的作用具有复杂的内部机制，并由于情境不同产生不同的作用效果，杨东和柴慧敏（2015）在梳理、归纳企业绿色技术创新的各类驱动因素后指出，需要考虑内外部因素的交互对绿色技术创新的驱动作用。马媛等（2016）以资源型企业为样本，通过实证检验企业绿色创新的驱动因素效果，发现利益相关者的压力、外部网络支撑、创新的不确定性、政策预期和管理者的机会感知会渐次影响企业绿色创新。李艳艳和王坤（2016）在企业绿色技术创新行为理论框架下，运用随机效应模型，以 2009～2013 年中国 A 股上市公司数据为样本，对企业行为约束下中国技术创新所得税激励政策效应进行了理论分析和实证检验。结果发现，税收优惠政策形成的税收补贴通过转化为企业内部资源，降低研发投资风险，使得企业内部驱动机制对研发支出的积极作用增强，而所得税激励政策本身并未对企业技术创新活动产生显著的激励作用。李巧华等（2015）基于已有文献和相关理论，通过实证分析发现，市场导向对绿色产品创新具有显著正向影响，对绿色工艺创新的正向作用不显著；政策导向对绿色产品创新与绿色工艺创新都起到了显著推动作用；组织冗余对绿色产品创新和绿色工艺创新的正向作用不显著；管理者对环境的关注对绿色产品创新和绿色工艺创新都具有显著正向影响。

第三节　企业绿色技术创新行为理论

本节从企业行为理论、计划行为理论和经济学理论出发，立足企业盈利的本质，基于经济学角度，分析企业对待绿色技术创新的态度和绿色技术创新动力不足的根本原因，为构建企业绿色技术创新行为的理论研究框架奠定基础。

一、企业行为理论

企业行为理论起源于经济学大师亚当·斯密的"经济人"假设。Cyert 和 March（1963）将企业理论与组织理论相结合，从组织目标、组织预期、组织选择和组织控制四个角度出发，探究企业内部决策过程，并据此提出了企业行为理论。企业行为理论涉及很多管理学领域重要的概念，如组织目标、组织期望、组织冗余、冲突的准决议、不确定性的避免、组织学习、有限理性、组织绩效等，其中组织期望、组织冗余和组织绩效与企业创新行为密切相关，因为根据企业行为理论，Cyert 和 March（1963）预测，当企业的实际组织绩效低于管理层的预期绩效时，管理层的压力随之增大，危机意识随之增强，将更有动力进行变革创新，而创新决策的依据是组织期望，组织冗余是创新成功的前提和保障。

（一）组织期望

组织期望是指特定组织希望达到的绩效水平。组织期望不同于组织目标，尽管二者均对企业行为决策起着关键作用，但组织目标是组织成员共同确定的努力方向，而组织期望强调的是组织对未来的一种预期（Baum et al.，2005）。

组织期望可以调节企业行为的强度，从而影响企业绩效水平。当组织期望和实际绩效不一致时，企业通常会调整自身行为决策，以实现更高绩效水平。例如，当企业实际绩效高于期望水平时，企业通常更倾向于采取保守决策，以尽可能保持当前的绩效水平，降低变革可能带来的风险；而当实际绩效低于期望水平时，企业通常更倾向于采取高风险决策，通过大胆变革改变当前现状，提高绩效高于期望水平的可能性。同时，企业组织期望的经验知识来源于自身的历史绩效和历史期望以及同行业竞争对手的绩效和期望，也就是说，企业通过对比自身和竞争对手的历史及当前绩效与期望，计算自身的组织期望，并根据组织期望与当前绩效的落差，做出企业下一步的行为决策。

（二）组织冗余

Cyert 和 March（1963）将组织冗余定义为指组织总资源与必要的总支付的差额。Bourgeois（1981）认为，组织冗余是企业的一种现实的或潜在的资源缓冲器，它使得企业能够为了适应内部调整或外部变化而进行成功的调整，以及为了适应外部环境而进行战略变化。Bourgeois 和 Singh 按照资源的可获得性将组织冗余划分为三种类型：可利用冗余、可开发冗余及潜在冗余。具体形态有财务冗余、人力资源冗余、技术冗余、组织控制系统冗余、未利用的资本、未利用的机会以及其他没有被投入到组织设计或具体程序的资源等，既包括有形资源，也包括无形资源。

在组织理论里，组织冗余主要有以下几种功能：第一，组织冗余作为一个诱因，它的存在表示组织拥有的资源超出了维持组织生存的需求；第二，组织冗余为成功解决冲突提供了资源保证，如果存在足够的组织冗余，组织就有能力解决所有的问题；第三，可以将组织冗余视作一种缓冲区，将组织的核心技术与动荡的环境隔离开来；第四，组织冗余的存在，使企业有能力尝试创新性变革，因此组织冗余能够推动企业做出新的战略决策。

学者们普遍认为，组织冗余与企业绩效的关系是倒 U 形，太少或者太多的组织冗余与企业绩效是负相关的，只有适当程度的冗余才能跟绩效呈正相关关系。组织冗余引致的搜索能够改变企业的注意力和经营方向，有助于企业变革和创新的成功。

（三）组织绩效

组织绩效是指组织在某一时期内任务完成的数量、质量、效率及赢利情况等，它被认为是组织期望与组织行为的结果。组织绩效的构成目前没有统一的定义，Kast 和 Rosenzweig（2010）认为，组织绩效由企业效能、企业效率及企业员工满意度构成；Ruekert 和 Walker（1987）则认为，组织绩效指企业效率、企业效能和企业的适应性；Delaney（1996）则将组织绩效视为一定时间内组织的获利能力、资产运营水平、偿还债务的能力和未来的发展能力等创造的经营效益。

组织历史绩效指组织过去取得的组织绩效，是企业行为理论中涉及的一个概念。组织历史绩效可以作为企业战略行为决策的依据，从而对企业以后的绩效产生影响（Shinkle，2012）。良好的历史绩效能够提高企业的自信心，而较差的历史组织绩效会使企业在生产、研发、经营等方面的活动更加谨慎。另外，优良的历史绩效积累可以储存企业内部资源，增加组织冗余，有利于企业更好地开展研发、创新活动，也有利于企业应对不确定性因素和突发事件。作为企业未来决策的依据，企业历史绩效在企业决策和企业行为中发挥重要作用。

二、计划行为理论

理性行为理论（theory of reasoned action）认为，行为的直接决定因素是行为意图（Fishbein M & Ajzen，1975）。因此，企业预期是企业绿色技术创新行为的直接决定因素。但行为意图决策不仅受到行为态度的影响，还受到主观规范的作用。而理性行为理论的不足在于假定个体能够完全控制自己的行为，但现实情况下，组织环境中的个体行为受到管理干预以及外部环境的制约，企业行为理论强调了企业决策的有限理性、不完全环境匹配及未解决的冲突（Cyert & James，2008）。因此，Ajzen（1985，1988）在理性行为理论的基础上，引入了感知行为控制变量，提出了计划行为理论（theory of planned behavior）。

计划行为理论认为，态度决定行为意图，预期的行为结果及结果评估又决定行为态度。也就是说，所有可能影响行为的因素都是经由行为意图来间接影响行为的，而行为意图除了由态度和主观规范决定之外，还受到感知行为控制的影响。行为意图是指行为者采取某一特定行为的行动倾向，即行为选择决策时对某行为意愿强烈程度的表达（Ajzen & Fishbein，1980）。行为意图的影响因素包括行为者的行为态度、外在的主观规范和行为者的感知行为控制。其中，行为态度指行为者对目标行为所持有的正面或负面的情感，它取决于行为者对行为结果的信念以及对行为结果重要程度的评估。外在的主观规范指行为者在进行行为决策时所感知到的社会压力，它反映了他人或团体对个体行为决策的影响，是行为者感知到的来自重要参照个体或群体是否支持其该行为的规范信念。感知行为控制指行为者感受到的预期对某一特定行为的控制或掌握程度，反映了行为者对执行行为的促进或阻碍因素的知觉。计划行为理论框架如图 2-2 所示。

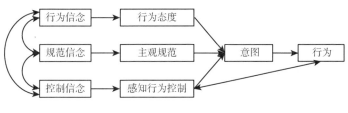

图 2-2　计划行为理论框架

三、基于计划行为理论的企业绿色技术创新行为理论

计划行为理论关注行为者决策背后的动机，从管理者的行为态度、主观规范和感知行为控制三个方面界定了影响其决策的主要因素，为探寻企业绿色技术创新行为的驱动力提供了理论基础，可以作为下一步探索企业绿色技术创新行为驱动因素的理论框架。从行为态度来看，一方面，绿色技术创新路线的选择有利于企业获得竞争优势，能够为企业创造预期经济收益，从而使管理者对绿色技术创新行为产生正向预期；另一方面，绿色技术创新增加产品成本，降低企业利润，这样的预期行为结果企业不愿主动实施绿色技术创新。从主观规范来看，随着消费者环保意识的增强以及利益相关者对企业经营方面的环境约束，绿色技术创新行为有利于企业有效处理利益相关者间的矛盾，使企业产生积极的行为意愿。因此，消费者对绿色产品的支持、政府部门对环境约束的日益严格、绿色供应链的建立等，将提高企业绿色技术创新行为的积极性。从感知行为控制角度来看，管理者在考虑企业是否实施绿色技术创新时，将关注于企业能够获取的额外资源。因此，资金充足、技术力量雄厚、组织冗余的企业更易于采纳环境技术创新行为。基于计划行为理论的企业绿色技术创新行为理论框架如图 2-3 所示。

由于绿色技术创新思想蕴涵了环境保护、生态建设的要求，具有明显的正外部性，因此，一般创新理论分析框架不能充分解释绿色技术创新。

然而，不管企业采取何种发展战略，短期或长期的预期收益是先决条件。因此，虽然企业认同绿色创新的重要性，但在实践中绿色技术创新的正外部性特征使企业缺乏激励性。

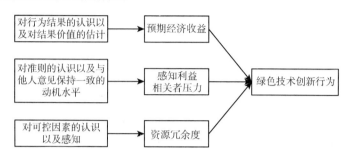

图 2-3　基于计划行为理论的企业绿色技术创新行为理论框架

随着资源与环境问题的日益严峻，是否实施绿色技术创新，成为企业应对环境问题的一种行为决策，企业管理者在环境问题上的态度决定了企业技术创新路线的选择。Sharma 和 Verdenburg（1998）以及 Sharma（2000）指出，企业环境行为及绿色技术创新行为与管理者的环保偏好正相关。特别在企业绿色制造战略形成的早期阶段，企业高层管理者的态度发挥着至关重要的作用。当管理者着眼于企业的长期可持续发展时，将更多地关注企业绿色技术创新。

企业行为理论认为，企业的技术研发投资受企业预期、风险偏好及组织冗余的影响。风险偏好水平较高的企业相对于风险厌恶的企业更倾向于将资源分配于研发活动。同时，企业面临的生存状况也决定了企业的研发投资态度，当面临破产、出现生存危机时，企业趋向于压缩研发投资（Cyert & James，2008）。组织理论认为，组织冗余是企业在不确定性外部环境下维持生存与发展的理性行为，其通过减弱资源的稀缺性，提供技术创新的资金来源，使企业产生更加强烈的研发投资意愿。然而，代理理论将组织冗余视为委托代理冲突的体现形式，认为其对研发投入产生挤出效应。实证研究发现，组织冗余对企业研发支出的促进效果不明确（Lee & Sanghoon，2015；连军，2013）。

在内生性增长理论和创新理论中，经济增长和创新是一个依赖于知识生产活动的过程。Griliches（1979）认为，创新投入是企业进行的各项研发活动，即知识生产中的投入。通过使用创新或知识生产函数，企业将技术创新知识转化为技术创新行为。因此，可以通过研发投入量化企业技术创新行为，而影响企业环境技术创新行为的各种因素均可纳入上述理论框架中，进一步探索其具体的作用机理及演化路径。通常情况下，企业对绿色技术创新的投入因环境效益而增加，同时挤出企业经济效益，而环境效益的外部性不能直接转化为企业的超额利润，因此，在其他条件一定的情况下，企业不会主动进行绿色技术创新。然而，其他条件并非一成不变。Suarez（2014）认为，在外界条件变化的情况下，可以打破以往的技术范式"锁定"，企业创新行为不再决定于以往创新决策的结果，而是随外界环境的变化做出调整。张钢和张小军（2014）通过多案例分析研究，验证了图 2 - 3 所示的企业绿色技术创新行为理论框架。

第四节　企业绿色技术创新绩效

创新战略的有效性通常通过企业绩效的实现来判断，而根据企业创新目标及测量因素的不同，创新绩效是多维的，包括经济绩效、社会绩效、环境绩效、研发绩效、技术绩效、质量绩效等。传统的企业绩效指企业在一段时间内的经营绩效和业绩，其中企业经营绩效主要由获利能力、偿债能力、运营能力、发展能力组成，而经营业绩主要由企业在经营生产过程中取得的成果来体现。对于企业绿色技术创新行为的绩效而言，企业绩效既包括基于财务产出和竞争优势的经济绩效，也包括基于环境保护结果的环境绩效（Schaefer，2007）。本书从环境绩效和经济绩效两个角度出发，分析企业绿色技术创新行为的绩效输出。

一、企业经济绩效

古典经济学家大卫·李嘉图认为，财富在于投入与产出的比例，即用最少的价值创造出尽量多的使用价值，或者用较少的劳动时间创造较多的物质财富。当生产出的产品中所包含的劳动价值大于投入的劳动价值时，生产便形成了经济绩效。经济绩效有很强的层次维度，是社会经济绩效、企业经济效益、部门经济绩效三部分结合的整体，它们之间存在着相互的关联与内在的联系。企业的经济绩效是指企业从经济活动的整体循环过程中取得的经济绩效。杨东宁和周长辉（2004）认为，企业经济绩效是指市场所反映出的企业所拥有的价值和效率。

对于企业经济绩效的研究通常基于会计方法和股票市场的反应，例如，Bragdon 和 Marlin（1972）用会计方法（每股收益和股本回报率）来研究经济绩效；杨东宁和周长辉（2004）则使用资金利润率、经济价值增加值等对经济绩效进行测量。本书中的企业经济绩效是指企业可被市场直接体现的企业价值和效率，主要包括财务绩效及企业在市场中的竞争优势。Judge 和 Douglas（1998）等提出，财务绩效强调企业一段时间内的收益率和增长。竞争优势被定义为：通过实施独特的、不可复制的竞争性战略，使企业相对竞争者获得的珍贵的、稀有的、不可模仿以及不可复制的资源及收益，如顾客忠诚度较高、企业的产品和研发相对于竞争者更具优势等。

二、企业环境绩效

企业环境绩效通常采用不同的指标来衡量，包括排污量最小化、降低能耗、节约资源、减少风险、环境损害赔偿等。杨东宁和周长辉（2004）认为，应该从两个维度理解企业环境绩效，一是企业行为对自然环境的影响，二是企业环境行为对企业自身组织能力的影响。企业环境绩效的概念应该分为狭义和广义两种。狭义的企业环境绩效指企业在现有环境标准及其他可直接测量的环境指标上的表现。这些指标往往是定量的、标准化的（如排污物含量等数据），一般用于对企业环境合法性的考察以及企业之间的直接比较。广义的企业环境绩效指企业持续改善其污染防治、资源利用和生态影响等方面的综合效率和累积效果，应体现系统性和动态性，广义环境绩效的测度理论和方法尚处于探索阶段。

Bragdon 和 Marlin（1972）对于企业环境绩效有一个清晰的、传统的定义，他们认为，环境绩效是基于第三方测量的或企业向政府报告的工厂污染物排放量。相关测量通常包括企业遵守环境规则的记录、预计达到规定所产生的资本成本和第三方的复合环境评级等。Judge 和 Douglas（1998）将环境绩效定义为企业满足和超越社会担心自然环境问题方面的期望的有效程度，这种期望最终将使企业不仅遵守现行的环境法律规定，还会站在积极主动的立场上考虑未来的自然环境问题。曹颖和曹东（2010）认为，企业的环境绩效是指特定管理对象或者区域环境管理活动所产生的环境成绩、效果和水平。环境绩效不单是指环境管理活动所产生的环境效果，更包括企业为环境状况改善所投入的成本因素，是体现环保效率的一个概念。

本书将企业的环境绩效定义为组织承诺保护自然环境的具体结果（Stead & Stead，2009）。根据现有研究文献定义，本书认为环境绩效包含三个方面：减少污染物排放、遵守环境法规以及其他环境产出。

第三章　企业绿色技术创新行为理论模型及验证

【本章导读】

通过实证研究检验理论逻辑的现实可行性，是管理学领域研究问题的常用方法，也是管理研究区别于其他领域研究的一个突出特点。实证研究不仅可以检验理论逻辑，更重要的是能够通过实证研究发现现有理论的局限性，从而推动理论研究的发展（何铮等，2006）。通过前面章节对企业绿色技术创新行为相关理论及文献研究的概括总结，已初步建立起企业绿色技术创新行为理论模型，但上述理论模型仅仅是对一般性规律的总结，各要素的具体构成因子及其如何影响企业绿色技术创新行为，以及不同企业绿色技术创新行为的实现绩效等问题尚缺乏实证检验。由于企业的异质性特点及企业决策者行为的复杂性和有限理性，企业在绿色技术创新行为选择及取得的绩效等微观层面的表现千差万别。将实证研究与理论研究相结合，可以通过合理的样本选择及科学的统计分析，得到基于中国国情的普适性规律。

本章基于前面章节提出的企业绿色技术创新行为理论，从预期经济收益、利益相关者压力、资源冗余、企业绿色技术创新行为、绿色技术创新与创新绩效关系等方面提出相关假设，构建理论模型，并在此基础上设置调查问卷，选择相关领域进行抽样调查，并运用统计分析方法对调查结果展开研究，从而验证理论成果的正确性，进一步厘清企业绿色技术创新行为的驱动机制，为下一步构建企业绿色技术创新行为计算实验模型提供理论和现实依据。

第一节　企业绿色技术创新行为理论模型

绿色技术创新的经济性要求企业将外部成本内部化，但当投资大于收益时，企业出于逐利的本性，往往会采用偷排、漏排等手段来降低外部成本内部化的程度。"资源无价，原材料低价"的扭曲的价格体系导致资源、原材料浪费，生产过程非清洁化和废弃物大量排放，企业绿色技术工艺创新动力不足。另外，与其他创新类似，绿色工艺创新技术初期也往往出现高成本、低收益的特征，难以与成熟的传统技术竞争。这很大程度上与绿色技术创新的知识储备、技术技能等不足有关。从技术系统的构成来看，绿色技术创新系统包括生产设备、操作技巧、管理制度、技术标准等一系列要素，是一个相辅相成、缺一不可的整系统。现有技术系统中的知识储备仅适用于现有的技术方式（传统技术范式），而绿色创新技术的扩散依赖于员工技能提高及技术不断完善的复杂过程。然而，对于一种崭新的生产模式，现有的信息网络中知识积累相对缺乏，且由于网络的不完善，信息交流与传递渠道不畅通，降低了信息的获取效率，增加了创新活动的不确定性与成本，企业由于对新技术缺乏了解，阻碍了绿色技术的进一步创新与有效扩散。因此，应该从企业绿色技术创新行为的驱动因素出发，分析企业在内外部环境、政策、利益相关者压力等条件下的绿色技术创新行为理论模型。

同时，绿色技术创新产品只有被社会大众接受，才能说明绿色技术创新的成功。尽管污染源于产品的生产过程和消费过程，但实际上，生产者对其产品在消费过程中及消费后造成的环境污染很少需要承担连带责任，这使得生产者较少关心产品的环境影响，缺乏开发绿色技术创新产品的动力。另外，普通消费者不愿为产品的绿色属性买单，因为他们不需要承担其在消费过程中污染环境的社会责任，而随着绿色消费市场的兴起，绿色消费者群体日益壮大，他们对产品绿色标签、绿色属性的偏好对企业绿色技术创新绩效产生着重要影响。因此，应将产品属性纳入企业绿色技术创新行为理论模型，在深入探索企业绿色技术创新行为与企业绩效之间关系的同时，分析产品属性对企业绿色技术创新绩效的调节作用，并考虑企业绿色技术创新历史绩效对企业绿色技术创新行为的反向影响。

本节在第二章绿色技术创新驱动理论、绿色技术创新行为理论及绿色技术创新绩效分析的基础上，从企业绿色技术创新预期经济收益、利益相关者压力、资源冗余等方面入手，将影响企业绿色技术创新的内外部因素纳入基于计划行为理论的企业绿色技术创新行为理论模型，深入分析企业绿色技术创新的内外部动力要素及绿色技术创新绩效的反馈机制，并进一步实证研究提出的理论假设。

一、企业绿色技术创新行为驱动因素假设

（一）预期经济收益

企业的逐利本性决定了企业的根本目标是追求利益最大化，企业行为的预期经济收益成为企业决策的首要推动力。通过技术改造提高生产效率、节约原料投入、降低废弃物处理成本以及避免环保规制处罚等，有望使企业获取更高的经济收益。尤其在全社会对环境问题日益关注的大背景下，环境规制愈加严厉、绿色消费市场不断壮大、企业间竞争日趋激烈、生产成本降低空间越来越小，生产过程及产品的绿色属性对企业竞争力的提高日益发挥着重要作用。采纳绿色技术创新行为的企业有望突破环境规制制约，并进一步开拓新的绿色消费市场，形成与传统产品的差异化优势，这些都使得绿色技术创新成为企业通过改进环境绩效发掘新的利润增长点的最好方式。此外，绿色标签为企业带来的社会声誉，能使企业赢得更好的社会口碑，提高产品的市场认可度；而绿色技术创新形成的先动优势，更能够使企业通过制定行业标准占据市场竞争的有利位置，维持企业的长期获利能力和竞争优势。具体来说，企业的绿色导向和绿色能力、市场需求、环境规制等均对企业预期经济收益产生重要影响，并进一步影响绿色技术创新行为。

例如，在企业的绿色导向和绿色能力方面，Chan（2010）研究了中国企业绿色导向对绿色技术创新的影响，认为企业内部和外部绿色导向会导致企业采取不同的环境政策和市场战略。Chan 等（2012）对中国制造企业绿色供应链的管理行为研究发现，内部绿色导向和外部绿色导向会进一步促使企业与供应商、企业及顾客的绿色合作创新。在企业绿色能力对企业绿色技术创新行为的影响方面，张钢和张小军（2014）通过多案例分析发现，企业预期经济收益正向影响绿色技术创新，而冗余资源以及利益相关者压力会调节二者的关系。同时，绿色环境管理体系的建立使得企业可以提高效率，以更低的成本开展绿色技术创新，为绿色技术创新的实现提供更加有力的环境（Khanna et al.，2009）。此外，贾军和张伟（2014）指出，绿色技术知识存量会显著促进企业绿色技术的研发，这也证明了绿色能力对绿色技术创新的驱动作用。隋俊等（2015）研究发现，

在跨国公司技术转移中，企业的绿色社会资本和绿色创新系统吸收能力对绿色技术创新绩效产生重要的积极作用，因此能够影响企业对绿色技术创新的经济预期。Never（2016）认为，企业家的教育水平、性别、风险态度、技术能力、业务技能和管理能力等都是企业的重要特征，而有限的认知控制能力影响企业家决策，包括影响企业家对绿色技术创新预期收益的认识，从而影响企业绿色技术创新行为的选择。

市场需求对创新的拉动作用在很大程度上被一些实证研究所证实（邹彩芬等，2014；岳朝龙等，2012）。市场需求是企业绿色技术创新的出发点，也是企业绿色技术创新的终极目标。社会的发展伴随着新需求的诞生、需求规模的演变以及新旧需求的更替，这些都是企业技术创新的动力源泉。企业从市场获取信息，捕获市场需求的潜在变化，并对这种变化及时做出技术创新响应，这一过程是与企业的经营宗旨相一致的。反过来，技术创新在满足需求的同时促进了人类社会的进步，并诱发出新的需求，从而拉开新一轮创新的序幕。如此周而复始，使得市场需求成为企业技术创新的持久动力源泉。对于绿色技术创新而言，随着社会公众地位的不断提高和环保意识的不断上升，其在构建绿色技术创新体系过程中发挥了越来越大的作用，使得绿色技术创新产品市场有了更广阔的前景，这必将极大地激发企业的绿色技术创新积极性。当人们形成了绿色消费意识并将绿色购买付诸行动，就会迅速转化为直接的消费需求，也必然会推动绿色技术创新产品市场的不断成长。实证调研证实，89%的美国公民对其购买产品的环境属性十分关心，其中有78%的人愿意为购买绿色技术产品多支付5%的费用（钟晖和王建锋，2000）。同时，公民的环境意识与绿色需求一旦提高，就会形成强大的舆论和道德力量，监督企业的行为，确保绿色技术创新行为的良好运行。

而在环境规制对预期经济收益的影响方面，虽然命令控制型环境规制加重了企业负担，降低了企业的利润空间，短期内使企业经济效益下滑，损害了企业进行绿色技术创新的能力，但是，从长期影响来看，环境规制促使企业为谋求长期发展而做出绿色技术创新决策，通过改造生产工艺和流程来满足环境规制的要求。在环境规制日趋严厉的大背景下，企业着眼于长期规划，主动选择通过绿色技术创新手段达到环境规制标准，这与企业自身的经营理念是一致的。而市场化环境规制通过补贴、税收优惠等方式，提高了企业绿色技术创新的预期收益，激励企业踊跃开展绿色技术创新。Zhang 等（2015）从微观角度探讨了碳排放和碳配额对企业行为的影响，结果发现，不同的碳分配规则下，企业获得的排放成本不同，对产品价格产生的影响不同，企业获取的经济收益也不同。尤其当减排成本相对较低，而对产品的市场补贴较高时，企业将加大减排力度，并为突破技术壁垒开展绿色技术创新。Zhao 和 Sun（2016）通过收集中国 2007～2012 年污染密集企业的面板数据，实证研究波特假说，发现灵活的环境规制政策取得了初步成功，环境规制显著正向影响企业绿色技术创新。然而，短期内环境规制对企业竞争力也有一定的负面作用，尤其从不同区域来看，东中部地区出现了不同程度的波特假说现象，但西部地区波特假说现象不明显。尽管如此，环境规制对企业预期经济收益和绿色技术创新行为的影响仍然是可观的。

综合上述分析，本书提出以下假设：

假设 1：预期经济收益对企业绿色技术创新行为产生显著的正向影响。

（二）利益相关者压力

利益相关者概念最早由斯坦福研究所于 1963 年提出，是指"那些能够影响企业目标实现，或者能够在企业实现目标的过程中被影响的个人和群体"（Freeman，1984）。Ansoff（1965）认为，企业理想目标的实现依赖于对管理者、员工、股东、供应商、顾客等各类利益相关者不一致甚至冲突索取权的综合考虑。尽管到目前为止，利益相关者概念没有形成统一的定义，但学者们普遍认为，利益相关者不仅包括企业股东、员工、债权人、供应商和消费者等交易伙伴，也包括政府部门、媒体、环保主义者、当地社区和居民等，广义的利益相关者甚至还包括自然环境、其他生物等各类直接或间接受企业经营活动影响的客体（Mitchell，1997）。Henriques 和 Sadorsky（1999）识别了企业环保行为所面临的四类利益相关者压力，分别为环境规制利益相关者、组织利益相关者、社区利益相关者和媒体。Sarkisa 等（2010）将利益相关者划分为企业内部利益相关者和外部利益相关者。其中，内部利益相关者包括股东、管理层、员工等，他们对企业经营活动拥有最终决策权；外部利益相关者主要有客户、供应商、潜在竞争者、政府、媒体、社会公众、环保团体，他们通过制度法规、道德规范等对企业经营活动产生影响。任何一个企业的发展都离不开各类利益相关者的支持或参与，企业不应该仅仅关注于某类主体的利益，而应追求各类利益相关者整体利益的最大化。

随着人们对环境问题的日益关注，利益相关者群体对企业绿色技术创新行为的影响已经引起国内外学者的广泛关注，而来自利益相关者的监督对企业环境行为的影响也日益显现。利益相关者可以通过对企业不良环境行为进行抗议和抵制，或者对争议企业非环保行为进行曝光等直接方式影响企业环保行为；也可以通过建立各种行业标准、宣传环保需求、提高信息披露度、设置绿色标签等间接方式影响企业环保行为。尤其在市场经济的大背景下，满足消费者等各方利益相关者需求是企业最重要的目标之一，因此，来自利益相关者的压力已成为企业开展绿色技术创新的重要驱动因素。

例如，客户、供应商、媒体、环保团体等基于社会价值观和道德规范，对企业环境相关行为进行鉴别，并通过采取相应的行为给企业形成压力。客户可以通过抵制污染企业的产品，促使企业维护自身环保形象，不断开发环保型产品和服务以满足日益苛刻的客户需求，通过绿色技术创新提高自身的品牌价值；供应商可以通过停止供应原材料或者要求企业使用环境友好原料，促使企业向绿色生产模式转型；公众能够通过社会舆论对企业环境管理行为施加影响；媒体能够影响社会大众对一个企业正面或负面的形象塑造以及企业的信用感知；环保团体监督企业的环境行为，要求企业承担环境保护责任，对企业施加压力的方式包括劝说（环境保护对企业有益）、要求（环境保护是企业的责任）、直接的对抗和破坏（绿色激进行为）等（Fineman & Clarke，1996）。李卫宁和吴坤津（2013）认为，随着社会各界利益相关者对企业环境行为的关注，企业绿色管理行为将会对企业绩效产生更加显著的影响。

此外，来自竞争对手的压力也对企业绿色技术创新行为产生影响。一方面，企业为在众多的竞争对手中脱颖而出，需要通过绿色技术创新提高产品竞争力（程聪和谢洪明，2012）；另一方面，当竞争对手在环保方面率先取得行业领先后，其他企业就会倾向于效仿取得成功的企业行为（Bansal，2005）。这种企业间在绿色技术创新方面的竞争与效仿，推动绿色技术不断进步与成熟，在其他相关利益主体的共同作用下，高污染、高能耗的传统技术将逐渐被淘汰。

综合上述理论分析，利益相关者压力是企业绿色技术创新的重要驱动力量，因此，本书提出以下假设：

假设2：利益相关者压力对企业绿色技术创新行为具有显著的正向影响。

（三）资源冗余

从企业逐利的本性来看，预期经济收益是决定企业是否实施绿色技术创新的关键因素，但预期经济收益的实现依赖于企业拥有的资源。从企业资源基础论视角来看，企业独有的有形和无形资源构成了企业独特的禀赋和能力，这种不可复制的资源是企业实现绩效、保持竞争优势的源泉。冗余资源的存在使得企业在进行绿色技术创新选择时有更大的自由和空间，同时，资金及技术等方面的资源冗余能够使企业更好地应对绿色技术创新的不确定性风险。Buysee 和 Verbeke（2003）研究发现，只有拥有与之匹配的资源，企业才有能力转向更高水平的主动型环境行为。方润生（2004）认为，足够的资源冗余使得企业有能力购买绿色创新技术、承担开发和实施绿色技术创新的巨额成本，承受探索和试验的失败，从而促进企业绿色技术创新。如果绿色技术创新活动得不到足够的资源，那么其成功实施将受到致命的影响（孙爱英和苏中锋，2008）。由于企业可行的绿色技术创新选择很大程度上取决于其自身的资源禀赋，因此，具备充裕资源的大型企业更有可能采取前摄性环保行为（Sharma，2000）。因此，资源冗余可以促进企业绿色技术创新，更好地维持企业与环境的关系，从而获得可持续的竞争力。

许多学者研究了企业的资源冗余度与企业绿色技术创新决策的关系。Judge 和 Douglas（1998）的通过实证研究证明，企业资源冗余有利于企业在战略决策中更多地考虑环境问题。张刚和张小军（2014）使用案例研究的方法分析了企业绿色技术创新的异质性，认为企业的冗余资源是绿色技术创新的主要驱动因素之一。Porter 和 Van derLinde（1995a）认为，发达国家企业之所以比发展中国家企业能更好地实现绿色技术创新绩效，关键在于发达国家企业在绿色技术和污染预防设备等重要资源上拥有优势。

组织冗余作为一种能被随意使用而不受约束的资源，具有对企业外部环境变化和企业创新风险的缓冲作用。国内外学者对组织资源冗余与企业绿色技术创新行为之间的关系进行研究，得到了并不一致的结论。一方面，组织资源冗余的存在使得企业有足够的能力去开发潜在的绿色市场，根据绿色市场需求开发绿色技术创新产品；另一方面，组织资源冗余使得企业能建立起相应的缓冲机制，使得企业有能力与利益相关者周旋，能够抵抗外部的环保压力。Bourgeois（1981）研究发现，组织冗余与创新之间是一种倒 U 形的关系，当组织冗余度达到一定水平时，组织有着最高的创新意愿，过少的组织冗余降低企业尝试创新的机会，而过多的组织冗余会由于对创新项目的过分干预而导致创新的低效率。

由于资源冗余是企业通过日常的经营活动积累起来的，所以企业的资源冗余与企业的日常业务有较强的相关性。而不同类型的资源冗余在企业绿色技术创新决策中所起的作用是不一样的。例如，财务资源冗余使得企业有能力购买先进的环保设备、加大绿色技术创新研发投资力度等；技术资源冗余使得企业有能力保障绿色技术创新的实现，降低技术不确定性；人力资源冗余帮助企业获得更多的外部发展机会，尤其是职工的学习积累能够帮助企业获得更好的技术创新成就，实现更高的绿色技术创新绩效。Singh（1986）根据资源冗余适用性特征的不同，将资源冗余分为专用性冗余和一般性冗余。其中专用性冗余与企业日常的业务有较强的相关性，对企业在原有技术基础上的渐进型创新具有较好的支持作用；而一般性冗余（如财务资金）使用范围较广泛，可以在不同的用途之间转换，使企业突破技术创新的资源约束，有利于企业开展突变型的创新活动。同时，在创新产品的商业化阶段，一般性资源冗余有助于企业将创新成果快速投放市场，获取创新的先动优势。所以一般性冗余可以为突变创新提供良好的支持。

由此可见，资源冗余是企业实现绿色技术创新绩效的重要条件，也是推动企业绿色技术创新的关键因素之一。基于上述理论分析，本书提出以下假设：

假设3：资源冗余对企业绿色技术创新具有显著的正向影响。

二、企业绿色技术创新行为与创新绩效关系假设

自然资源基础观认为，尽管绿色技术创新具有双重外部性，但为了应对资源与环境的限制，在多重因素驱动下，企业有望将环境因素纳入企业战略计划，积极开展绿色技术创新。根据绿色技术创新相关理论，本书重点从经济绩效和环境绩效两个方面探讨企业绿色技术创新行为与绩效的关系。

（一）绿色技术创新与环境绩效

绿色技术创新与传统技术创新的根本区别在于将环境问题纳入技术创新领域，它是企业面对资源与环境约束时采取的主动行为，通过把环境问题纳入企业战略计划，能够提高企业处理应对环境问题的能力，提高企业的环境绩效。Greeno 和 Robinson（1992）的研究表明，采取主动式绿色技术创新战略的企业能够通过利用创新的环保技术，整合环保目标和企业资源，更好地解决环境问题。根据绿色技术创新相关理论，绿色技术创新涉及产品设计、生产、管理、流通、消费的全过程。Hart（1997）研究发现，开展绿色创新战略的企业能通过建立更为先进的环境管理系统，使企业获得更多环境绩效；而环境管理系统的实施反过来也有利于企业绿色技术创新的成功（Charter & Clark，2007；Rehfeld，2007）。

由此可见，企业通过绿色技术创新提高环境绩效，突破环境规制约束，因此，本书提出以下假设：

假设4：绿色技术创新对企业环境绩效具有显著的正向影响。

（二）绿色技术创新与经济绩效

波特假说认为，实施绿色创新的企业能够通过提高资源利用率、开发新市场和建立先动优势等渠道，部分甚至全部弥补创新成本，并提高企业的经济绩效和整体竞争力，实现经济收益和环境绩效的双赢。根据Kemp等（2004）的研究，绿色技术创新至少可以通过以下四种途径方式提高企业盈利能力：第一，通过提高资源利用效率，降低资源成本，增强竞争优势；第二，通过绿色技术创新开发创新产品，或利用新技术创新生产流程，能够帮助企业开拓新市场；第三，通过环境绩效的实现，降低环保成本；第四，通过企业绿色形象的塑造提高市场认可度并改善与利益相关者的关系，从而占有更多市场份额。同时，绿色技术创新的产品或技术专利出售，也能够为企业带来额外经济收益。尤其从长期来看，企业实施绿色技术创新获取的可持续发展能力，使企业能够在市场中长期占据优势地位，具有更深远的市场经济价值。

大量的实证研究支持绿色技术创新与企业经济绩效正相关的观点（Klassen & McLaughlin，1996；Shrivastava，1995；Judge & Douglas，1998；Chen et al.，2006）。尽管传统观点从绿色技术创新的双重外部性出发，认为绿色技术创新必然损害企业经济绩效，部分实证也得出了绿色技术创新与企业经济绩效负相关的结论（Palmer et al.，1995；Rassier et al.，2010），但从长期来看，关注自然环境的企业战略会有更大的社会收益和经济回报（Hart，1995）。

基于此，本书提出以下假设：

假设5：绿色技术创新对企业经济绩效具有显著的正向影响。

（三）绿色技术创新产品属性对经济绩效的调节作用

消费者对绿色技术创新产品的购买行为是企业经济绩效实现的前提保障。通过对消费者购买行为的研究发现，消费者的个性特征、生活方式以及其他心理因素对于绿色购买行为的影响并不大（黎建新，2006），而产品价格、产品信息等反而对消费者的绿色购买行为有更明显的影响（王志刚和古学军，2007）。由于绿色技术创新产品的外部性特征，以及其在原材料选择、产品包装、市场初期宣传等方面均需支付高于传统产品的费用，因此，绿色技术创新产品的价格通常高于传统产品，这也是导致企业绿色技术创新短期内经济绩效差的重要原因。随着绿色消费市场的兴起，部分消费者愿意主动为绿色产品承担溢价支出，绿色技术创新产品的环境属性成为企业赢得绿色消费市场的有力武器。

由此可见，绿色技术创新产品的属性对消费者购买行为产生影响，并进一步影响企业经济绩效。基于此，本书提出以下假设：

假设6：产品属性在绿色技术创新行为与企业经济绩效实现之间具有显著的正向调节作用。

三、绿色技术创新驱动及绩效关系理论模型

关于"企业是否值得通过技术创新实现绿色化"这一问题，经过三十多年的实证检验，研究结论并未达成一致，甚至显得更为复杂。管理学界对于"哪些因素会驱动企业开展绿色技术创新以及如何驱动企业开展绿色技术创新"这一关系到企业如何面对绿色技术创新的核心问题，缺乏微观层面的深入研究，对各驱动因素之间的逻辑关系也缺乏透彻的分析。事实上，尽管企业绿色技术创新行为的发生包含多重原因以及复杂的反馈回路，但概念之间的因果归根结底是一系列的关系，正是这一系列的关系之间的相互作用，导致了绿色创新行为的发生，并对企业绩效产生影响。本书在上述理论分析的基础上，基于计划行为理论探索企业绿色创新行为的驱动因素以及企业绿色创新行为对企业绩效的影响，提出企业绿色技术创新驱动、行为与绩效的理论模型，如图3-1所示。

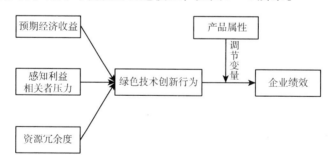

图3-1 企业绿色技术创新行为理论模型

由图3-1所示的企业绿色技术创新行为理论模型可见，在内外部因素的共同驱动下，企业有望通过绿色技术创新突破环境限制，获取更高收益，即帮助企业实现更高的环境绩效和经济绩效。其中，绿色技术创新产品的属性在企业经济绩效的实现过程中发挥重要的调节作用。因此，努力降低绿色技术创新产品的成本，提高创新产品质量，通过绿色标签等方式宣传绿色技术创新产品的环境属性，对于提高企业经济绩效

至关重要。由于现实社会中企业资源禀赋各异，管理者管理思路及对环境保护的认识不一致，不同地区不同行业面临的环境规制强度和执行力度不统一，企业面临的环境压力不同等原因，企业实施绿色技术创新行为的动力和动因并不是均等的。而科学技术发展水平的差异，也使得企业绿色技术创新能够实现的经济绩效和环境绩效受到限制。为此，本书在理论分析的基础上，采用实证研究的方法，通过大量调查研究，分析现实背景下企业绿色技术创新的规模、实施动因和实施绩效，以检验理论模型的正确性和科学性。

第二节　企业绿色技术创新行为与绩效实证研究

一、问卷设计

（一）问卷设计方法及主要内容

由于本书基于计划行为理论，重点探讨企业在实际经营活动中感知到的影响其绿色技术创新行为决策的相关因素，并希望通过具体的绿色技术创新行为实施及其取得的绩效，探索企业实现环境及经济绩效"双赢"的内外部环境，因此很难通过二手数据获取相关资料。同时，由于企业组织特点的独特性，宏观的统计数字难以准确描述不同企业对绿色技术创新的态度及采取的行动、取得的绩效，因此也难以从统计部门的相关数据中获取需要的信息。基于此，本书通过调查问卷的方式，围绕企业绿色技术创新行为的影响因素、实施的具体行为内容及取得的绩效三个主题展开调研工作。

调查问卷是实证研究中获取调研数据最重要的工具之一，它允许研究者根据理论研究确定的研究对象和研究目的，将研究问题细化为若干个需要量化的小问题，通过明确的题项反映在问卷中。调查问卷通常采用书面的形式，问卷中涉及的各项数据指标紧密围绕调研目的，严格按照调查问卷的设计方法进行设计，以达到针对研究问题进行数据收集的目的（吴明隆，2003）。问卷设计的基本流程如图3-2所示。

图3-2　问卷设计的基本流程

考虑到本书中相关变量的评估依赖于被调研对象的判断，本书量表采用主观感知方法，即李克特量表法进行设计，即通过设计题项来获取被调查者对某一具体观点或事件的认同程度。在管理学研究中，通常采用五分制或七分制作为李克特量表评估方法。其中七分量表要求被调研者要有足够的辨别力，否则可能导致信度的丧失；而对于具有足够辨别力的被调者而言，五分量表会限制被调者精确地表达观点，令人有受限的不适感。鉴于本书的调研对象是企业中高层管理者或相关部门负责人，对企业的经营活动有较为清晰的了解，同时，为减少数据过度偏态现象（荣泰生，2009），本书采用李克特七分量表设计问卷，数字"1"~"7"分别表示被调查者认同程度"非常不符合""不符合""基本不符合""一般""基本符合""符合""非常符合"。

问卷设计的主要包括以下几部分：

（1）问卷填写说明。

（2）被调研企业的基本情况。如企业所属行业、企业规模、成立年限、所有制类型、是否上市企业等。

（3）企业绿色技术创新的驱动因素。基于前面章节构建的企业绿色技术创新行为理论模型，从企业对绿色技术创新的预期经济收益态度、面临的利益相关者压力及企业资源冗余等角度，了解不同企业对待绿色技术创新的态度及所处的内外部环境。

（4）企业绿色技术创新开展情况。该部分主要了解企业具体采取的绿色技术创新行为以及创新产品的相关属性。

（5）企业绿色技术创新行为取得的绩效。主要从环境绩效和经济绩效两个方面了解企业绿色技术创新行为取得实际绩效。

（6）企业绿色技术创新产品属性。主要从价格、质量、环境属性等方面了解绿色技术创新产品的性能情况。

问卷通过抽样的方式发放给不同行业的多家企业，要求企业高管或相关负责人员如实对全部题项做出评价。

（二）问卷设计原则及步骤

问卷设计的质量直接关系到研究问题的科学性以及所得结论的价值，题项设计的优劣程度、指标选取的合理性、所采用量表的信度和效度等都在很大程度上决定了研究本身的价值。问卷设计需要注意以下几点：第一，问卷设计要围绕明确的目的，问卷内容应以调研对象和研究目的为核心；第二，问卷语句应简洁明了并保持中立，不能带有导向性；第三，问卷用词要言简意赅，不宜过于抽象晦涩；第四，问卷设计应根据调查对象的不同而有所改变，不能千篇一律；第五，通过变化问题的方式，以获得不易回答或不易得到诚实回答问题的答案；第六，尽量将调研题项细化，避免让被问者做概括性回答。本书问卷设计遵循以下原则：

（1）尽可能地借鉴已有量表。陈晓萍等（2008）认为，已有量表通常经过实证研究的检验，具有较高的信度和效度，同时也容易被学术界所认可。本书所设题项尽量参考已有的关于绿色技术创新、企业行为、企业创新、企业绩效等的研究成果，选取学术界认可度高的题项，结合我国企业特点及调研对象特点，初步设计相关主题题项。

（2）通过对企业进行访谈和征求专家意见，进一步完善问卷设计。考虑到已有量表在文化背景、现实背景和行业背景等方面的局限性，通过向企业调研对象以及相关领域专家进行访谈与咨询等方式，广泛征求问卷完善意见和建议，使问卷能够更加准确地刻画研究问题，同时能够更好地被调查对象理解。

（3）问卷预测试。在进行大范围问卷调查之前，选取山东省临沂市下属22家企业为调研对象，下发问卷进行预调研，并了解参与预调研人员对问卷理解、语言表达及排版等方面的意见和建议，在此基础上进一步完善，最终完成本次调研活动的最终问卷设计工作。

二、变量设计及测量指标

根据本书所提出的研究框架、概念模型和理论假设，涉及的变量包括企业绿色技术创新预期经济收益、利益相关者压力、资源冗余、创新产品属性、绿色技术创新行为、创新企业环境绩效和经济绩效等。

在企业绿色技术创新预期经济收益的测量指标方面，本书首先借鉴了Baneijee等（2003）和张小军（2012）的研究成果，从降低成本、新市场开拓、提高竞争力等方面评估绿色技术创新可能为企业带来的预期经济收益。根据前面的理论分析，企业的绿色导向和绿色能力、环境规制、创新补贴、税费优惠等对企业的预期经济收益产生影响，因此加入了员工环保素质、企业绿色形象、补贴及税费优惠情况等测量题项，以全面测度被调研者对企业绿色技术创新预期经济收益的感知。测量题项包括附录中的A1～A10。

利益相关者压力方面的可参考量表较多，例如，Henriques 和 Sadorsky（1999）从政府规制利益相关者、组织利益相关者、社区利益相关者和媒体等方面设计量表，测量利益相关者压力；Buysse 和 Verbeke（2003）在设计量表时，将利益相关者分为规制利益相关者、外部主要利益相关者、内部主要利益相关者和次要利益相关者；Murillo-luna 等（2008）在已有量表的基础上，通过设计 14 个题项来测量管理者在环境问题决策中感知到的利益相关者压力。本书在前期理论研究的基础上，借鉴已有量表，通过附录中的 B1～B9 题项测量企业感知到的利益相关者压力。

对资源冗余的测度通常采用主观测量法来描述被调者对企业资源冗余度的感知。本书借鉴李剑力（2009）开发的资源冗余量表，从财务资源、新市场开拓能力、技术力量、外部资金、工艺设备、人力资源、生产能力等方面测度企业的资源冗余度，测量题项对应附录中的 C1～C7。

在企业绿色技术创新行为的测量方面，Sharma 和 Vredenburg（1998）基于深度访谈和调查数据，提出了通过企业在主要环境管理活动中的参与程度测度企业绿色技术创新行为的量表。Chan（2005）在此基础上，从减少资源浪费、污染物排放、减少能源消耗等方面表征企业开展绿色技术创新活动的情况。本书借鉴已有量表，结合中国国情，加入企业开发绿色产品、增加环保技术研发投资等具体题项作为企业绿色技术创新行为的测量题项，详见附录中的 P1～P5。

在对企业环境绩效和经济绩效的测量方面，以往的一些研究采用了客观的环保或财务指标。但在实际调研中发现，除上市公司公开披露的相关信息外，被调研企业通常不愿提供涉及其商业机密的具体数据，但能够同意提供其对企业环境或财务绩效的总体感知。因此，本书对环境与经济绩效的测量也采用主观问卷法。问卷题项的设计主要参考 Judge 和 Douglas（1998）以及 Chan（2005）的研究成果，重点从企业废弃物排放、环境管理体系完善程度、盈利水平、销售额、市场份额变化等方面测量企业环境和经济绩效的实现情况，测量题项对应附录中的 S1～S6 和 U1～U4。

在调节变量的选择方面，由于消费者购买决定了企业经济收益的最终实现，因此消费者对企业绿色技术创新产品的购买行为是企业经济绩效实现的先决条件。实际的购买情景当中，消费者通常会对绿色产品的各种属性做出感性和理性评价，并据此做出购买决策。因此，本书将绿色技术创新产品的属性作为企业经济绩效实现的调节变量，重点从绿色产品与传统产品之间的差异入手，研究其对消费者实际绿色购买行为的影响。参考国内对消费者绿色购买行为的研究成果（仇立，2012；孙剑等，2010；赵爱武等，2015a，2015b），本书通过绿色产品的环境属性、价格属性、质量属性等反映绿色技术创新产品的属性特征，测量题项对应附录的 X1～X6。

在控制变量的选择方面，首先由于政府对不同行业的环境监管力度和环境规制不尽相同，因此不同行业对绿色技术创新的态度和采取的措施也不同。例如，在绿色技术创新的驱动力方面，重污染行业的最大驱动力来自环境规制和公众舆论，而一般污染行业的最大驱动力是提高竞争优势（Baneijee et al.，2003），因此，行业类别应该作为一个控制变量。此外，不同规模的企业受到的社会关注度存在差异，大企业社会影响力大，其环境行为时时处于公众监督之下，需承受的舆论压力及环保压力也大；而小企业很少引起社会关注，因此其面临的环保压力也较小。另外，大企业更有资源和能力投入绿色技术创新，而小企业无论资金还是技术都无法与大企业比拟，其环保行为更多的在于遵守环境规制，而很少选择绿色技术创新。因此，可以选择企业规模作为控制变量之一。另外，企业成立年限、上年度销售额等也可能对企业绿色技术创新行为决策产生影响，本书将这些相关因素也作为控制变量。

三、预调研和问卷修正

调查问卷作为获取数据的主要途径和来源，其科学性和有效性对调查数据的质量以及后续理论模型的验证起决定性作用。因此，在形成正式的调查问卷之前，有必要对开发好的问卷进行测试，以保证获得数据的可靠性和有效性。具体而言：首先，选取部分有代表性的调研对象，用开发好的量表进行预调研；其次，根据预调研的数据检验问卷测量题项，主要通过信度和效度检验；最后，形成有效问卷。

本书在正式调研前，通过多种渠道发放小样本测试问卷，共收到企业及 MBA 学员问卷 75 份，其中有效问卷 52 份，问卷有效率为 69.33%。为获得可靠有效的数据，首先对小样本测试问卷进行信度和效度检验。

（一）信度检验

即可靠性检验，能够反映采用同样的方法对同一对象进行重复测量时所得结果的一致性程度，主要用于检验测量量表是否精准。信度分析通过估计测量误差的大小来说明问卷测量误差比率的大小，主要反映测量问卷的一致性和稳定性。目前最常用的信度分析方法主要是 Cronbach's α 系数和修正条款的总相关系数评估法（corrected item-totalcorrelation，CITC）。信度系数越大，表示问卷测量的可靠性越好。根据学者 Churchill（1979）和 Smith（1999）的建议标准：对于探索性研究检验时，当 α 系数处于 0.6~0.8 之间时，说明测量指标的可靠性是可以接受的；当 α 系数大于 0.8 时，表示测量指标的可靠性非常好。CITC 值原则上应大于 0.5，当小于 0.5 时，在结合其理论意义的前提下考虑删除测量指标。

运用 SPSS 23.0 计算 Cronbach's α 系数和修正条款的总相关系数评估法 CITC 值，对问卷测量题项进行信度检验，如表 3-1 所示。

表 3-1 　　　　　　　　　　　　问卷信度检验结果

类别	题项编号	CITC	删除项后的 α 系数	α 系数
预期经济收益	A1	0.913	0.952	0.963
	A2	0.950	0.950	
	A3	0.960	0.950	
	A4	0.788	0.957	
	A5	0.149	0.984	
	A6	0.899	0.952	
	A7	0.916	0.951	
	A8	0.972	0.949	
	A9	0.931	0.951	
	A10	0.910	0.952	
利益相关者压力	B1	0.759	0.978	0.975
	B2	0.829	0.975	
	B3	0.921	0.971	
	B4	0.929	0.971	
	B5	0.939	0.970	
	B6	0.924	0.971	
	B7	0.922	0.971	
	B8	0.931	0.971	
	B9	0.889	0.972	
资源冗余	C1	0.935	0.917	0.943
	C2	0.936	0.917	
	C3	0.960	0.915	
	C4	0.875	0.924	
	C5	0.308	0.974	
	C6	0.834	0.927	
	C7	0.867	0.925	
绿色技术创新行为	P1	0.903	0.952	0.964
	P2	0.884	0.956	
	P3	0.895	0.954	
	P4	0.925	0.949	
	P5	0.876	0.957	

类别	题项编号	CITC	删除项后的 α 系数	α 系数
环境绩效	S1	0.917	0.936	0.953
	S2	0.893	0.939	
	S3	0.894	0.939	
	S4	0.949	0.932	
	S5	0.803	0.949	
	S6	0.676	0.962	
经济绩效	U1	0.754	0.94	0.933
	U2	0.892	0.896	
	U3	0.838	0.912	
	U4	0.887	0.896	
产品属性	T1	0.892	0.887	0.923
	T2	0.837	0.901	
	T3	0.885	0.884	
	T4	0.913	0.871	
	T5	0.732	0.932	

由表 3-1 可见，预期经济收益中题项 A5 的 CITC 值小于 0.5，且删除该题项后的 α 系数大于之前的 α 系数；对该题项进一步审查发现，该题项涉及内容与利益相关者下的测量题项 B1 有重合之处，因此予以删除，预期经济收益中的测量题项由原来的 10 个纯化为 9 个。另外，资源冗余中的 C5 题项的 CITC 值也小于 0.5，审查发现该题项设计内容与 C3 题项有重合之处，因此也予以删除，资源冗余中测量题项有 7 个纯化为 6 个。最终指标见附录。

（二）效度检验

效度检验即有效性检验，主要反映测量工具或手段能否准确测出所需测量事物的程度。当测量结果与要考察的内容越吻合时，有效性越大；反之，则有效性就越小。效度检验的指标有内容效度（content-related validity）、效标关联效度（criterion-related validity）和建构效度（construct-related validity）三种（荣泰生，2005）。实证研究中讨论最多的是内容效度和建构效度检验。内容效度是指测量题项对相关测量内容或测量行为取样的适用性，从而确定测量内容是否达到测量目的。建构效度指测量能够反映理论上的构想或特质的程度，即测量的结果是否能证实或解释某一理论的假设、术语或构想，以及证实或解释的程度如何。

关于内容效度的检验标准，由于本书研究所采用的测量题项是在已有相关理论的基础上，参考以往研究中具有较高信度与效度的成熟量表设计而成，并通过多次请教本领域专家和深度访谈企业界相关管理人员后，在预调研的基础上进行了小样本与大样本的两阶段调查，进行了修正，得到企业实践的认可，因此，测量变量指标具有较高的内容效度。关于建构效度以往研究普遍采用了因子分析的方法，本书在效度检验中将通过因子分析法对各个变量进行建构效度检验。

在因子分析之前，需要对量表进行 KMO 和 Bartlett 球体检验观测变量之间的相关性，变量之间具有高相关性是能进行因子分析的前提。KMO值越大，表示变量间的共同因素越多，越适合进行因素分析。Kaiser（1974）给出了常用的 KMO 度量标准：0.9 以上表示非常适合；0.8 表示适合；0.7 表示一般；0.6 表示不太合适；如果 KMO 的值小于 0.5 时，则不宜进行因素分析（吴明隆，2003）。对于 Bartlett 球体检验，研究者主要是通过观察 P 值是否小于给定的显著性水平。按照以上评估准则，本书运用方差最大正交旋转的主成分分析法对主要研究变量进行建构效度检验。

1. 预期经济收益量表的因子分析。预期经济收益量表的 KMO 值和 Bartlett 球体检验 P 值分别为 0.891 > 0.8 和 0.000 < 0.001，均满足因子分析的前提要求，说明样本数据适合进行因子分析。再按照学界常用的特征根大于 1、最大方差和正交旋转方法进行因子提取后发现，该量表只有一个共同因子（如表 3 − 2 所示），累计方差贡献率为 88.687%，超过了50% 的最低要求，表明本书中所采用的预期经济收益量表具有较高的建构效度。

表 3 − 2　　　　　　　　　预期经济收益量表特征因子分析

题项编号	共同因子
A1	0.888
A2	0.945
A3	0.951
A4	0.715
A6	0.810
A7	0.906
A8	0.972
A9	0.909

题项编号	共同因子
A10	0.886
特征值	7.982
方差贡献率	88.687
累计方差贡献率	88.687

注：主成分分析，方差最大法。

2. 利益相关者压力量表的因子分析。利益相关者压力量表的 KMO 值和 Bartlett 球体检验 P 值分别为 0.764 > 0.7 和 0.000 < 0.001，均满足因子分析的前提要求，说明样本数据适合进行因子分析。进行因子提取后发现，该量表共有两个共同因子（如表 3 - 3 所示），因子分析发现共同因子 1 包括 B1、B2 和 B3 共 3 个题项，命名为"舆论压力"，其他题项归属共同因子 2，命名为"规制、市场及企业内部压力"或"其他利益相关者压力"。累计方差贡献率为 78.012%，超过了 50% 的最低要求，表明本书中所采用的利益相关者压力量表具有较高的建构效度。

表 3 - 3　　　　　　　利益相关者压力量表特征因子分析

题项编号	共同因子	
	1	2
B1	0.053	0.673
B2	− 0.280	0.689
B3	− 0.006	0.733
B4	0.956	− 0.140
B5	0.961	0.026
B6	0.961	0.010
B7	0.950	− 0.070
B8	0.953	− 0.075
B9	0.912	− 0.203
特征值	5.569	1.452
方差贡献率	61.882	16.130
累计方差贡献率	61.882	78.012

注：主成分分析，方差最大法。

3. 资源冗余量表的因子分析。资源冗余量表的 KMO 值和 Bartlett 球体检验 P 值分别为 0.871 > 0.8 和 0.000 < 0.001，均满足因子分析的前提要求，说明样本数据适合进行因子分析。进行因子提取后发现，该量表只

有一个共同因子（如表 3 - 4 所示），累计方差贡献率为 88.954%，超过了 50% 的最低要求，表明本书中所采用的资源冗余量表具有较高的建构效度。

表 3 - 4　　　　　　　　　资源冗余量表特征因子分析

题项编号	共同因子
C1	0.939
C2	0.930
C3	0.958
C4	0.846
C6	0.841
C7	0.822
特征值	5.337
方差贡献率	88.954
累计方差贡献率	88.954

注：主成分分析，方差最大法。

4. 绿色技术创新行为量表的因子分析。绿色技术创新行为量表的 KMO 值和 Bartlett 球体检验 P 值分别为 $0.875 > 0.8$ 和 $0.000 < 0.001$，均满足因子分析的前提要求，说明样本数据适合进行因子分析。进行因子提取后发现，该量表只有一个共同因子（如表 3 - 5 所示），累计方差贡献率为 87.366%，超过了 50% 的最低要求，表明本书中所采用的绿色技术创新行为量表具有较高的建构效度。

表 3 - 5　　　　　　　绿色技术创新行为量表特征因子分析

题项编号	共同因子
P1	0.884
P2	0.854
P3	0.866
P4	0.912
P5	0.852
特征值	4.368
方差贡献率	87.366
累计方差贡献率	87.366

注：主成分分析，方差最大法。

5. 环境绩效量表的因子分析。环境绩效量表的 KMO 值和 Bartlett 球体检验 P 值分别为 0.759 > 0.7 和 0.000 < 0.001，均满足因子分析的前提要求，说明样本数据适合进行因子分析。进行因子提取后发现，该量表只有一个共同因子（如表 3-6 所示），累计方差贡献率为 81.329%，超过了 50% 的最低要求，表明本书中所采用的环境绩效量表具有较高的建构效度。

表 3-6　　　　　　　　　　　　环境绩效量表特征因子分析

题项编号	共同因子
S1	0.896
S2	0.869
S3	0.867
S4	0.934
S5	0.734
S6	0.580
特征值	4.880
方差贡献率	81.329
累计方差贡献率	81.329

注：主成分分析，方差最大法。

6. 经济绩效量表的因子分析。经济绩效量表的 KMO 值和 Bartlett 球体检验 P 值分别为 0.656 > 0.6 和 0.000 < 0.001，均满足因子分析的前提要求，说明样本数据适合进行因子分析。进行因子提取后发现，该量表只有一个共同因子（如表 3-7 所示），累计方差贡献率为 83.412%，超过了 50% 的最低要求，表明本书中所采用的经济绩效量表具有较高的建构效度。

表 3-7　　　　　　　　　　　　经济绩效量表特征因子分析

题项编号	共同因子
U1	0.726
U2	0.893
U3	0.833
U4	0.885
特征值	3.336
方差贡献率	83.412
累计方差贡献率	83.412

注：主成分分析，方差最大法。

7. 产品属性量表的因子分析。产品属性量表的 KMO 值和 Bartlett 球体检验 P 值分别为 0.835 > 0.8 和 0.000 < 0.001，均满足因子分析的前提要求，说明样本数据适合进行因子分析。进行因子提取后发现，该量表只有一个共同因子（如表 3 - 8 所示），累计方差贡献率为 87.256%，超过了 50% 的最低要求，表明本书中所采用的产品属性量表具有较高的建构效度。

表 3 - 8   产品属性量表特征因子分析

题项编号	共同因子
T1	0.879
T2	0.860
T3	0.866
T4	0.912
T5	0.856
特征值	4.423
方差贡献率	87.256
累计方差贡献率	87.256

注：主成分分析，方差最大法。

根据上述对量表测试样本的信度和效度分析，最终将量表中的 A5 和 C5 剔除，剩余题项划分为 8 个维度，其中预期经济收益包含 9 个题项，舆论压力包含 3 个题项，其他利益相关者压力包含 6 个题项，资源冗余包含 6 个题项，绿色技术创新行为包含 5 个题项，环境绩效包含 6 个题项，经济绩效包含 4 个题项，产品属性包含 5 个题项，量表总题项数为 44 个。

四、样本选择与数据采集

（一）样本选择

在资源与环境问题日益严峻的大形势下，绿色技术创新对涉及生产、制造、运输等的各类企业可持续发展都有重要意义，也是这些企业应对日益严厉的环境规制及环境压力的重要战略举措，为避免研究结论的片面性，样本选择中要兼顾企业规模、行业类别、所在地区等的差异，按照以下原则考虑调研对象选取的科学性和多样性：

1. 地域和行业分散性。从不同地区和行业选择调研样本有利于更好地揭示变量之间的内在关系，降低干扰项对研究结果的影响。同时，从更广泛的地域和行业空间获取样本，可以得到不同地区及不同行业企业绿色技术创新行为、绿色技术创新驱动因素和绿色技术创新绩效的整体信息，有助于提高研究的外部效度和研究结论的现实意义。为此，本书的样本发放除了山东、江苏、浙江、广东等沿海发达省份，也包括四川、山西等内陆省份，样本涉及行业包括制造、电子、化工等。

2. 选择代表性样本。样本选择中应考虑选择不同企业规模、成立年限、所有制形式等属性的代表性样本，使样本反映更真实的现实信息。由于不同规模的企业在绿色技术创新所需资源方面实力不同，面临的环保压力不同，因此对待绿色技术创新的态度也不同；而对于新成立的企业而言，其主要目标为解决企业生存问题，绿色技术创新通常是在企业各项活动步入正轨之后，从企业长远发展角度考虑做出的决策，因此，企业成立年限对绿色技术创新决策产生影响。从所有制形式差异对企业绿色技术创新决策的影响来看，来自发达国家的外商投资公司由于母国的环境规制水平较高，企业环保水平普遍较高，面临的环保压力较小。一方面，有些地方政府为吸引外资，对外资企业环保监管力度较松，有些甚至给予外资企业特殊优惠，造成内外资企业对待绿色技术创新的态度不同。另一方面，私营企业可能更多关注短期经济收益，在环境行为中也更多考虑遵守环境规制的方式，因此与国有企业可能有不同的绿色技术创新动力。为此，样本选择中要兼顾这些属性的代表性，以消除样本的选择性误差，真实、全面地反映企业绿色技术创新行为的内在机理。

3. 数据获取的可行性。被调研对象的积极配合是获取高质量调研数据的前提。为此，本项目调研中充分利用所在高校 MBA 中心及工业化与信息化融合研究中心的资源优势，并通过参与企业高层研讨会等形式，选择合适的调研样本，并尽量保证样本数据提供者为企业高层管理人员或相关部门负责人员，最大限度上保证数据本身的高质量。

（二）数据收集

通过调查问卷获取数据通常面临回收率低、有效性差等问题。为保证获得足够数量和质量的问卷数据，本书遵循了分散性、代表性和便利性的原则，通过多种渠道和形式发放问卷。具体说来，本书数据收集途径如下：

1. 利用所在高校、个人以及研究团队成员与政府部门和企业的联系，尤其利用团队成员在地方政府部门挂职的优势，委托政府有关职能部门联系企业并帮助发放问卷。由于政府部门对所辖企业情况较熟悉，更易于选取到合适的调研样本。同时，安排专人负责问卷填写中的问题答疑，与企业保持密切沟通，提高企业参与热情。

2. 通过所在学院的 MBA 中心和校企合作办公室，联系 MBA 学员及合作企业帮忙发放问卷及填写问卷。MBA 学员中多为企业的中高层管理人员，对所在企业情况较了解，符合本书对调研对象的要求。校企合作办公室与合作企业有较为密切的接触，能够保证问卷的回收率也有效率。

3. 通过参加企业高层研讨会，利用与会议主办方的关系，现场发放纸质问卷，并请相关人员作答。尽量选择与企业创新创业及可持续发展相关的研讨会，由于参与人员大多为所在企业高层管理人员，对研究主题又有一定的兴趣，且在现场调研的情境下，能够保证问卷的高回收率和高质量。

4. 通过私人关系，将问卷以电子邮件形式发送给相关人员，请他们联系样本企业高管或相关部门负责人完成问卷。

通过上述多种渠道，本书于 2015 年 7 月 ~ 2015 年 12 月共回收问卷 386 份，剔除无效问卷 71 份，保留有效问卷 315 分，有效问卷率为 81.8%。

五、样本描述性统计分析及分布检验

本书的调研样本企业主要集中在山东、江苏、浙江、四川等地，样本企业规模、所有制形式、所属行业、所在地区等变量的描述性统计见表3－9。

表 3－9   样本属性情况

项目	分类	数量（份）	占比（%）
样本来源省份	山东	165	52.38
	江苏	76	24.13
	浙江	23	7.30
	四川	34	10.79
	山西	12	3.81
	其他	5	1.59
样本企业所属行业	化学原料及化学制品业	76	24.13
	非金属物制品业	41	13.02
	电子产品及半导体产业	45	14.29
	造纸及纸制品业	23	7.30
	钢铁产业	11	3.49
	金属制品业	9	2.86
	橡胶、塑料制品业	12	3.81
	建筑业	8	2.54
	纺织业	7	2.22
	交通运输、仓储业	21	6.67
	其他	62	

项目	分类	数量（份）	占比（%）
样本企业员工人数	低于 150 人	89	28.25
	150～500 人	167	53.02
	501～1000 人	46	14.60
	1001～5000 人	11	3.49
	5000 人以上	2	0.63
样本企业成立年限	<5 年	76	24.13
	6～10 年	112	35.56
	11～20 年	91	28.89
	>20 年	36	11.43
	<5 年	76	24.13
样本企业上年度销售额	少于 1000 万元	62	19.68
	1000 万～5000 万元	117	37.14
	5000 万～1 亿元	102	32.38
	1 亿元以上	34	10.79
所有制类型	国有	56	17.78
	私营	213	67.62
	中外合资	39	12.38
	外商独资	7	2.22
样本企业上市情况	上市	83	26.35
	非上市	232	73.65

从样本的来源省份来看，有 165 份问卷来自山东省，占样本总量的 52.38%，其次是来自江苏省的 76 份，占样本总量的 24.13%，另外来自浙江、四川、山西的问卷数分别为 23 份、34 份和 12 份，分别占 7.30%、10.79% 和 3.81%，另有 5 份来自其他省份，占总样本量的 1.59%。从样本企业所属行业来看，来自化学原料及化学制品业的问卷最多，占总样本量的 24.13%，其次为电子产品及半导体产业、非金属物制品业、造纸及纸制品业和交通运输、仓储业等，分别占总样本量的 14.29%、13.02%、7.30% 和 6.67%。从样本企业员工人数来看，150～500 人问卷数量最多，占总样本量的 53.02%。而从样本企业上年度销售额来看，1000 万～5000 万元和 5000 万～1 亿元的企业问卷量最多，分别占样本总量的 37.14% 和 32.38%。从样本企业成立年限来看，6～10 年问卷量最多，其次为 11～20 年，两者分别占样本总量的 35.56% 和 28.89%。就样本企业所有制类型而言，私营企业占据绝大多数，达到 67.62%。样本中非上市企业居

多，占 73.65%。

对数据分布特征的了解是选择模型、选择统计分析方法和指导研究结论的重要参考依据，为此，通过测量数据的偏度和峰度，来考察数据分布的对称性和数据分布的扁平程度。SPSS 23.0 分析得到的测量题项偏度与峰度系数如表 3 – 10 所示。

表 3 – 10 测量题项的偏度与峰度系数

题项编号	个案数	偏度		峰度	
	统计	统计	标准误差	统计	标准误差
A1	315	− 0.813	0.414	0.678	0.809
A2	315	− 0.886	0.414	− 0.085	0.809
A3	315	− 0.782	0.414	0.861	0.809
A4	315	− 0.712	0.414	0.347	0.809
A6	315	− 0.591	0.414	− 0.618	0.809
A7	315	− 0.591	0.414	− 0.787	0.809
A8	315	− 0.614	0.414	0.475	0.809
A9	315	− 0.653	0.414	0.370	0.809
A10	315	− 0.873	0.414	− 0.100	0.809
B1	315	0.505	0.414	0.913	0.809
B2	315	0.672	0.414	0.638	0.809
B3	315	0.702	0.414	0.972	0.809
B4	315	− 0.753	0.414	− 0.077	0.809
B5	315	− 0.535	0.414	0.209	0.809
B6	315	− 0.782	0.414	0.895	0.809
B7	315	− 0.961	0.414	− 0.236	0.809
B8	315	− 0.923	0.414	− 0.366	0.809
B9	315	− 0.830	0.414	− 0.714	0.809
C1	315	− 0.757	0.414	− 0.652	0.809
C2	315	− 0.919	0.414	− 0.271	0.809
C3	315	− 0.840	0.414	− 0.592	0.809
C4	315	− 0.887	0.414	− 0.113	0.809
C6	315	− 0.620	0.414	− 0.878	0.809
C7	315	− 0.806	0.414	− 0.555	0.809
P1	315	− 0.500	0.414	0.665	0.809
P2	315	− 0.446	0.414	− 0.553	0.809

题项编号	个案数	偏度		峰度	
	统计	统计	标准误差	统计	标准误差
P3	315	− 0.694	0.414	− 0.747	0.809
P4	315	− 0.902	0.414	− 0.411	0.809
P5	315	− 0.821	0.414	0.032	0.809
S1	315	− 0.865	0.414	0.008	0.809
S2	315	− 0.754	0.414	0.273	0.809
S3	315	− 0.969	0.414	− 0.240	0.809
S4	315	− 0.724	0.414	0.581	0.809
S5	315	− 0.755	0.414	0.821	0.809
S6	315	− 0.681	0.414	− 0.838	0.809
U1	315	− 0.745	0.414	− 0.723	0.809
U2	315	− 0.659	0.414	0.697	0.809
U3	315	− 0.094	0.414	− 0.068	0.809
U4	315	− 0.732	0.414	0.677	0.809
T1	315	− 0.532	0.414	0.572	0.809
T2	315	− 0.325	0.414	− 0.542	0.809
T3	315	0.782	0.414	0.813	0.809
T4	315	0.563	0.414	0.712	0.809
T5	315	− 0.780	0.414	− 0.653	0.809

Pearson（1895）提出，偏度系数在 − 1 ~ 1 之间近似于对称分布。由表 3 − 10 测量题项的偏度和峰度系数可知，每一个测量题项均为近似正态分布，这说明样本数据可以认为是服从近似对称分布，可适用正态分布的各种检验和分析。

六、变量间的相关性分析

本书首先采用与小样本信度与效度检验类似的方式对正式收集到的数据进行了信度和效度检验，结果均达到统计要求，特征因子分析结果也与小样本分析结果一致。根据对量表的特征因子分析结果，参考侯杰泰等（2004）的题项合并数据浓缩方法，计算各维度变量的平均值、标准差、Pearson 相关系数如表 3 − 11 所示。

表 3 - 11　　　　　　　　各维度均值、标准差和 Pearson 相关系数

序号	维度	均值	标准差	1	2	3	4	5	6	7	8
1	预期经济收益	5.392	1.556	1							
2	舆论压力	2.750	1.693	0.040	1						
3	其他利益相关者压力	5.578	1.519	0.777**	-0.178	1					
4	资源冗余	5.135	1.418	0.737**	-0.313	0.860**	1				
5	绿色技术创新行为	5.506	1.562	0.777**	-0.158	0.862**	0.906**	1			
6	环境绩效	5.729	1.298	0.724**	-0.267	0.857**	0.829**	0.906**	1		
7	经济绩效	4.938	1.312	0.599**	-0.346	0.667**	0.816**	0.703**	0.706**	1	
8	产品属性	5.063	0.982	0.582**	-0.356*	0.671**	0.797**	0.719**	0.701**	0.898**	1

注：** $P < 0.01$，* $P < 0.05$，$N = 315$。

由表 3 - 11 可见，绿色技术创新行为与预期经济收益、除舆论压力外的其他利益相关者压力、资源冗余等均存在显著相关关系，环境绩效、经济绩效和产品属性等也与绿色技术创新行为存在显著相关关系，但舆论压力与绿色技术创新行为和创新绩效无显著相关关系。可能的原因是舆论压力更多在于对环境违法事件的曝光和抵制，尚不足以对企业绿色技术创新行为产生显著影响。虽然 Pearson 相关系数仅考虑了维度间的相互影响，并不能反映其因果关系，但借助于 Pearson 相关性检查，研究者可以初步判断变量间的相关性，即两个变量之间的关联程度。相关系数越大，一般认为其相关性越高。通过相关分析，初步把握变量之间的关联程度，可以作为多变量数据分析的基础，为其后的回归分析提供基本判断的基础。上述显著相关关系的存在，初步反映了本书研究所构建理论模型的合理性。

为检测题项是否存在共同方法偏差问题，本书采用了探索性因子分析方法。在未经旋转的因子分析结果中，第一个因子未经旋转的解释变异量为 27.004%，表明本书中各测量指标之间存在轻微的共同方法偏差问题，这可能来源于同类题项的临近分布和社会称许性问题，不足以损害样本数据的整体质量（张小军，2012），因此，所获样本数据可以用来对研究假设进行检验，并进一步通过多元回归分析，验证变量之间的因果关系及其显著性程度。

七、模型及假设检验

本书的理论模型包括两个主效应，一个是企业绿色技术创新行为的影响因素，另一个是绿色技术创新与企业绩效的关系。由于企业绿色技术创

新行为并不一定只是受单一因素影响，可能是综合作用的结果，即实证研究中可能存在多个因素的交互作用，也就是两个或多个自变量相互依赖、相互影响，共同影响因变量。因此，本书选择建立可以做交互作用检验的多元回归模型（Chun et al., 2004）进行分析。考虑到对变量按维度进行细分有助于我们更好地了解变量之间的关系，回归分析中采用预期经济收益、舆论压力、其他利益相关者压力、资源冗余等维度层面的数据。本书选择了行业、规模和成立年限等作为控制变量，其中行业和规模作为控制变量与以往环境管理文献相一致，考虑到绿色技术创新的特殊性，本书加入了成立年限作为控制变量之一。在对控制变量的操作上，按照陈晓萍（2008）的方法，在做回归分析时先将控制变量进一步处理，转换为虚拟变量进入回归方程。基于此，本书将行业变量划分为一般污染行业、重污染行业两个虚拟变量，其中重污染行业包括金属制品业、造纸及纸制品业、化学原料及化学制品业、钢铁产业、纺织业、非金属物制品业（含水泥、玻璃、陶瓷、耐火材料）、建筑业、橡胶、塑料制品业，其他为一般污染行业；规模控制变量按产值划分虚拟变量，分别划分为"产值小于1000万元""产值1000万～5000万元""产值5000万～1亿元"和"产值1亿元以上"四个类别；成立年限按"5年及以下""6～10年"和"10年以上"设置虚拟变量。接下来以上述虚拟变量和维度变量数据为依据，分析企业绿色技术创新行为影响因素及其绩效，验证理论模型和相关假设。

（一）企业绿色技术创新行为影响因素分析

进行回归分析之前，首先要对样本数据的多元线性回归模型的适用性进行检验，以验证样本数据是否满足多元线性回归分析的条件。适应性检验主要包括线性相关关系、方差齐性、残差独立性和多重共线性四个方面。

1. 线性相关分析。根据前面的相关性分析，因变量企业绿色技术创新行为与自变量预期经济收益、其他利益相关者压力、资源冗余等存在显著相关关系，因此，此数据适合建立多元线性回归模型。

2. 方差齐性检验。方差齐性是各方差之间在给定显著性水平上没有显著性差异，又称等方差性、同方差性或方差一致性。因为异方差会导致回归系数估计值不具备无偏性，从而影响研究结论的准确性。对于正态分布的资料，国内通常使用 Bartlett 检验检验多样本的方差齐性（程琼和范华，2005）。由前面对测量题项的偏度和峰度系数分析可知，样本数据服从近似正态分布，因此可使用 Bartlett 法检验变量的方差齐性，SPSS 23.0

计算结果如表 3 – 12 所示。

表 3 – 12   **KMO 和 Bartlet 检验**

KMO 取样适切性量数		0.804
巴特利特球形度检验	近似卡方	131.054
	自由度	10
	显著性	0.000

由表 3 – 12 可知，Bartlett 球度检验的卡方值为 131.054，检验显著，因此，研究样本数据通过方差齐性检验，并有 KMO 值为 0.804，说明数据也非常适合因子分析的条件。

3. 残差独立性检验。对于残差独立性检验，主要采用 Durbin-Watson 检验（D.W）来对样本数据进行检验，以判断数据是否存在自相关。样本数据的自相关会导致最小二乘估计结果不具备无偏性，从而影响 t 检验和 F 检验结果的准确性。D.W 检验主要通过残差值计算统计量 d 值，根据给定的显著水平，样本容量和自变量个数，查找 D.W 表，得到下限值 dl 和上限值 du，将计算得出的 d 值与和 du 进行比较。d 值的取值范围为 0 ~ 4，d 值越接近于 0，负向自相关程度越高；d 值越接近于 4，正向自相关程度越高；d 值接近 2 时，则认为不存在自相关问题。以企业绿色技术创新行为被解释变量，将控制变量和自变量纳入方程当中，计算 D.W 检验的值为 2.194，接近于 2，说明样本数据通过残差独立性检验。

4. 多重共线性检验。多重共线性检验的目的在于检验解释变量之间是否存在线性相关性。多重共线性会改变回归系数，并使回归平方和及剩余平方和的含义变得模糊，从而导致回归分析无法得到稳定、统一的结果，无法对假设做出有效检验（荣泰生，2005）。通常采用强制的变量纳入法进行多重共线性检验，也就是把所有控制变量和自变量都纳入方程当中，分析各变量的容忍度（tolerance）和方差膨胀因子（variance inflation factor，VIF）。容忍度一般以 0.1 为界限，容忍度越小，多重共线性越严重；作为容忍度的倒数，方差膨胀因子（VIF）一般认为 VIF 值应小于 5，VIF 值越大，多重共线性越严重。以绿色技术创新行为为被解释变量，将所有控制变量和自变量纳入模型当中进行回归分析，各变量的容忍度（tolerance）和方差膨胀因子如表 3 – 13 所示。

由表 3 – 13 可知，各变量的容忍度都大于 0.1，VIF 值都小于 5，变量间不存在多重共线性，适合做多元线性回归分析。

表 3 - 13   多重共线性检验

解释变量	被解释变量	
	容忍度	方差膨胀因子
一般污染行业	0.457	2.187
重污染行业	0.902	1.108
产值小于 1000 万元	0.261	3.835
产值 1000 万 ~ 5000 万元	0.378	2.646
产值 5000 万 ~ 1 亿元	0.871	1.149
产值 1 亿元以上	0.742	1.347
5 年及以下	0.562	1.779
6 ~ 10 年	0.673	1.486
10 年以上	0.612	1.634
预期经济收益	0.812	1.232
舆论压力	0.312	3.205
其他利益相关者压力	0.573	1.745
资源冗余	0.602	1.661

根据已有理论推导，把控制变量、预期经济收益、舆论压力、其他利益相关者压力和资源冗余变量纳入回归模型，得到企业绿色技术创新行为模型如式（3.1）。其中，控制变量对因变量的影响用函数 $f^1(C)$ 简化代替。

$$GBE = \beta_0^1 + f^1(C) + \beta_1^1 EC + \beta_2^1 PO + \beta_3^1 ST + \beta_4^1 RES + \varepsilon^1 \quad (3.1)$$

运行 SPSS 23.0，企业绿色技术绿色产品创新行为的影响因素回归系数和模型检验结果见表 3 - 14 和表 3 - 15。

表 3 - 14   企业绿色技术创新行为影响因素回归系数

变　　量	回归系数	T	sig.
一般污染行业	0.031	0.485	0.631
重污染行业	− 0.040	− 0.738	0.467
产值小于 1000 万元	0.009	0.158	0.875
产值 1000 万 ~ 5000 万元	− 0.046	− 0.872	0.390
产值 5000 万 ~ 1 亿元	0.000	0.001	0.999
产值 1 亿元以上	0.000	0.007	0.995
5 年及以下	0.002	0.041	0.953
6 ~ 10 年	0.005	0.080	0.937

变　　量	回归系数	T	sig.
10 年以上	0.000	− 0.007	0.995
预期经济收益	0.582	4.921	0.000 **
舆论压力	0.031	0.536	0.596
其他利益相关者压力	0.061	0.528	0.602
资源冗余	0.403	3.405	0.002 **

注：表中的回归系数均为标准化回归系数，** 表示 $p < 0.01$。

表 3 – 15　　　　　　　　　　　　　模型检验

R	R^2	调整后 R^2	标准估算的误差	F	显著性 F 变化量
0.959	0.921	0.915	0.397	16.813	0.000 **

由表 3 – 15 可知，模型的 F 值为 16.813（$p < 0.001$），说明方程拟合效果显著。表 3 – 14 显示，回归系数的检验中，预期经济收益和资源冗余对企业绿色技术创新行为的影响均为显著，回归系数分别为 0.582（$p < 0.001$）和 0.403（$p < 0.01$），即假设 1 和假设 3 得到了支持；利益相关者压力有关的两项（舆论压力和其他利益相关者压力）对企业绿色技术创新行为的影响均不显著，因此不支持假设 2，即利益相关者压力对企业绿色技术创新行为的影响不显著。现阶段，企业采取绿色技术创新行为更多地出于经济利益和资源冗余的考虑，利益相关者压力更多地在于促使企业遵守环境规制，尚不足以显著影响企业绿色技术创新。此外，各控制变量对企业绿色技术创新行为的影响均不显著。

（二）绿色技术创新行为与企业绩效的关系检验

以绿色技术创新行为为自变量，以企业所属行业、产值和成立年限作为控制变量，分别探索绿色技术创新行为对企业环境绩效和经济绩效的影响。

1. 绿色技术创新行为与企业环境绩效的关系检验。以企业环境绩效为因变量，分别以控制变量和绿色技术创新行为为自变量建立回归模型，其中回归模型 1 以控制变量为自变量，回归模型 2 以控制变量和企业绿色技术创新行为为自变量，两个模型的回归分析结果如表 3 – 16 所示。

由表 3 – 16 可见，加入绿色技术创新行为自变量后，R^2 由 0.467 变为 0.896，说明该自变量对因变量具有较强的解释力。绿色技术创新行为对环境绩效的回归系数 0.706，在 0.01 水平上达到显著，表明绿色技术创新行为对企业环境绩效具有显著的正向影响。

表 3－16　　　　　绿色技术创新行为对企业环境绩效的影响效应

变	量	模型 1	模型 2
控制变量	一般污染行业	－0.341	－0.056
	重污染行业	0.579 **	0.302 **
	产值小于 1000 万	0.113	－0.028
	产值 1000 万～5000 万元	0.237	0.088
	产值 5000 万～1 亿元	0.241	0.044
	产值 1 亿元以上	－0.015	0.020
	5 年及以下	0.273	－0.054
	6～10 年	0.223	0.028
	10 年以上	0.323	0.096
自变量	绿色技术创新行为		0.706 **
	F 值	2.451	13.785
	R^2	0.467	0.896

注：** 表示 p＜0.01，N＝315。

2. 绿色技术创新行为与企业经济绩效的关系检验。以企业经济绩效为因变量，分别以控制变量和绿色技术创新行为为自变量建立回归模型，其中回归模型 1 以控制变量为自变量，回归模型 2 以控制变量和企业绿色技术创新行为为自变量，两个模型的回归分析结果如表 3－17 所示。

表 3－17　　　　　绿色技术创新行为对企业经济绩效的影响效应

变	量	模型 1	模型 2
控制变量	一般污染行业	－0.165	0.035
	重污染行业	0.357	0.162
	产值小于 1000 万元	0.171	0.072
	产值 1000 万～5000 万元	0.439	0.334
	产值 5000 万～1 亿元	0.141	0.003
	产值 1 亿元以上	－0.137	－0.112
	5 年及以下	0.214	0.184
	6～10 年	0.627	0.401
	10 年以上	0.142	0.096
自变量	绿色技术创新行为		0.497 **
	F 值	1.375	4.848
	R^2	0.415	0.528

注：** 表示 p＜0.01，N＝315。

由表 3 - 17 可见，加入绿色技术创新行为自变量后，R^2 由 0.415 变为 0.528，说明该自变量对因变量具有较强的解释力。绿色技术创新行为对环境绩效的回归系数 0.497，在 0.01 水平上达到显著，表明绿色技术创新行为对企业经济绩效具有显著的正向影响。

3. 产品属性调节作用的检验。以企业经济绩效为因变量，通过构建三个回归模型检验产品属性对企业经济绩效的调节作用。模型 1 以控制变量作为自变量，模型 2 以控制变量和绿色技术创新行为作为自变量，模型 3 以控制变量、绿色技术创新行为、产品属性、绿色技术创新行为与产品属性的交互项为自变量，分别进行回归分析。在交互项的处理上，先分别对自变量绿色技术创新行为和调节变量产品属性进行标准化处理，再取标准化后的自变量和调节变量的乘积作为交互项变量。三个模型的回归分析结果如表 3 - 18 所示。

表 3 - 18　　　　　产品属性对企业经济绩效的调节效应

变	量	模型 1	模型 2	模型 2
控制变量	一般污染行业	- 0.165	0.035	- 0.023
	重污染行业	0.357	0.162	- 0.054
	产值少于 1000 万元	0.171	0.072	- 0.101
	产值 1000 万 ~ 5000 万元	0.439	0.334	0.205
	产值 5000 万 ~ 1 亿元	0.141	0.003	0.021
	产值 1 亿元以上	- 0.137	- 0.112	- 0.004
	5 年及以下	0.214	0.184	0.177
	6 ~ 10 年	0.627	0.401	0.189
	10 年以上	0.142	0.096	0.034
自变量	绿色技术创新行为		0.497 **	0.151
调节变量	产品属性			0.554 **
自变量与调节变量交互项	绿色技术创新行为 × 产品属性			0.399 **
F 值		1.375	4.848	8.366
R^2		0.415	0.528	0.821

注：** 表示 $p < 0.01$，$N = 315$。

由表 3 - 18 可见，模型 3 中交互项的系数为 0.399，且在 0.01 水平上达到了显著性水平，表明产品属性在绿色技术创新行为与企业经济绩效之间具有显著的正向调节作用。通过提高产品性能，可以获取更好的企业经济绩效。

本书所提六个理论假设的检验结果如表 3－19 所示。

表 3－19　　　　　　　理论假设检验结果汇总

理论假设	内　　容	检验结果
假设 1	预期经济收益对企业绿色技术创新行为产生显著的正向影响	支持
假设 2	利益相关者压力对企业绿色技术创新行为具有显著的正向影响	不支持
假设 3	资源冗余对企业绿色技术创新具有显著的正向影响	支持
假设 4	绿色技术创新对企业环境绩效具有显著的正向影响	支持
假设 5	绿色技术创新对企业经济绩效具有显著的正向影响	支持
假设 6	产品属性在绿色技术创新行为与企业经济绩效实现之间具有显著的正向调节作用	支持

第三节　实证研究结果讨论

根据上述实证数据分析，本书得出以下的研究成果：

第一，预期经济收益和资源冗余是企业绿色技术创新行为的重要驱动因素。企业绿色技术创新行为的最重要驱动因素首先取决于企业的逐利本性，因此其在行为决策中优先考虑经济合理性。如果企业认为采纳绿色技术创新行为能够为企业带来经济收益，企业将考虑积极开展绿色技术创新。同时，由于绿色技术创新的高投入和高风险特性，企业最终能否成功实施技术创新转型，还取决于企业拥有的资源冗余情况。笔者在实际调研中发现，很多企业认为，绿色技术创新应该是政府投资与主导的工程，创新成本和创新风险应该由政府承担。多数企业家只看到了企业绿色技术创新中短期成本的提升，对绿色技术创新带给企业的长远发展认识不足，更多的企业家片面追求短期经济收益，缺乏甘冒风险追求长期绩效的激情和动力，从而缺乏主动实施绿色技术创新的执行力。而只有当某项绿色创新技术被越来越多的企业采纳，绿色技术市场日渐成熟时，这些企业才会改变其对该项绿色创新技术的收益预期，才有可能加入绿色技术创新的行列。

第二，尽管利益相关者压力日益成为绿色技术创新的重要驱动力量，但实证结果表明，利益相关者压力对企业绿色技术创新行为的影响并不显著。企业可以选择末端治理等方式满足规制约束，也可以通过加强废弃物管理化解社区公众压力。也就是说，利益相关者压力对于监督与督促企业遵守环保规制发挥着重要的作用，但利益驱动才是决定企业采取绿色技术创新的关键因素。从实际调研情况来看，多数企业在面对日益严厉的环境规制时，采取的是消极的环保治理方式，仅有少数企业选择通过绿色技术创新方式突破环保约束。同时，尽管绿色消费市场日益壮大，但消费者中普遍存在态度—行为缺口，大多数消费者声称优先考虑绿色产品，但在实际购买行为并没有践行。而以中小企业为样本的研究也表明，企业在绿色技术创新选择中面临的顾客和供应商的外部压力很微弱，不足以成为促使企业积极开展绿色技术创新的重要驱动力。

第三，绿色技术创新行为对企业环境绩效和企业经济绩效都有正向影响，这也在一定程度上验证了波特假说。绿色技术创新以环境保护与资源节约为前提，通过绿色技术创新，可以降低企业生产对环境的破坏，因此能够显著提高企业环境绩效。同时，通过开展绿色技术创新，企业能够更高效地利用资源、开发新市场和应对环境规制的约束，企业也能够通过树立绿色品牌提高自身的社会形象及市场认可度，从而在日益激烈的竞争中脱颖而出，获取更高的经济绩效。实际调研也证实了企业通过绿色技术创新实现环保和经济"双赢"的现实可行性。

第四，产品属性在绿色技术创新行为与企业经济绩效之间发挥着正向调节作用。为取得更好的经济绩效，绿色技术创新应在提高产品性能上下功夫。绿色技术创新不仅应考虑提高资源效率和环保性能等产品环境属性，还应同时着力于提高生产效率和产品质量等传统属性。通过提高产品属性提高市场认可度，是最终实现更高经济绩效的前提和保证。由于绿色消费市场规模与实际绿色购买力之间存在一定差距，绿色标签并不能完全保证绿色技术创新经济绩效的实现。企业绿色技术创新以"绿色"为前提，但应同时重视产品传统性能的提高，这对于企业经济绩效的实现至关重要。

第四节　本章小结

本章在第二章基本概念和理论分析的基础上，构建了企业绿色技术创新行为和企业绩效的理论模型，提出六个理论假设，并进行了较为规范的实证检验和分析。

首先，本章基于计划行为理论构建企业绿色技术创新行为理论模型，从企业预期经济收益、利益相关者压力和资源冗余三个角度分析企业绿色技术创新行为的影响因素，探讨企业绿色技术创新行为的环境绩效和经济绩效。其次，分别对企业绿色技术创新行为的影响因素和企业绩效开展了实证研究，并在效度与信度检验的基础上，以变量维度为单位描述了各维度之间的相关性，并分别验证了预期经济收益、利益相关者压力和资源冗余作为企业绿色技术创新行为重要驱动因素的显著性，以及绿色技术创新行为对企业环境绩效和企业经济绩效的显著正向影响。最后，本章检验了产品属性在绿色技术创新行为与企业经济绩效间的调节效应，并对所得结果进行了进一步探讨。

第四章 企业绿色技术创新多智能体模型

【本章导读】

社会科学计算实验方法研究的优势在于将现实系统与人工系统进行"虚""实"结合，利用人工系统的计算与实验功能，通过参数调整模拟现实系统错综复杂的环境改变；并根据与现实系统的对比验证，反复调整人工系统，使之能够更加真实地反映现实系统。

构建人工系统的目的是为研究企业绿色技术创新行为提供计算实验的模拟平台。因此，要构建人工系统，首先，对所研究的现实系统进行建模，设计参与主体的行为与交互规则，并对参与主体的主要特征进行识别。如对企业主体的技术路线、技术水平、创新偏好，产品的价格、质量、排放指标及消费者主体的产品偏好等赋值，以体现主体的异质性特征。其次，根据参与者的现实活动设计各种精确可控的实验场景，对企业绿色技术创新的各种影响因素（如环境规制、产品竞争、消费者选择等）和相关参数进行量化分析。再次，将企业绿色技术创新行为的人工系统运行结果与现实系统的统计结果进行比对，根据比对结果反复调整人工系统，使之能够真实反映现实系统。最后，根据研究问题的需要，调整人工系统的相关参数，观察不同情境下企业绿色技术创新行为的演化规律，为相关政策的制定提供理论依据。

本章首先阐述了企业绿色技术创新人工模拟系统的基本框架，然后重点讨论人工模拟系统的多智能体建模方法及过程，最后分析了人工模拟系统的计算实验场景及子场景。

由于企业绿色技术创新行为除取决于企业技术水平、财务状况等内部因素外，还受到环境规制、产品竞争和消费者选择等外部因素的影响。因此人工系统的构建应基于多智能体技术，充分考虑到主体的异质性特征和主体的自学习、自适应能力，并通过主体间的交互及历史信息记忆，反映系统的整体性和长期演化过程。

第一节 研究框架

企业绿色技术创新计算实验平台是一个基于现实系统和人工系统的平行系统，如图4-1所示。现实系统包括真实的生产企业、消费者和政府环境规制，相关数据来自现场访谈、问卷调查和统计资料数据；人工系统的初始化依据现实系统的调研结果，是运行在计算机虚拟环境中的企业、消费者和政府。实验平台通过对比人工系统与现实系统的输出结果，评价两者的一致性，并根据两者的偏差调整人工系统，使之在微观和宏观多层面与现实系统一致。在此基础上，通过参数调整，设计虚拟环境，通过模拟获取现实场景难以得到的相关数据，分析复杂系统在特定情境下可能的演化趋势，预测政策调整对企业绿色技术创新行为的影响，寻求推动企业实施绿色技术创新的最优政策路线。

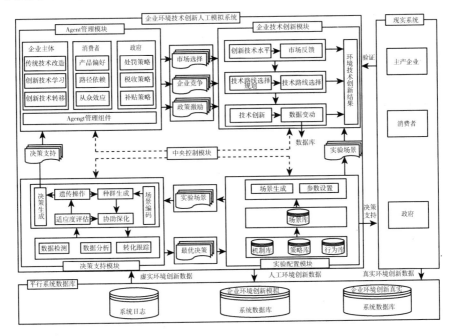

图4-1 企业绿色技术创新计算实验研究框架

企业绿色技术创新人工系统包括中央控制模块、实验配置模块、智能体管理模块、决策支持模块和企业技术创新模块5个功能模块。中央控制模块是整个计算实验平台的核心模块，负责管理和配置人工系统的相关参数，接收系统外部请求并保障各功能模块的协调运行；实验配置模块维护企业及消费者相关属性及行为规则，并根据研究问题的需要实例化这种实验场景，用于对不同情境下企业绿色技术创新过程的模拟与计算；决策支持模块采用基于协同演化的计算实验方法，基于实时监测的企业与消费者交互数据，更新企业技术路线选择、产品属性、消费者选择、传统技术和创新技术水平等；智能体管理模块由现实系统抽象的各类主体及其行为规则构成，并根据决策支持模块更新的企业、消费者及产品信息辅助智能体决策；企业绿色技术创新模块基于实验配置模块生成的实验场景完成企业绿色技术创新的全流程仿真，并实时存储创新活动的相关数据。

第二节 企业绿色技术创新多智能体建模

多 Agent 系统（Multi-Agent System，MAS）即多智能体系统，是指有多个可执行网络计算的 Agent 组成的集合。其中，每个 Agent 是独立自主的，能作用于自身及周围环境，并能与其他 Agent 通信。多智能体系统中的 Agent 是一类模仿人类行为的主体，其决策过程有人类决策的特点。同时 Agent 往往面临多个方案以待选择，这些方案涉及的属性众多，决策时要综合考虑这些属性。多智能体技术在表达现实系统时，通过各智能体间的通信、合作、互解、协调、调度、管理与控制来表达系统的结构、功能及行为特征。在多智能体系统中，Agent 是独立行为的主体，它能够根据内部知识和外部激励决定和控制自己的行为，而且还可以与其他 Agent 有效协同工作，通过 Agent 之间相互协调、相互协作来解决大规模的复杂问题。多智能体技术在很多领域都已得到应用，包括交通管理系统（王雪茹等 2014；李静，2010；许伦辉等，2013；徐杨等，2012）、决策支持系统（谢睿和王少荣，2013；徐杨等，2014；张鸿辉等，2012；蒋国银和胡斌，2011）、信息协作系统（耿振余和毕义明，2004；郭文胜，2002）、电子商务（蒋国银等，2014；黄蓬国，2011；吴江等，2010；蒋国银等，2009）和网络信息检索（蒋伟进等，2013；黄来磊，2009；赵卫东，2008）等领域。

本书在多智能体构建中，首先分析了企业绿色技术创新中的相关主体，并围绕技术创新的影响因素抽象了各类主体的属性、行为规则及相关策略，构建企业绿色技术创新理论模型。进而结合多 Agent 技术，通过构建各类管理 Agent 和辅助 Agent，组成多 Agent 系统，利用多个 Agent 的通信与协作，建立企业绿色技术创新人工系统的多智能体模型，并通过网络技术实现人工系统的全流程模拟。

一、多智能体模型实现技术

企业绿色技术创新多智能体系统的构建首先需要有功能强大的平台支持，它既需要满足多智能体异质性特征设置的需要，又需要能够支持企业绿色技术创新人工系统模拟中中间数据存储及人机交互等。考虑到主体决策的复杂性对系统提出的灵活性需求，本书选择 DELPHI XE + Oracle 10g 作为开发平台。

DELPHI XE 是一个面向对象的快速开发工具，支持多架构、多线程系统开发，且提供组件技术、Web Service 技术等，可用于多个系统的数据动态交换及集成。运用 DELPHI XE，借助于 Oracle 10g 数据库，可以根据需要灵活构造所需要的智能体实例，并方便根据情境变化增减参与智能体的种类与数量。与传统的多智能体开发工具（如 JADE）等相比，虽然智能体的构造、智能体的协调、智能体的通信和智能体的控制都需要人工编程实现，但是针对复杂性问题，这种解决方法往往是最有效的。系统通过开发图形化的用户界面来进行智能体的构建，可以方便地随时检查智能体间的信息交换。当智能体加载到多智能体系统时，图形化界面可以协助进行智能体接口有效性确认，还可以在智能体失效事件发生时，协助进行 Debug 调试。运用数据库技术记录每一智能体的实时状态及过程变量，可以随时追踪智能体平台中的信息交换，便于在后期数据处理中分析中间过程变化，探索系统演化规律，并可以充分利用数据库系统强大的数据处理功能，通过数据挖掘发现易被忽视的重要信息。

二、多智能体模型运行机制

企业绿色技术创新多智能体建模过程中，首先，要对参与企业绿色技术创新的相关对象进行抽象，针对采集到的对象动态过程参数进行特征分析；其次，对特征量进行提取；最后，实现对当前企业绿色技术创新状态的度量和分析。企业绿色技术创新管理智能体要在状态表中说明它所负责对象的系统状态，同时还要对系统的状态发展趋势做出判断，其具体工作流程如图 4 - 2 所示。

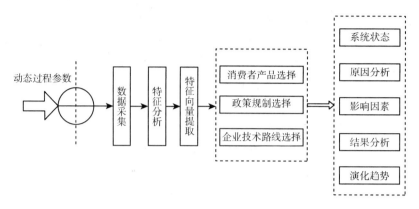

图4 – 2　企业绿色技术创新管理智能体业务流程

根据企业绿色技术创新管理智能体的流程和平台编程实现的需要，首先要对智能体的抽象结构进行描述。我们将智能体之外的环境部分抽象为智能体的外部状态集，用 S 表示，其中 $s(s \in S)$ 表示某时刻智能体在外部环境的状态。对智能体的结构进行抽象描述，可以表示为以下八个元组，其抽象模型如下：

$$Agent = (A_{id}, A_{sub}, P, F, G, see, diagnosis, result)$$

其中：A_{id} 为特定智能体的唯一标识；A_{sub} 为多智能体的整体集合。P 为智能体视觉状态集，其中 $p(p \in P)$ 表示外部状态 s 经过智能体感知后在智能体内部的视觉映象；F 为智能体的某个视觉状态或某段历史的视觉状态在诊断智能体内部的综合反映，表示智能体的功能状态集，其中 $f(f \in F)$ 表示某时刻智能体的功能状态；G 表示智能体的目标状态集，其中 $g(g \in G)$ 表示诊断智能体作用于环境得到的某个具体目标状态模式；$see, diagnosis, result$ 用于刻画智能体内部的观察过程、诊断过程和目标状态模式过程，具体表示为下面的 3 个映射，$see: S \rightarrow P$；$diagnosis: F \times P \rightarrow F$；$result: F \rightarrow G$。

由此，我们可以描述整个智能体的运作流程为：该智能体具有某个初始内部功能状态 $f_0(f_0 \in F)$，通过观察外部环境得到 $see(s_i)(s_i \in S)$ 的视觉状态，并对该视觉状态结合目前的功能状态 f_0 进行思考和推理，其次根据思考和推理结果得到修正状态 $diagnosis(f_0, see(s_i))$，最后根据修正后的状态决定诊断对象的结果状态模式 $result(diagnosis(f_0, see(s_i)))$。

三、多智能体模型结构分析

根据上述对系统中各类智能体的分析，每一个智能体都包括感知、动作、反应、建模、规划、通信、决策等模块，都可以相对独立、灵活构建。智能体的混合体系结构如图4-3所示。

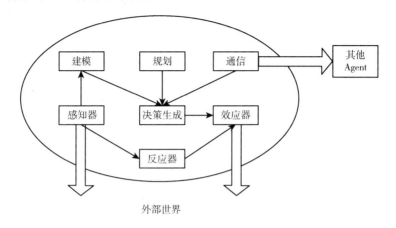

图4-3　Agent体系结构

根据企业绿色技术创新多智能体系统中的相关主体及其关系，企业绿色技术创新管理系统的总体结构设计如图4-4所示。

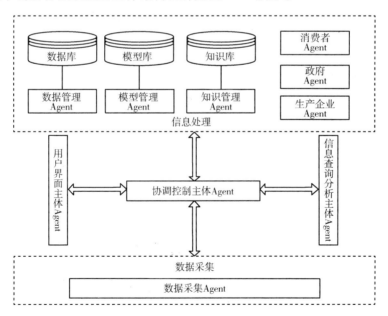

图4-4　基于多智能体的企业绿色技术创新管理系统结构

企业绿色技术创新管理系统由信息采集智能体、信息处理智能体、信息发布智能体、用户界面智能体和协调控制智能体组成。信息采集智能体用于采集与企业绿色技术创新管理有关的各类信息，包括消费者产品选择、生产企业技术路线选择、政府规制策略等，并对采集的信息进行传输。信息采集智能体按采集信息的来源分为消费者数据智能体、企业数据智能体和政府政策数据智能体，从数据性质上分为内部数据智能体和外部数据智能体。内部数据来源于系统内通过演化实验获得的历史数据，外部数据智能体主要负责采集与企业绿色技术创新管理有关的外部系统的数据，可以通过调研等手段获得。以上均为由信息采集智能体完成的自动采集信息，而需人工采集的部分信息，如政策变动等相关资料，由人机界面智能体完成。

信息处理智能体主要负责维护、管理和智能处理系统所采集到的信息，并对系统中企业绿色技术创新的相关问题进行识别和度量。其中，数据管理智能体负责数据库的查询、分析、访问和管理等功能；模型管理智能体则负责模型库的管理维护工作、模型的组合和模型的运行；知识推理智能体完成知识库的维护和基于知识的推理工作；消费者智能体、政府智能体和生产企业智能体则主要针对企业绿色技术创新管理系统中的复杂问题，综合利用数据库、模型库和知识库进行智能决策。信息发布智能体负责系统信息的发布，包括以可变信息标志方式、网站方式、广播、手机短信方式等发布实时信息。用户界面智能体和协调控制智能体是多智能体设计系统中必需的两个特殊类型的智能体。用户界面智能体在系统中充当人机交互界面的角色，它与传统的人机交互界面不同之处在于强调智能体的自主性和学习性，在与用户交互的决策过程中能够通过不断学习，获得用户的某些特征知识，从而可以在决策过程中自主地做出与用户意志相符合的策略，从而能够反映管理者的思维过程，实现机器学习的目的。用户界面智能体的主要功能包括对各类信息的输入和显示功能、接受用户的交互命令并解释执行、接收用户对整个系统的监控命令等。协调控制智能体是系统的核心，负责规划协调系统内部各主体的运行，监控各主体的工作进展状态。同时，它负责维护系统中所有主体的能力、状态和地址信息，并利用数据库中的信息向系统中其他主体提供多种必要的服务，例如，名字服务、查询服务、订购服务和主体生存期服务等。协调控制智能体通常包括规划器、任务分配器、调度器、协调器、监控器、构造器、通信管理模块等模块。

四、多智能体模型构建

企业绿色技术创新多智能体系统设计的核心是正确识别消费者的产品选择偏好和企业环境技术路线的选择规则，并通过信息交互平台传递这些信息，最后通过多智能体系统完成企业绿色技术创新管理系统的构建。同时，多智能系统构建中要充分考虑系统各成员之间的协调以及它们之间的交互（如通信、协商、冲突处理）等问题（席元凯和吴旻，2009）。一般在建立模型前，系统中的智能体应满足以下假定：第一，智能体追求自身效用最大，也就是说它以实现自身利益最大化为目标，并在满足自身目标的前提下，与其他智能体进行合作，但合作的目的仍然是达成自身目标的最大化。第二，系统中的知识是完备的，也就是说系统中每个智能体对自身的环境和其他智能体的知识完全了解。第三，无历史信息。第四，智能体操作集相同。第五，智能体系统内的协商是在两两之间进行，多个智能体的协商通过排队和调度来解决。

不同情境下企业绿色技术创新行为的演化过程及规律是系统研究的主要目标，因此，企业绿色技术创新中相关主体的行为规则提取是人工系统构建的关键。本书通过分析现实系统中企业绿色技术创新的业务流程。首先，确定相关的企业及消费者主体属性，以构建各类异质性主体；其次，参考企业的技术路线选择过程及消费者产品购买决策过程，构建主体的决策规则；再次，为完成主体间的交互，借助于信息交互平台传递相关信息；最后，通过多智能体系统协调各主体间的关系，通过中央控制模块保障系统的整体运转，通过参数调整转换场景，模拟不同情境下企业绿色技术创新行为的演化。企业绿色技术创新多智能体模型构建采取以下步骤：第一，识别智能体类别及其交互关系。首先抽象企业绿色技术创新的主要影响因素及其工作流程，针对研究问题的需要对相关主体进行归类并建立交互关系，识别企业绿色技术创新过程中的相关机制（如企业进入与退出机制、企业技术创新投入机制等）。第二，量化表达各类智能体属性及行为规则，也就是具体分析其内部状态（如变量）和行为规则（如函数、方法等）。第三，建立企业绿色技术创新多智能体模型，依据建立的模型进行企业绿色技术创新过程模拟，解决系统各主体之间的协调以及它们之间的交互（如通信、协商、冲突处理）等问题，并根据模拟结果与现实系统比对，分析偏差出现的原因，反复调整多智能体模型。根据上节的研究框架及模块选择，提出多 Agent 系统的企业绿色技术创新模型 EEIM-Sim。

$$EEIMSim = <AG, IFM, AT, DM>$$

其中：

（1）AG 为所有参与企业绿色技术创新系统管理的 Agent 的集合。

$AG = <a_{1,1}, a_{1,2}, \cdots a_{ij}, \cdots, a_{m,n}>$ ，其中 a_{ij} 表示第 i 类别的第 j 个 Agent，即，$a_{i,j} \in AG, i = 1, 2, \cdots, m; j = 1, 2, \cdots, n$ 。

（2）IFM 为企业绿色技术创新过程中各类主体的信息集。在企业绿色技术创新过程中，任何一个 Agent 在行动后所产生的信息，另一 Agent 都可以通过观测接收到，并判断其对自身的影响。这里按照系统构成将信息按主体类别进行划分，即包括消费者产品选择信息、企业技术路线选择及产品信息、政府政策信息等。$IFM = <l_{1,1}, l_{1,2}, \cdots l_{ij}, \cdots, l_{m,n}>$ ，其中 $l_{i,j}$ 为第 i 个主体类别的第 j 个状态值 $l_{i,j} \in IFM, i = 1, 2, \cdots, m; j = 1, 2, \cdots, n$ 。

（3）AT 为企业绿色技术创新模型中各类主体的行动集。多智能体系统将各类主体归类后，就应该利用相应的 Agent 管理工具，根据对主体的行为规则定义，对主体的行为进行管理与控制。$AT = <f_1, f_2, \cdots f_i, \cdots, f_n>$ ，其中 f_i 为第 i 个类别的 Agent 所采取的行动，即 $f_i \in AT, i = 1, 2, \cdots, n$ 。

（4）DM 为 Agent 的协商决策模型。在 Agent 模式下，协商的目的是要实现系统内各成员之间的协调运作，发挥最大的效率。$DM = <K, S, U>$ ，其中：

① K：Agent 关于环境或其他 Agent 的知识。例如，关于环境参数的知识、关于其他 Agent 决策模型、协商模型等的信息。

② S：Agent 的协商战略。协商战略就是协商 Agent 根据其所处的环境以及 Agent 内部的推理模型对各种策略进行不同的组合调整。

③ U：Agent 协商的总效用函数。Agent 最终的协商效果评价采用效用函数 U 表示。Agent 进行协商决策的选择原则，是在符合企业绿色技术创新相关假设的前提下，从所获得的收益与其付出的成本之差来考虑，即：$U = \prod U_{i,j}$ ，且 $U_{i,j} = R_{i,j} - C_{i,j}$ ，其中 $R_{i,j}$ 为 $a_{i,j}$ 通过自身行为策略所获得的回报，$C_{i,j}$ 为 $a_{i,j}$ 为此付出的机会成本。对于 Agent 协商效果的评价依据总效用函数是否满足 $U > 0$ 。如果总效用函数 $U > 0$ ，则表示协商结果较好，能够满足各智能体的私有利益，同时也满足平台的总体利益，反之，则表示协商结果差。

第三节　企业绿色技术创新实验场景设计

企业绿色技术创新多智能体模型的计算实验平台主要由消费者产品选择与购买、企业绿色技术创新等实验场景构成，各实验场景均基于对现实系统中相关工作流程的抽象与归纳，并根据研究课题的需要，对现实场景进行模型化处理。因此，计算实验场景主要根据实验目标设计和配置各类智能体，并设定智能体间的信息交流、行为互动和同步等机制。为使读者更好地理解企业绿色技术创新过程中各实验场景的具体流程，本节对上述两个场景的设计和配置进行详细说明。

一、消费者产品选择与购买实验场景

消费者产品选择与购买实验场景主要从消费者产品购买决策规则角度设计实验，针对消费者对不同产品价格、性能等维度的偏好，以及消费者受自身购买习惯、从众效应等的影响进行实验评估与参数优化，从而为现实场景下消费者产品选择与购买决策流程提供理论依据与实验支持。实验场景如图4-5所示。

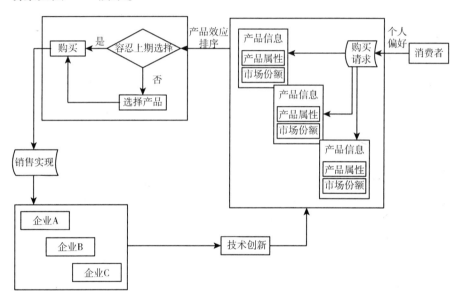

图4-5 消费者产品选择与购买实验场景

图4-5的具体流程如下：

（1）消费者提出购买请求，触发消费者产品选择与购买过程。

（2）信息集提供系统中各类企业主体各产品的属性及市场份额信息，并根据消费者个人偏好计算每种产品的效用。

（3）根据各产品效用计算产品选择概率。

（4）对于首次购买的消费者，根据产品选择概率随机选择产品。

（5）对于重复购买的消费者，对比原选择产品与最优产品的距离，在消费者可容忍范围内时，消费者选择原产品；否则根据产品选择概率随机选择产品。

（6）信息集采集消费者购买信息，并更新企业主体的产品销售信息。

（7）企业主体根据产品销售情况更新企业信息，决定技术创新路线，并根据技术研发结果更新产品属性等相关信息。

在上述流程中，各类产品的价格、性能变化及市场占有份额分布是本实验场景中与现实系统进行比对的主要输出结果，可以根据对输出结果的评估反向调整相应的实验参数。本实验场景下设三个子场景，即产品效用排序子场景、产品选择子场景、产品销售统计子场景，用于更详尽地设计各子场景的工作流程。

（一）子场景1：产品效用排序

对于产品效用的感知随消费者个人偏好的不同而表现出一定的差异，同时，不同产品的效用还与产品所占的市场份额有关，即消费者个人选择受群体内其他成员的影响，表现出从众倾向。因此，产品效用函数的设计中需要考虑三个关键因素：产品价格偏好、产品性能偏好、产品所占市场份额（即其他消费者选择）。对产品效用的排序可以作为消费者选择产品的事前权衡，为进一步生成对每种产品的选择概率提供理论依据。

1. 实验原理。实验采用基于协同演化的计算实验方法来模拟大量消费者的产品选择过程。实验过程中，消费者根据产品选择策略产生对各种产品的感知效用值，而消费者感知效用中首先考虑两个属性，即产品价格和性能（孙晓华和郭少蓉，2014），只有当产品达到消费者对性能的最低要求，而且价格低于消费者的最高支付意愿时，消费者才会考虑购买该产品，即所谓的"性能门槛"和"价格门槛"。消费者能够在产品使用过程中获得效用，其效用值首先来源于产品性能与价格的比较。因此，消费者效用的无差异曲线如图4-6所示。

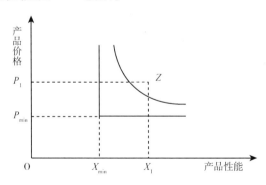

图4-6 消费者效用无差异曲线

由于感知效用计算中考虑了消费者个体异质性对应的偏好属性及从众效应等，以满足现实场景中消费者有限理性的特质，因此需要对上述效用计算函数进行调整，加入产品市场份额的影响等。对全部产品效用值进行归一化，产生每种产品的备选概率。因此产品备选概率反映了消费者的产品选择规则。每个消费者独立计算产品效用排序，其从众效应的影响来自历史数据，由信息集提供。在协同演化仿真的每一代演化中，企业主体根据产品销量反馈调整技术创新路线，进而影响产品属性，改变下一代演化中的产品效用排序。随着实验过程的进行，产品效用排序将逐渐收敛并稳定于某均衡状态。

由于本章模型中的企业虽然有异质性属性，但初始规模相当，且根据现实场景，在无外界重大事件干扰的情境下，最终的稳定状态也应为自由竞争格局（非某种产品垄断）。因此，尽管产品属性各代演化中是变化的，但实验的最终结果应保证各产品份额与产品性价比的对应，且对同等产品有大致均衡的合理分布。同时，应显性满足消费者选择的各项规则。在此前提下，调整模拟实验的相关参数和函数设计，使实验结果与现实场景逼近。

2. 实验参数。本实验子场景包括消费者配置参数、产品属性参数、从众效应参数及控制参数等。其中消费者配置参数主要涉及消费者产品偏好的设置，产品属性参数主要包括产品价格、性能及污染排放水平的初始设置及技术改造对产品属性的改造速度等，均为实验平台用户可见且可配置的实验参数。另外，由图4-6可见，消费者效用函数的无差异曲线符合幂律分布，因此应确定其价格与性能参数的指数。主要参数描述如下：

（1）消费者个体数量：默认值为某一常数。

（2）消费者产品价格、性能偏好：根据对消费者的问卷调查，确定消费者对该类产品的价格与性能偏好比例；假定消费者价格与性能偏好的总和为固定值，根据调研的结果设置每个消费者的具体偏好值；根据个体偏好值汇总群体偏好规律，与调研结果比对，调整偏好初始规则，使与调研结果一致，且满足随机分布规律。

（3）产品价格、性能、排放水平：根据对该类产品的实证调研结果，设置传统产品和创新技术产品的初始值及可能达到的极限值，并根据演化的总代数，结合企业技术创新的频率，设置技术改造对产品属性的改造速度。

（4）从众效应参数：根据消费者对产品所占市场份额的敏感程度，设置从众效应值，具体设置结合问卷调研和实验结果。

（5）最大代数：用于控制协同演化算法。当达到最大代数时，算法终止。

（6）产品效用函数的参数指数：根据实验结果曲线进行调整，并根据效用排序形成的选择概率分布验证指数设置的合理性。

（二）子场景2：产品选择

由于消费者实际产品选择决策中受到历史购买经历的影响，表现出一定的路径依赖倾向，因此将区分首次购买或重复购买情境分别讨论。

1. 实验原理。本场景的设置以现实消费者的有限理性为理论基础，因此加入了消费者主体的路径依赖特性。当消费者首次发出购买请求后，将首先根据产品效用排序子场景描述的规则计算各产品的备选概率，然后依据概率随机选择产品（根据概率的随机选择策略也是考虑了消费者的有限理性）；而如果消费者为重复购买者，则仍然按产品效用排序，找出效用最优产品，在此基础上，将消费者上代演化中选择的产品与本代演化的效用最优产品进行比对，如果上次选择产品的价格和性能与最优产品的距离在消费者可容忍范围内，则消费者按照路径依赖原则，仍维持上代选择；否则消费者重新根据产品效用排序确定的备选概率，随机选择产品。

2. 实验参数。本实验子场景需要设置消费者路径依赖阈值，即消费者能够容忍的选择习惯与最优策略的距离，具体参数值的设置考虑了主体的异质性。根据市场问卷调查，消费者能够容忍的消费习惯与最优策略的差异程度不同，因此，本章模型根据调查结果，采用了某区间数随机分布的方式，具体上下限设置来自实证数据。

（三）子场景3：产品销售统计子场景

根据消费者对产品的选择规则，且假定每个消费者主体在人工系统的每代演化中均购买一件产品，则各企业各类产品的销量根据消费者做出的购买决策统计产生。根据研究课题的需要，本子场景主要统计以下数据：

（1）按产品统计销售数量，结合各产品单价，计算各类产品所占的市场份额。其中市场份额的计算公式为：

$$Ms_{i,j} = \frac{(Q_{i,j} \times P_{i,j})}{\sum (Q_{i,j} \times P_{i,j})} \tag{4.1}$$

其中，$Q_{i,j}$ 为企业 i 第 j 类产品（传统产品或创新产品）的当期消费者选择数量，$P_{i,j}$ 为企业 i 第 j 类产品的当前价格。

（2）按企业统计创新产品收入占企业当期收入的比重。根据各企业各类产品的销量和售价，计算其中创新产品收入占企业总收入的比重，该比重将作为企业放弃传统技术的依据，在后续场景中介绍。

（3）计算创新产品在整个市场中所占的比重。随着消费者对创新产品的态度变化，企业的技术创新态度将发生改变，具体规则见后续场景介绍。

（4）计算企业当期收益和累计收益。根据消费者产品选择结果，可计算企业当期收益和累计收益；累计收益决定企业技术改造的投入，进而通过影响技术改造效果更新产品各项属性；而属性的改变又影响下一代演化中产品的效用排序，由此实现企业与消费者的动态交互。

二、企业绿色技术创新实验场景

本章模型以现实场景中自由竞争的相同规模企业为研究对象，为在激烈竞争的环境下不被淘汰或赢取更多的市场份额，企业需要不断通过技术改造与创新提高生产效率和产品质量。另外，为应对日益严厉的环境规制和公众诉求，企业需要不断通过技术改造或末端治理减少排放，随着治污成本的提高，企业对绿色创新技术日益关注。假定企业有两种技术路线可供选择，即传统技术路线和绿色创新技术路线，企业绿色技术创新实验场景主要从企业绿色技术创新中技术路线的选择规则角度设计实验。针对不同企业对绿色创新技术的采纳态度、对绿色创新技术改造的偏好、对放弃传统技术的风险态度等方面的异质性特征，考虑企业自身财务状况、企业创新态度、创新产品市场份额等多方面因素做出技术路线选择，并根据现实场景中企业创新技术过程的相关统计数据进行实验评估与参数优化，从而为探询真实的企业绿色技术创新规律提供理论依据与实验支持。实验场景如图 4 - 7 所示。

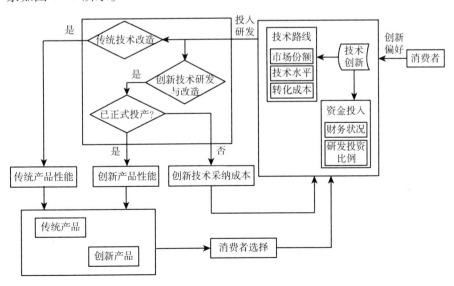

图 4 - 7 企业绿色技术创新实验场景

图 4 - 7 的具体流程如下：

（1）企业根据业务发展需要发出技术改造与创新请求，根据企业创新偏好触发企业技术创新过程。

（2）信息集提供系统中企业本期财务状况、技术研发水平、创新技术转换成本、传统产品和创新产品市场份额等信息，并根据企业偏好选择技术路线，根据企业财务状况及创新偏好确定各类技术改造与创新的投资比例。

（3）对于传统技术路线，根据技术改造规则更新传统技术生产效率和传统产品属性。

（4）对于绿色创新技术路线，当企业尚未正式采用绿色创新技术进行生产时，根据企业对绿色创新技术的偏好，进行前期研发与学习，并根据绿色创新技术前期研发规则更新绿色创新技术采纳成本（如设备改造、人员培训费用等）。

（5）对于已正式采用绿色创新技术路线进行生产的企业，根据创新技术改造规则更新绿色创新技术生产效率和创新产品属性。

（6）信息集采集并更新企业技术创新活动相关信息，并通过产品属性的改变与消费者交互。

（7）消费者对传统产品与绿色技术创新产品的选购行为通过销量变动反馈给企业，影响企业未来技术路线选择和创新资金投入。

在上述流程中，绿色创新技术的采纳成本、采纳比例、两类产品的属性变化及市场占有份额变动是本实验场景中与现实系统进行比对的主要输出结果，可以根据对输出结果的评估反向调整相应的实验参数。本实验场景下设五个子场景，即绿色创新技术前期研发子场景、绿色创新技术采纳子场景、企业技术路线选择子场景、绿色技术创新采纳子场景和传统技术创新子场景，用于更详尽地设计各子场景的工作流程。

（一）子场景 1：绿色创新技术前期研发

系统初始阶段全部企业均采用传统技术进行生产，由于传统技术已经历漫长的发展期，因此产品性价比高，但限于技术类型，排放水平较高，虽可通过技术改造提高生产效率，但产品各方面属性提高空间有限；与之对应的绿色创新技术正处于发展初期，由于原材料价格、市场规模、实际生产经验等原因，产品性价比低于传统产品，但排放水平较低，且可以通过进一步创新实践提高产品性价比。随着环境规制与公众环境诉求的压力日益增大，企业不同程度地关注绿色创新技术，并根据关注程度投入资金进行前期研发，研发活动取得的成果具有不确定性，成功的研发活动将不同程度地提高企业对创新技术的了解，并降低企业正式采纳绿色创新技术的转换成本。

1. 实验原理。由于现实场景中不同企业技术条件及对外部环境压力的感知不同，对绿色创新技术的偏好不同，决定了不同企业对绿色创新技术前期研发的态度不同；同时，调研结果发现，企业对绿色创新技术的研发投入还受到企业财务状况的影响，因此在每一代仿真的演化过程中，按企业累计收益的某一比例作为创新技术前期研发投入；绿色创新技术前期研发的结果将增加企业对绿色创新技术的知识累积并降低未来企业采纳绿色创新技术的转换成本。但由于创新过程面临不确定性，因此前期研发投入与取得的成果没有必然的因果关系，是对应研发投入力度的概率分布，概率函数的确定根据对现实场景的调研。前期研发带来的企业绿色创新技术知识累积使企业在技术转换和人员技能等方面完成了前期储备，因此创新技术转换成本将降低。随着实验过程的推进，知识累积不断增加，最终逐渐收敛于能够获取的知识量极限，而转换成本的降低幅度也越来越小，最终收敛于最低转换成本。

由于本章模型中企业对绿色创新技术的前期研发态度具有异质性，且演化过程中企业累计收益动态变化，同时由于创新活动本身的不确定性，导致各企业知识累积速度不同，创新技术转换成本的变化也不同。实验的最终结果应能够体现这种差异，并与实证结果表现出基本相同的统计特征。为此，需调整模拟实验的相关参数和函数设计，使实验结果与现实场景逼近。

2. 实验参数。本实验子场景的实验参数主要用于构造创新成功概率函数、知识累积函数、创新技术转换成本函数等，函数涉及的固定参数均为实验平台用户可见且可配置的实验参数，而变动参数来自信息集。主要参数描述如下：

（1）创新成功概率函数：根据现实场景调研结果，设置创新成功概率函数 $f(\alpha_w, RDwatch)$，其中 $RDwatch$ 为企业前期研发投入，α_w 为当前技术允许的知识累积速度，反映了技术水平提高的难易程度，具体数值根据模拟训练获取。

（2）知识累积函数：知识的累积速度除与知识本身获取的难易程度有关外，还与相关知识能够达到的最高水平和知识获取的不确定性影响因素有关，因此函数设置应考虑累积速度、极限值和随机因素，速度和极限值可根据实证调研设置，并通过模拟训练调整，使理想情况接近极限值，并随情境不同表现出差异性；随机因素通过区间数平均随机的方式，反映现实场景中各种影响程度的机会均等。

（3）创新技术转换成本函数：与知识累积函数类似，创新技术转换成本有最低极限值，其降低速度根据理想情况下能够达到的极限值为依据，通过调研结果和模拟训练获取。具体模拟中的创新技术转换成本函数考虑成本降低速度、极限值和随机因素，随机因素同样为区间数平均随机。

（二）子场景2：绿色创新技术采纳

企业通过绿色创新技术前期研发为创新技术的正式采纳做准备，当满足一定条件时，企业将正式采用绿色创新技术进行生产。由于企业对绿色创新技术采纳的积极性不同，各企业具有不同的采纳阈值；同时，由于绿色创新技术正式投产需要一定的新设备投入及流程改造等，因此企业需要有足够的资金储备。为简化人工系统，模型不考虑企业获取贷款或外部投资等其他外来资金的情况。

1. 实验原理。现实场景中的企业对待创新技术有不同的态度，譬如有激进型、稳健型、保守型等，不同态度企业的比例可以通过调研方法获得，这可以作为企业采纳绿色创新技术阈值的设置依据。另外，企业采纳还取决于绿色创新技术发展的成熟度，这取决于企业对创新技术的了解程度和企业在前期研发中获取的创新技术知识累积，以及其他企业对创新技术的采纳现状。当企业感知到的创新技术成熟度大于其采纳阈值时，企业将正式采纳绿色创新技术。

实验中考虑所有企业的协同演化过程，首先构造绿色创新技术感知成熟度函数，并根据调研结果设置各企业的采纳阈值，多代演化的输出结果为企业对绿色创新技术的采纳情况；而对于某绿色创新技术的现实原型，可以通过统计数据获取绿色创新技术的扩散速度，即企业的采纳速度，虚实结果对比，可以根据偏差调整创新技术感知成熟度函数的数理模型及相关参数，使企业绿色创新技术采纳的实验结果与现实系统接近。

2. 实验参数。本实验子场景的实验参数主要用于构造绿色创新技术感知成熟度函数，主要涉及知识累积和其他企业影响两个参数。具体描述如下：

（1）知识累积：根据绿色创新技术前期研发子场景的定义，从信息集获取。

（2）其他企业影响：根据现实场景，企业间技术研发细节为非公开信息，因此，企业对竞争者绿色创新技术采纳情况的了解通过市场信息获取，即绿色创新技术产品的市场销量可以反映其他企业对绿色创新技术的采纳现状。

（三）子场景3：绿色创新技术路线选择

企业根据自身财务状况、创新偏好和外部影响因素（如市场反馈、产品竞争、政策因素等）选择最优技术路线。初始阶段全部企业均采用传统技术进行生产，随着绿色创新技术的不断发展，企业逐渐开始采纳绿色创新技术，但传统技术仍然可以保留，即可采用组合生产技术，并根据一定的规则决定两种技术的投产比例；符合一定条件时，企业可以放弃传统技术，完全采用绿色创新技术进行生产。

1. 实验原理。由于初始阶段企业全部采用传统技术，因此此场景下技术路线共有三种选择：传统技术路线、传统与创新组合技术路线和完全的创新技术路线，而选择的节点分别为绿色创新技术采纳和传统技术放弃。绿色创新技术采纳的实验原理已在子场景2中说明，传统技术放弃与技术优化策略及企业风险态度有关。企业越趋向于风险回避，越不会轻易放弃传统技术，反之亦然。因此，放弃传统技术的阈值与企业异质性有关，可以作为企业的属性之一，而具体设置可根据对企业风险态度的调研进行量化，使模型中企业主体的风险态度分布符合调研的统计结果。

现实场景中，企业将传统技术当期收益占企业当期总收益的比重作为企业放弃传统技术的依据，当该值小于企业放弃传统技术的阈值时，企业放弃传统技术。因此，可首先根据传统技术和创新技术能够达到的分段理想值，模拟消费者选择与购买演化过程中传统技术收益在企业总收益中所占比重，结合现实场景中企业放弃传统技术的统计结果，初步设置相关参数和函数，待模型整体完成后，根据实验结果逆向调整，使实验场景真实反映现实场景。

2. 实验参数。本实验子场景的实验参数主要是设置企业传统技术放弃阈值，为实验平台用户可见且可配置的实验参数。通过对企业风险态度的调研发现，企业风险态度的分布基本符合泊松分布，即稳健型企业居多，而激进型和保守型企业相对较少，因此企业传统技术放弃的阈值按 $(mean, \sigma)$ 正态分布设置。

（四）子场景4：绿色技术创新采纳

当企业采纳绿色创新技术后，将通过不断创新改造提高绿色创新技术的生产效率和产品性能（包括产品质量、排放水平等）。绿色创新技术的 R&D 投入与企业的创新偏好和财务状况有关，而创新带来的技术改变具有不确定性，且创新取得的成果与创新投入力度有关。

1. 实验原理。调研发现，企业对环境技术 R&D 投入受到企业财务状况及企业创新偏好的影响，因此在每一代仿真演化过程中，按企业累计收益的一定比例作为技术创新投入，比例的设定与企业异质性有关；绿色技术创新的结果将提高产品性能，但由于创新过程面临不确定性，因此创新投入与取得的成果没有必然的因果关系，而表现出一定的随机性。随着实验演化的进行，创新技术不断成熟，最终逐渐收敛于技术能够达到的产品性能极限。

由于现实场景中企业绿色技术创新的结果具有不确定性，且演化过程中企业累计收益动态变化，因此每代演化中创新投入及创新效果均不同。实验的最终结果应能够体现这种差异，并与实证结果表现出基本相同的统计特征。为此，需调整模拟实验的相关参数和函数设计，使实验结果与现实场景逼近。

2. 实验参数。本实验子场景的实验参数主要用于构造创新成功概率函数、创新产品性能函数等，均为实验平台用户可见且可配置的实验参数。主要参数描述如下：

（1）创新成功概率函数：根据现实场景调研结果，设置创新成功概率函数 $f(\alpha, RD)$，其中 RD 为企业创新技术 R&D 投入，α 为当前技术允许的技术改造速度，反映了创新技术完善的难易程度，具体数值根据模拟训练获取。

（2）创新产品函数：创新技术产品的每个属性（价格、质量和排放）均具有最低和最高极限值，具体数值根据调研获取；首次采用创新技术生产时，创新产品价格最高，质量最低，排放最高，每次创新成功带来的产品性能提高速度根据理想情况下能够达到的极限值为依据，通过调研结果和模拟训练获取。具体模拟中的产品性能提高函数考虑速度、极限值和随机因素。

（五）子场景 5：传统技术创新采纳

当企业仍保留传统技术时，将通过不断技术改造提高传统技术的生产效率和产品性能（包括产品质量、排放水平等），以提高传统技术产品的市场竞争力或满足环境规制要求。传统技术的研发投入与企业的创新偏好和财务状况有关，而技术改造的结果具有不确定性，且创新改造的实际效果与技术改造资金投入等因素有关。

本子场景的相关实验原理与参数设置与绿色创新技术子场景类似。企业对传统技术的研发投入受到企业财务状况及创新偏好的影响，因此在每一代演化仿真过程中，按企业累计收益的一定比例作为传统技术的改造投入；传统技术改造的目的是提高产品性能，但由于创新过程面临不确定性，因此创新投入与取得的效果没有必然的因果关系，而表现出一定的随机性。随着实验演化的进行，传统技术各项性能指标收敛于传统技术能够达到的产品性能极限。

第五章　企业绿色技术创新管理实验平台

【本章导读】

　　本实验场景的原型为某类精细化学品制造商，实验初始阶段该行业内所有企业均采用传统技术，生产过程中使用有机溶剂，生产工艺较为成熟，生产成本较低，产品质量较好，但 VOC 排放水平较高。虽可通过末端治理等手段减排，但受限于技术手段，减排效果有限；而与之对应的绿色创新技术采用绿色溶剂，VOC 排放较低，但采用绿色溶剂需要一定的设备投入及生产流程改造，且由于生产工艺尚不成熟等原因，生产成本较高，且产品质量不如传统技术产品，但可以通过技术研发与改造等手段不断改良生产工艺，从而降低生产成本，提高产品质量。

　　通过搭建企业绿色技术创新管理实验平台，能够为企业绿色技术创新选择提供系统化建模、分析、实验和决策支持。为更好地观察不同环境政策情境下生产企业的绿色技术创新轨迹，本平台尽可能考虑了现实系统的复杂性，并对其进行抽象与简化。本章所建模型旨在作为研究工具模拟不同政策情境下，在行业竞争和市场选择的共同作用下，企业绿色技术创新的动态过程，借此寻求推动企业绿色技术创新的最优政策组合。

　　本章研究思路主要概括为：首先，对现实场景进行描述与抽象，提出实验的基本假设；其次，分析消费者主体和生产企业主体行为规则，建立仿真模型，设定初始参数；最后，进行系统功能模块设计，并详细介绍了各模块的设计和实现过程。

　　精细化学品制造业中需要使用大量溶剂以使反应充分发生和分离反应产物，而传统生产工艺中使用的有机溶剂绝大多数都是易挥发、有毒和有害的，这种挥发性有机溶剂是造成大气污染的主要废弃物之一，在欧美检测标准中体现为挥发性有机化合物（volatile organic compounds，VOC）排放。随着人们对环境问题的关注，一些能够替代这类有机溶剂的没有（或尽可能少的）环境副作用的新型绿色溶剂已走出实验室，为从源头上解决企业有机溶剂 VOC 排放问题提供了新思路。这种绿色溶剂可以被土壤生物或其他物质降解，半衰期短，很容易衰变成低毒、无毒的物质，也称为环境友好型溶剂。然而，企业对绿色溶剂的采用意味着传统生产工艺与流程的改造，而由于某些绿色溶剂实际应用经验不足，使用效率和储存中存在系列技术问题，因此工业生产中绿色溶剂相关技术的应用推广困难重重。

第一节　EEIMSim 背景介绍

本实验场景原型为某类精细化学品制造商，实验初始阶段该行业内所有企业均采用传统技术，生产过程中使用有机溶剂，生产工艺较为成熟，生产成本较低，产品质量较好，但 VOC 排放水平较高。虽可通过末端治理等手段减排，但受限于技术手段，减排效果有限；而与之对应的绿色创新技术采用绿色溶剂，VOC 排放较低，但采用绿色溶剂需要一定的设备投入及生产流程改造，由于生产工艺尚不成熟等原因，生产成本较高，且产品质量不如传统技术产品，但可以通过技术研发与改造等手段不断改良生产工艺，从而降低生产成本，提高产品质量。

各企业为满足日益严格的环境规制和赢得更多市场份额，需要不断通过技术改造降低生产过程中的 VOC 排放，并提高产品竞争力。环境政策设计的重要目的在于能够诱导企业自觉选择绿色创新技术，对不同政策设计效率的考察需要结合企业间竞争及消费者市场选择等多种复杂的自相关演化机制。由于实证方法难以找到不同环境政策背景的对照样本，因此模型采用社会科学计算实验方法，参考实证研究成果及 Arfaoui（2014）构建的多智能体模型的部分设计思路，根据现实原型构建计算实验模型，模拟不同政策情境下，企业为适应新技术发展及行业竞争、市场选择做出的技术路线调整过程、消费者市场产品选择过程及绿色创新技术采纳过程。

基于上述现实场景，在上一章企业绿色技术创新管理多智能体模型基础上，利用信息技术搭建企业绿色技术创新管理实验平台（enterprise environmental innovation management simulator，EEIMSim），通过计算实验方法来模拟企业绿色技术创新，研究不同政策、行业竞争和市场选择情境下，企业绿色技术创新的动态演化过程。

第二节　EEIMSim 系统分析

根据对现实场景的分析，EEIMSim 系统主要由两大类主体组成，即生产企业主体和消费者主体。两类主体均有其自身属性和相应的行为规则。其中消费者根据自身偏好选择不同生产企业的产品，而生产企业间自由竞争，并根据各自的决策规则选择创新技术路线。

一、基本假设

为简化实验模型，在对现实场景抽象的基础上，对系统做出基本假设如下：

（1）T_1 代表传统技术，T_2 代表绿色创新技术，两种技术下生产的产品分别为 T_1 技术产品和 T_2 技术产品，两类产品的价格、质量不同，生产过程中单位产品的 VOC 排放也不同，且通过技术改造能够达到的最低生产成本、最高产品质量和最低 VOC 排放也不同。

（2）产品为不变报酬型，即生产效率不会随生产规模的扩大而提高，只有对生产效率进行技术改造，才会降低生产成本。因此假定产品定价基于生产成本，即 $p = c(1 + \mu)$，其中 p 为产品价格，μ 为生产者的满意利润水平（考虑生产者为有限理性），c 为生产成本。假定所有生产企业满意利润水平一致，可以通过各生产企业的生产效率反映其产品价格水平。

二、主体分析

（一）生产企业主体

系统中共有 m 家生产企业，分别以企业主体编号 i（$i = 1, 2, \cdots, m$）表示，企业初始阶段规模相同，全部采用 T_1 技术，但由于 T_2 技术代表了未来发展的方向，根据企业 i 对 T_2 技术的关注程度，将一定比例的研发投入用于 T_2 技术前期研发与学习。当满足一定条件时，企业开始采纳 T_2 技术正式生产，但 T_1 技术可以同时并存，直到达到一定条件时，企业放弃 T_1 技术。企业对 T_2 技术的采纳阈值和 T_1 技术的淘汰阈值不同。为保证系统中生产企业总数稳定，维持自由竞争格局，假设当生产企业亏损达到一定程度时退出市场，同时有新的加入者进入市场，不考虑企业获取贷款等外部资金的情况。

（二）消费者主体

系统中共有 n 个消费者，分别以消费者主体编号 $j(j = 1,2,\cdots,n)$ 表示。假设产品为易耗必需品，消费者每个周期均需购买一件产品。由于消费者不了解生产工艺细节，根据 Zeppini 等（2014）的模型，创新产品扩散中消费者主要考虑产品价格、性能、消费习惯及产品口碑，并具有一定的社会模仿能力。因此，假定消费者根据产品价格和质量选择不同企业不同技术的产品，而不同消费者对产品价格和质量的偏好不同，且购买决策受其他消费者影响。同时，考虑到消费者受消费习惯的影响，具有一定的路径依赖属性，当前期选择的生产企业产品价格与质量在可容忍范围内时，消费者本期仍选择原企业。消费者对产品价格和质量的容忍度不同。

三、主体基本模型

（一）消费主体模型

消费者选择产品时同时考虑产品价格和质量两方面因素，且只有当两者达到消费者对价格的最高承受能力和对质量的最低要求时，消费者才会考虑购买。同时，不同消费者对价格和质量的偏好不同，且受其他消费者选择影响表现出从众倾向。因此，消费者选择产品的效用函数表示为：

$$U_{k,i,t}^{j} = \left[(A - P_{k,i,t}) \times (Ms_{i,t-1} + u(0,0.1))^{\inf} \right]^{p_j^p} \times$$
$$\left[(X_{k,i,t} - B) \times (Ms_{i,t-1} + u(0,0.1))^{\inf} \right]^{p_j^x} \qquad (5.1)$$

其中，j 为消费主体编号，$k(k = 1,2)$ 为产品类型（传统技术产品或绿色创新技术产品），i 为生产企业主体编号，t 代表模拟周期。假定系统总的演化周期数为 T，则各周期分别以 $t = 1,2,\cdots,T$ 表示；A 为消费者能够承受的产品最高价格，B 为消费者能接受的产品最低质量要求，$P_{k,i,t}$、$X_{k,i,t}$ 分别为 i 企业 k 产品在 t 周期的价格和质量水平；$Ms_{i,t-1}$ 为生产者 i 在上一周期的市场份额，$u(0,0.1)$ 为 $0 \sim 0.1$ 之间的随机数，反映了市场中其他不确定因素的影响，也是为了避免市场份额为空时效应为 0 的情况；$\inf$ 解释为从众效应，反映了消费者的模仿行为；p_j^p、p_j^x 分别反映了消费者对产品价格和质量的偏好，$p_j^p + p_j^x = 1$。

（二）生产企业主体模型

根据假设，初始阶段系统中所有生产企业规模及资金状况相同，每个模拟周期，企业从生产销售活动中获取利润，并为提高产品竞争力开展技术改造。本章模型不考虑贷款等其他途径获取资金的情况，则生产者的各周期可支配资金总额表示为：

$$B_{i,t} = B_{i,t-1} + \Pi_{i,t-1} - RD_{i,t-1} \qquad (5.2)$$

其中，$\Pi_{i,t-1}$ 和 $RD_{i,t-1}$ 分别为企业上周期利润所得和研发支出。

对于新的 T_2 技术采纳者，需要支付额外的技术转换成本（如设备投入、人员培训费用等），因此：

$$B_{i,t} = B_{i,t-1} + \Pi_{i,t-1} - RD_{i,t-1} - SC_{i,t} \qquad (5.3)$$

其中，SC 是初次采纳 T_2 技术的相关转换成本。

而生产主体各周期利润计算公式为：

$$\Pi_{i,t} = (\mu \times C_{i,t} \times Q_{i,t}) - FC \qquad (5.4)$$

其中，$Q_{i,t}$ 为产品销量，$C_{i,t}$ 为产品变动成本，FC 是产品固定成本。

四、主体行为规则

（一）消费主体行为规则

首次选择产品时，消费者根据对每种产品的效用函数，确定其选择概率，随机选择产品；后续周期，消费者依据路径依赖原则，先观察当期产品最低价格和最高质量，当原选择生产者产品性价比在消费者可容忍范围内时，消费者选择原生产企业；否则，重新根据各产品效用函数确定产品选择概率，随机选择产品。

（二）生产企业主体行为规则

1. 生产企业进入/退出规则。当生产企业可支配资金小于一定水平时，企业宣告破产并从市场退出，同时一个新的生产企业进入市场。新进入的生产企业所采用的技术路线模仿系统中现存的某个企业，模仿目标的选择概率基于各企业的市场份额。新企业模仿目标企业的技术路线，其学习吸收能力为介于［0.8，1.2］的随机数，产品价格、质量及 VOC 排放等各项指标在被模仿企业产品指标基础上乘以或除以（正指标乘，逆指标除）随机数，因此可以低于或超越被模仿企业。新企业的初始可支配资金 B 和固定成本 FC 与其他企业初始时类似，知识存量 K 和 T_2 技术的转换成本 SC 取行业平均值。

2. 生产企业技术路线选择规则。每周期各企业计算其对 T_2 技术成熟度的感知：

$$ADindex_{i,t}^{T_2} = K_{i,t-1} \times Ms_{t-1}^{T_2} \qquad (5.5)$$

其中，Ms^{T_2} 代表 T_2 技术产品的市场总份额，K 代表企业通过技术研发等手段获取的 T_2 技术知识累积。可见，采纳 T_2 技术的可能性依赖于 T_2 技术的

知识累积和 T_2 技术产品的市场扩散。当企业认为 T_2 技术成熟度大于一定程度（企业属性之一：T_2 技术采纳阈值）时，企业检查是否有足够可支配资金支持新技术转换，当 $B_{i,t} \geq SC_{i,t}$ 时，企业正式采纳 T_2 技术进行生产。

采纳 T_2 技术并不意味着一定放弃 T_1 技术，根据假设，在同一企业两者可以并存。是否选择放弃 T_1 技术，取决于 T_2 技术的产品收入在企业总收入中所占的比重：

$$Share_{i,t}^{T_2} = \frac{P_{i,t-1}^{T_2} \times Q_{i,t}^{T_2}}{\sum_{k=1}^{2} (P_{i,t-1}^{T_k} \times Q_{i,t}^{T_k})} \tag{5.6}$$

当 T_2 所占比重达到企业放弃 T_1 技术的阈值时，企业放弃 T_1 技术，仅采用 T_2 技术进行生产。该阈值也反映了生产企业对 T_2 技术的风险态度，阈值水平越高，企业越保守，放弃 T_1 技术的可能性越小，反之亦然。

3. 企业研发活动规则。每周期各企业通过研发活动提高产品各项性能，研发投资额为：

$$RD_{i,t} = \delta \times B_{i,t} \tag{5.7}$$

其中，δ 为研发投资比例，前提是企业当期可支配资金 $B_{i,t} > 0$。

企业的研发投资按比例分别用于 T_1、T_2 技术研发：

$$RD_{i,t}^{T_1} = \delta_1 \times RD_{i,t} \tag{5.8}$$

$$RD_{i,t}^{T_2} = (1 - \delta_1) \times RD_{i,t} \tag{5.9}$$

其中，$\delta_1 \in [0,1]$，对仅采用 T_2 技术的企业，$\delta_1 = 0$，对仅采用 T_1 技术的企业，$(1 - \delta_1)$ 代表企业对 T_2 技术的前期研发和学习，此时 $RD_{T_2} = RDwatch$（$RDwatch$ 为 T_2 技术研发与学习投入）。由于对 T_2 技术的研发与学习过程取得的实质性进展具有不确定性，且与资金投入有关，因此知识累积增加需要满足下述条件：

$$1 - e^{-\alpha_w \times RDwatch_{i,t}} \geq u(0,1) \tag{5.10}$$

其中，α_w 是模式参数，决定了当前技术允许的知识累积速度。u 均匀随机分布在 $[0,1]$ 之间，反映了现实世界中创新活动的不确定性。如果满足条件，表明研发活动获得阶段性成果，T_2 技术知识累积值增加，且转换为 T_2 技术的成本降低。

$$K_{i,t} = K_{i,t-1} + \alpha_k \times u(0,1) \times (K_{max} - K_{i,t-1}) \tag{5.11}$$

$$SC_{i,t} = SC_{i,t-1} - \alpha_{SC} \times u(0,1) \times (SC_{i-1} - SC_{min}) \tag{5.12}$$

其中，α_k，α_{SC} 是模式参数，K_{max}，SC_{min} 是知识累积值 K 和转换成本 SC 的

极限值。

生产活动中的技术改造过程与 T_2 技术前期研发与学习过程类似，而技术改造能否成功取决于是否满足条件：

$$1 - e^{-\alpha_1 \times RD_{k,i,t}} \geq u(0,1) \tag{5.13}$$

其中，α_1 代表技术改造速度，u 反映创新活动的不确定性。若技术改造成功，则更新产品各项属性：

$$X_{k,i,t} = X_{k,i,t-1} + \beta_1 \times u(0,1) \times (X_{\max}^k - X_{k,i,t-1}) \tag{5.14}$$

$$Cost_{k,i,t} = Cost_{k,i,t-1} + \beta_2 \times u(0,1) \times (Cost_{\max}^k - Cost_{k,i,t-1}) \tag{5.15}$$

$$CO_{2k,i,t} = CO_{2k,i,t-1} + \beta_3 \times u(0,1) \times (CO_{2\max}^k - CO_{2k,i,t-1}) \tag{5.16}$$

其中，u 为均匀随机数，β_1、β_2、β_3 分别代表产品质量、生产成本和二氧化碳排放的改善效率，$X_{\max}^k$、$Cost_{\max}^k$、$CO_{2\max}^k$ 分别代表某技术在产品各项性能方面能够达到的极限值。

五、主体行为工作流程

（一）消费者主体工作流程

消费主体各周期的工作流程如图 5－1 所示。

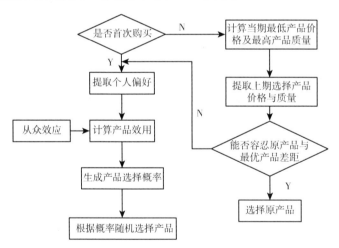

图 5－1　消费主体工作流程

在图 5－1 中，首先根据消费者是否为初次购买进入不同的产品选择流程，当首次购买时，根据个人偏好、产品效用来确定各产品的选择概率；而当重复购买时，考虑到消费者受购买习惯的影响，具有一定的路径依赖特性，因此，仅当最优产品的价格或性能超出消费者对原产品的容忍阈值时，消费者才会放弃原产品而重新进入选择流程。

（二）企业主体工作流程

生产企业主体各周期的工作流程如图 5 - 2 所示。

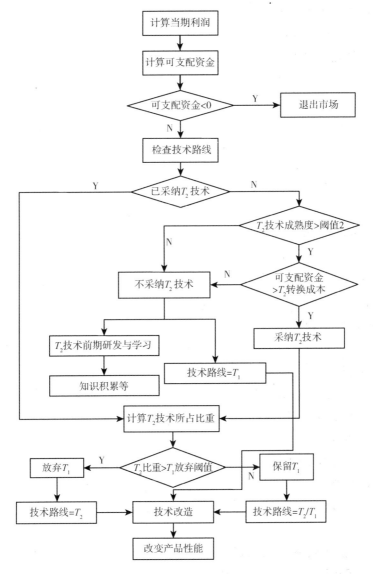

图 5 - 2　生产企业主体工作流程

在图 5 - 2 中，生产企业主体的选择相对于消费者主体来讲要复杂得多，生产企业面临的技术路线选择包括：

（1）T_2 技术感知成熟度是否达到预期阀值。仅当 T_2 技术感知成熟度较高时，生产企业主体才会考虑采用 T_2 技术。

（2）T_2技术转换成本是否超出企业可支配资金。仅当企业有足够的创新技术转换资金时，企业才能够采用 T_2 技术。

（3）T_2技术是否全部代替 T_1 技术。也就是说，是否淘汰 T_1 技术，或生产企业主体采用 T_2 技术的比重，是全部采用、部分采用、还是不采用。

企业选择创新技术路线的依据是当时的属性状态。企业根据主体行为规则，选择是否退出市场或采用何种技术路线，并根据主体行为更新主体属性，然后进入下一代演化，直至达到设置的最大迭代周期。

第三节　EEIMSim 系统设计

一、系统架构

EEIMSim 采用面向服务技术架构（Service-Oriented Architecture，SOA）进行系统架构设计，以满足大运算量的需求。数据库采用 Oracle 10g，在安全性、技术先进性、扩展性等方面更有保障。EEIMSim 采用面向服务技术架构，运用松耦合的设计模式，采用广泛接受的标准（如XML 和 SOAP）提供在不同平台之间运行的交互。松散耦合将分布计算中的参与者隔离开来，交互两边某一方的改动并不会影响到另一方。两者的结合意味着系统可以实现某些 Web services 而不用对使用这些 Web services 的客户端的知识有任何了解。技术方案设计中，充分考虑了业务逻辑、系统逻辑及业务数据的相对独立。EEIMSim 中各模块是松耦合的，它们之间通过 XML Web Services 进行互联，提高了系统的灵活性及可扩展性。可以支持不同的业务模式及需求，而不需要对系统服务及应用进行大量代码的修改。事实上，由于应用服务之间通过 Web Services 进行互联，增加及改变业务模式不需要频繁地对系统框架及应用程序代码进行修改。

（一）应用系统层次结构框架
应用系统层次结构框架如图 5-3 所示。

各层次完成的功能如下：

（1）用户界面组件（user interface component）。用户界面组件负责系统和用户之间的交互。用户界面组件包括 Web 页面、Windows 应用程序等。在应用框架中，用户界面组件只完成对于界面元素（控件）状态的控制，即根据业务处理的结果修改界面元素的属性，如显示内容，控件特

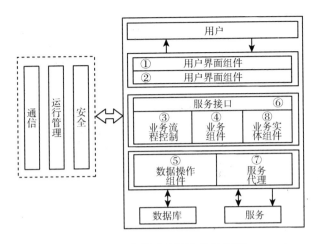

图 5 - 3 应用系统层次结构框架

性等，以及对用户输入内容的初步验证，如数据类型、有效范围等。

（2）用户逻辑处理组件（user process component）。在很多情况下，用户和系统的交互必须遵循一定的过程规定。例如，在用户使用系统进行实验场景分组模拟时必须首先选择场景分组的类别，然后在该类别中挑选具体的实验场景，并针对本次场景设置的具体参数进行操作。一个实验场景的演化模拟过程中涉及很多的用户界面，在这些用户界面之间的流转控制（在 Web 应用中就是网页之间的跳转，在 Windows 应用程序中就是窗口焦点的变换），以及在流转过程中状态信息的保存等，都需要通过独立的用户逻辑处理组件来控制。这种将界面之间的协调操作从界面本身独立出来的模式可以极大地提高用户界面的可维护性，也使得在不同设备上（如 Web 界面和 Windows 界面）的界面控制可以使用一套统一的机制来实现。

（3）业务流程控制（business workflow）。通过用户界面收集的数据一般都用于执行某个业务逻辑。业务处理流程会定义及协调长期执行且包含多个步骤的商业处理流程，且可以通过业务流程管理工具来实现。

（4）业务组件（business component）。不论业务处理流程是由单一步骤或经过协调的工作流程所组成，应用程序都需要实现业务规则及执行业务操作的组件。业务组件是实现应用程序的业务逻辑。

（5）服务代理（service agents）。当业务组件需要使用外部服务所提供的功能时，需要提供程序代码以管理与该特定服务进行通信的语意。服务代理程序会将调用各种服务的方法与应用程序隔离，并提供额外的服务，例如，在服务所显露的数据格式与应用程序需要的格式之间，进行基本的对应。

（6）服务接口（service interfaces）。如果要将业务逻辑表现为服务，则必须建立服务接口，以支持不同客户所需的通信合约（消息通信、格式、通信协议、安全性、例外等）。例如，授权服务必须通过服务接口，以描述服务所提供的功能和呼叫该服务所需的通信语意。

（7）数据操作组件（data access logic components）。大部分的应用程序和服务都需要在业务处理流程中存取数据存放区。例如，某个应用程序需要从数据库提取状态信息，并将状态信息提供给调用者，也需要在状态改变时，将历史状态信息写入数据库。将存取数据的必要逻辑，区隔为不同层级的数据存取逻辑组件，可以集中数据存取功能，并简化其设置及维护工作。

（8）业务实体组件（business entity components）。大部分的应用程序都需要在组件之间传递数据。在应用程序内部使用的业务实体，通常是数据结构，例如 DataSet、DataReader 或 XML（Extensible Markup Language）数据流，但这些实体也可以用自定义的对象来实现（这些类型代表应用程序必须使用的实际实体）。

（9）安全控制/运行管理/通讯管理组件。在整个应用平台上使用一个统一的基本管理机制以保证系统的可维护性，如统一的日志管理、统一的用户身份标示、统一的出错处理等。

（二）应用服务器技术

应用服务器的内部逻辑流程如图 5-4 所示。

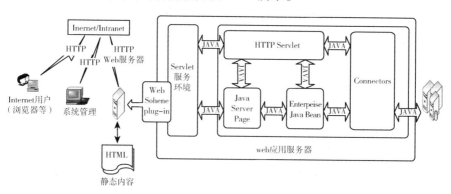

图 5-4　应用服务器的内部逻辑流程

1. 对象分布技术和交易处理。数据库交易处理能力，实时业务处理和跟踪，与后台核心业务系统的连接等，是 EEIMSim 高效运作和协同所不可缺少的特性。

EEIMSim 数据量很大，子系统各异。在系统使用后，数据实时采集等交易的业务量将很大。通过 COM + 和组件技术与流行的交易过程式处理平台相结合，可以利用专门的交易处理技术支持大规模交易量的并发。

COM + 是微软 W2K 最核心的对象技术之一，它提供了具有交易功能的服务器端的中间组件，同时它又是一种新型的对象分布技术编程模型。使用 COM + 组件完成的应用，会支持更高级的基于数据库的交易处理功能。如多个数据库之间的更新，两阶段提交等。

2. 强大的数据库访问能力和安全可靠的运行环境。EEIMSim 采用了专用引擎 ODAC。

传统的访问 Oracle 示例如下：

［Oracle RDBMS］ ＜ ＞ ［SQL * Net］ ＜ ＞ ［OCI］ ＜ ＞ ［Application］

开发者可以通过 RDBMS 的客户端直接工作，可以直接调用 RDBMS 的特殊功能，为应用程序开启了方便之门，大大提高了系统的运行速度和功能，但是客户端必须安装 RDBMS 的客户端，Oracle 的客户端默认安装就为几百兆，安装一次实在不容易。

系统采用的 ODAC 引擎支持 Oracle 的 NET 功能，可以直接运行在 TCP/IP 协议上，因此使得客户端不需要安装庞大的 Oracle 客户端就能够实现数据存取功能，其数据库存取方式为：

［Oracle RDBMS］ ＜ ＞ ［TCP/IP］ ＜ ＞ ［Application］

3. DNA 技术架构。微软提出的 DNA 概念是借助生命科学中脱氧核糖核酸的寓意来预示信息系统可以灵活适应外界环境因素的变化，做出相应的反应。按照 DNA 的思想，应用系统结构如图 5-5 所示。

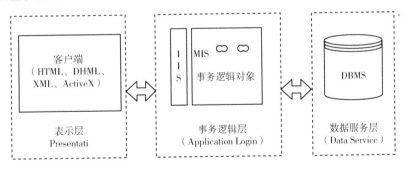

图 5-5　DNA 应用系统结构

那些像细胞一样充满活力，能灵活适应客观环境变化，调节系统功能的中间件就是组件对象模型 COM（Component Object Model）的各种衍生物。Window DNA（Windows Distributed Internet Application Architecture）

即分布式互联网应用结构，它以"表示层/事务逻辑层/数据服务层"三层体系结构为构架，并将 COM 概念应用于 Internet，利用 COM/COM＋组件对象在中间层进行事务逻辑服务，处理各种复杂的逻辑计算和演算规则。同时，它使用一系列普通的服务，包括 Web 服务、组件服务和信息服务，但这些服务都通过 COM/COM＋以一种统一的方式展示出来，使诸多应用之间易于交互操作和共享组件。

（1）表示层。在传统的 Client/Server 程序中，表示层是指客户端程序，它直接运行在 Windows 等操作系统环境下。而在 DNA 架构中，客户端包括瘦客户机（运行浏览器）和胖客户机（运行独立应用程序）两种方式。如在信息发布应用环境中，表示层的工作由瘦型客户机来完成，一般只需要一个浏览器（如 IE 或 Netscape）即可。通过在客户端浏览器中运行 CGI 和 PHP（支持 DHTML、Script 脚本语言、Active X），实现用户与应用逻辑处理结果之间的通信，实现诸如浏览、查询信息等功能；在信息管理应用环境中，由"胖"客户端来完成。主要是通过 DCOM 实现通信，如果应用服务器和客户机上都安装并配置了 MTS，则也可以用 MTS推/拉技术进行通信。

（2）事务逻辑层。该层负责处理表示层的应用请求，完成事物逻辑的计算任务，并将处理结果返回给用户。Windows DNA 为其提供了功能很强的"中间件"，这些中间件与操作系统之间紧密集成，通过 COM/COM＋以一种统一的方式进行展示，包括：Web 服务（IIS/APACHE）、事务和组件服务（MTS）、排队和同步服务（MSMQ）、服务器端脚本编制技术（PHP）等。

其中，PHP 是一种技术框架，能把 HTML、脚本、组件等有机地结合在一起，形成一个能够在服务器上运行的应用程序，并按用户要求，制作标准的 HTML 页面，送给客户端浏览器。PHP 采用对象和组件来完成复杂的程序设计。并可通过 ADO 与数据库对话，ADO 属于数据库应用的COM/COM＋组件，可在多种环境下使用，向上可兼容多种数据库系统，而向下，PHP 产生的 HTML 对客户端的浏览器且有广泛的适应性。

（3）数据服务层。数据服务层负责数据的存储、维护等功能。在数据服务层中，可处理多种数据类型，包括关系数据库系统（RDBMS），邮件处理平台和 Microsoft Exchange，文件平台 NTFS，消息处理平台 MSMQ（Microsoft Message Queue Services）等。

在传统的 Client/Server 应用程序中，所有的应用程序都直接访问数据库。而在网络环境下，数据库对任何一个用户都是透明的，因而很容易遭到攻击。在三层 DNA 结构下，通过事务逻辑层，把用户和数据隔离，要实现对数据的访问，只能在服务器脚本 PHP 中通过组件访问，提高了数据访问的安全性。

（4）DNA 三层分布式体系结构的优点。针对 EEIMSim 系统数据量大，对安全性和可靠性要求较高这些特点，DNA 三层体系结构一方面保留了传统 C/S 结构的优点，另一方面又从根本上克服了它存在的以上问题。除此之外，DNA 体系结构还具有如下好处：

通过引入第三层的概念，使处于表示层和数据服务层之间的事务逻辑层把客户和它所依赖的数据源分开，因此改变数据不会对表示层的代码有影响。

在 Windows DNA 多层模式下，业务逻辑都集中放置在中间层的 COM/COM + 组件上，由所有用户共享。这样一方面可提供模块的可重用性，另一方面也使系统的维护和更新变得简单。当事务逻辑发生变化时，修改或扩充相应的组件即可。

系统效率高。由于数据库不再和每个客户保持一个独立的连接，而是由若干个客户共享与数据库的连接，从而减少了连接次数，提高了数据服务器的性能和安全性。

可以通过对事务逻辑层进行优化，例如采用 COM/COM + 的即时激活、对象缓冲和负载平衡技术来提高系统的可伸缩性。

采用 COM/COM + 的事务机制、身份验证和角色授权可增强系统的可靠性和安全性。

Windows DNA 体系实际物理配置相当灵活，根据需要可将不同的组件配置在工作站、单独的应用服务器或数据服务器上，甚至可以配置在多台服务器上。在多层模式下，各层在逻辑上是相互独立的，因此可以并行开发，提高开发速度和效率。同时，Windows DNA 架构能够很好地处理多线程并发，在实验模拟中更好地再现现实场景中复杂个体的独立活动。

二、功能设计

EEIMSim 大致可分为四大部分功能，第一部分，是针对 EEIMSim 的场景设置和参数假设，称为数据准备子系统，包括实验情景设置、实验主体管理和基本参数维护等；第二部分，是针对 EEIMSim 的演化模拟，称为数据处理子系统；第三部分是对 EEIMSim 的结果分析，称为数据输出子系统，包括对各类场景下分不同情景的数据分析；第四部分为系统维护子系统，主要提供对系统的各类辅助与管理功能。其总体模块结构如图

5-6 所示。

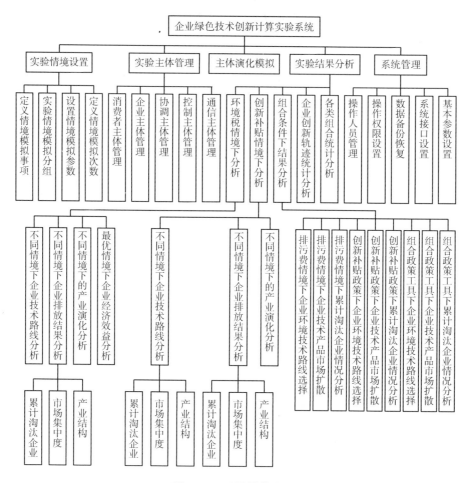

图 5-6 系统模块结构

（一）数据准备子系统

数据准备子系统主要包括基本参数维护、实验情景设置和实验主体管理等。

1. 基本参数设置。基本参数设置主要对实验平台所需的主要参数进行设置，这类参数包括主体数量，主体主要属性，主体规则设计中的主要参数以及计算实验的频次等。以主体数量为例，系统首先要设置本次参与实验的消费者数目以及生产企业数目，而针对消费者主体的主要属性则要设置消费者各属性值的上、下边界，以及具体的属性初始依据等。

2. 实验情景设置。实验情景设置主要对实验平台模拟的具体场景进行设置，并根据实验需要对设置情景进行分组。以高收益产品市场作为一个情景分组为例，在此分组中，可以设定具体环境税的征收税率为0.2%、0.4%、0.6%、0.8%、1%、1.5%六种子情景，并分别按照主体规则和流程进行模拟，以便对比在相同收益市场情境下，不同征收税率对企业绿色技术创新演化路径的影响。

3. 实验主体管理。由于EEIMSim是一个多智能体的实验系统，除了直接参与系统运行的智能体，如消费者主体、生产企业主体和政府主体外，还有负责管理、协调、控制和通信的主体，这些都需要在进行实验前根据需要进行定义。

（二）数据处理子系统

数据处理子系统即业务处理子系统，主要完成对设置场景的演化模拟，具体包括初始化、单步执行、模拟开始、模拟暂停和模拟继续五项功能。初始化时首先选择情景分组中的具体实验情景，进行初始化设置，完成参与实验主体的相关属性参数赋值和基本环境变量赋值；单步执行用以执行单次演化，按照一个步长来执行，以便跟踪特定周期各主体的状态，一般用于前期模拟训练实验，以便找到合适的初始参数；模拟开始则是从当前周期开始执行，如操作人员执行模拟暂停则停止执行，否则将按参数设置的总迭代数一直运行到最后一个周期；模拟暂停和模拟继续用于观察模拟过程中的状态变化、主体属性变化等，并能够满足中间跟踪的需要。

在整个模拟过程中，EEIMSim将动态显示模拟周期的变化，并通过图标动态反映关心指标的变化趋势，是整个系统的关键模块。为满足后续结果分析的需要，EEIMSim系统将每一周期的各类参数、主体属性及观察指标等数据进行存储，以用于演化过程追踪和后期数据分析。

（三）数据输出子系统

数据输出子系统主要完成对已完成模拟实验数据的分析工作。由于EEIMSim对不同情景下各模拟周期的各类参数、主体属性及观察指标等数据均进行了存储，分析人员可以根据需要对这些数据进行分析，以从海量数据中发现数据之间的联系，挖掘数据背后隐藏的规律，并在反复验证后作为指导决策的管理启示。以环境税征收情形下的模拟结果分析为例，分析人员可以从企业环境技术路线选择、企业技术产品市场扩散、累计淘汰企业情况分析、市场集中度情况和产业结构变化情况等多个角度对数据进行解析，以揭示不同环境税政策对企业绿色技术创新行为的影响。

（四）系统维护子系统

系统维护子系统主要完成包括操作权限设置、数据备份恢复、各类接口设置和常用参数维护等功能。系统维护子系统主要为整个系统提供辅助与管理功能。

三、数据库设计

Oracle 是功能强大的关系型数据库系统，它代表着企业级数据库的发展趋势。它为创建可伸缩电子商务、在线商务和数据仓储提供了解决方案，是真正意义上的关系型数据库管理与分析系统。

（一）主要数据存储

EEIMSim 主要数据结构包括用以存储实验数据的数据库和各类编码数据库两个部分，用以存储实验数据的数据库包括实验情景表、企业主体状态表和消费者主体状态表，各类编码数据库包括参数设置表、人员权限表等。由于各类编码表中，除参数设置表外，其他表与一般管理系统类似，因此下面仅以参数设置表为例进行介绍。EEIMSim 数据的建立遵循关系规范化理论，符合 3NF 设计范式。

主要数据存储结构逻辑描述如表 5-1 所示。

表 5-1　　　　　　　　　　主要数据存储结构

序号	表格名称	表格描述
1	参数设置表	记录实验默认的环境参数
2	实验情景表	记录实验模拟的事项及各情景对应的具体参数
3	企业主体表	记录每一企业的属性、状态变化及对应的演化批次等信息
4	消费者主体表	记录系统中所有消费者的偏好等基本属性

1. 参数设置表。参数设置表 CSSZ，用以记录计算实验默认的环境参数。在具体场景的实验过程中，如实验场景对具体参数有特别赋值，则按对应场景赋值进行实验演算，如没有特殊说明，则按默认参数进行赋值。参数设置表结构如表 5-2 所示。

表 5-2　　　　　　　　　　参数设置表结构

序号	字段名	字段类型	字段长度	字段含义
1	MC	字符型	20	参数名称
2	HY	字符型	50	参数含义描述
3	SZ	数值型		参数值
4	XH	数值型		参数序号
5	M_MIN	数值型		参数最小值
6	M_MAX	数值型		参数最大值（0 为不设置）

参数设置数据表内容如表 5-3 所示。

表 5-3 参数设置数据

序号	参数名称	参数含义	默认值	最小值	最大值
1	c_encount	企业主体	10	0	0
2	c_pecount	消费者主体	200	0	0
3	c_u	加价率	1	0	0
4	c_sc	转换成本	20	10	0
5	c_a11	产品1成本	0.5	0.4	0
6	c_a12	产品1质量	100	100	0
7	c_a13	产品1排放	23	2	0
8	c_a21	产品2成本	3	0.4	0
9	c_a22	产品2质量	32	100	0
10	c_a23	产品2排放	0.05	0	0
11	c_pep	消费者价格偏好	0.1	0.9	0
12	c_pev	消费者质量偏好	0.1	0.9	0
13	c_A1	成本最高	6	0	0
14	c_A3	质量最低	0	0	0
15	c_inf	从众效应	0.03	0	0
16	c_cslj	初始资金	15	0	0
17	c_FC	固定成本	2	0	0
18	c_newcap	接受能力	0.8	1.2	0
19	c_adoptt2	T_2 采纳阈值	0	2	0
20	c_abandt1	T_1 放弃阈值	0.5	1	0
21	c_rd	R&D 投入比	0.2	0	0
22	c_rdt2	用于 T_2 的 R&D 投入	0	1	0
23	c_innospeed	创新速度	0.25	0	0
24	c_speed1	成本降低速度	0.13	0	0
25	c_speed2	质量提高速度	0.1	0	0
26	c_speed3	排放降低速度	0.1	0	0
27	c_knspeed	知识累积速度	0.1	0	0
28	c_knmax	最大知识	1	0	0
29	c_scspeed	转换成本降低速度	0.1	0	0
30	c_bt	创新补贴	0	0	0
31	c_fk	环境税费	0	0	0
32	c_fkfs	税费方式	0	0	0

序号	参数名称	参数含义	默认值	最小值	最大值
33	c_btfs	补贴方式（转换/研发/市场）	0	0	0
34	c_fktime	开始执行周期	0	0	0
35	interval	间隔	1	0	0
36	time_cycle	迭代总数	300	0	0

参数设置表是整个系统的基础表，它对整个系统的常用参数进行规范设置，包括主体的数量，主体的主要属性，主体规则设计的主要参数以及计算实验的频次等。参数设置包含以下几类数据：

第一类：实验主体数量。实验主体主要包括消费者主体和企业主体两大类，系统约定实验样本消费者为200个，生产企业为10个。

第二类：企业主体属性类。针对企业主体，参数设置表中主要包含传统产品属性（成本、质量和污染物排放）、创新产品属性（成本、质量和污染物排放）、产品成本属性情况（成本最大值及成本降低速度）、产品质量属性情况（质量最低值及质量提高速度）、初始资金、固定成本、接受能力、T_2采纳阈值、T_1放弃阈值、R&D投入比、用于T_2的研发投入、创新速度、排放降低速度、知识累计速度、最大知识、转换成本降低速度等。

第三类：消费者主体属性类。针对消费者属性，参数设置表中主要包含从众效应、消费者价格偏好和消费者质量偏好设置依据。

第四类：公共参数。

另外，CSSZ还设置了迭代总数、周期间隔等系统控制参数。

2. 实验情境表。实验情境表包括情境事项表（ZK）和情境事项明细表（ZK_MX）。情境事项表记录实验模拟的事项，情境事项明细表记录每一模拟实验情境的具体参数。情境事项表结构如表5-4所示。

表5-4　　　　　　　　　　实验情境事项表结构

序号	字段名	字段类型	字段长度	字段含义
1	PC	数值型		模拟事项编号
2	MC	字符型	50	模拟事项名称
3	BZ	字符型	1	是否启用

情境事项表和情境事项明细表通过字段PC进行关联，情境事项明细表结构如表5-5所示。

表 5-5 实验情境事项明细表结构

序号	字段名	字段类型	字段长度	字段含义
1	PC	数值型		模拟事项编号
2	MC	字符型	40	参数名称
3	SZ	字符型	20	参数设置值
4	HY	字符型	50	参数含义描述
5	XH	数值型		参数序号
6	M_MIN	数值型		参数最小值
7	M_MAX	数值型		参数最大值（0 为不设置）

情境事项明细表的大多数记录与参数设置表一致，以环境税下企业绿色技术创新为例，其差异主要表现在加价率（C_u）、环境税费（C_fk）、税费方式（C_fkfs）和环境税开始征收期间（C_fktime）等。实验情境明细表记录如表 5-6 所示。

表 5-6 实验情境明细表记录

事项编号	事项名称	C_u	C_fk	C_fkfs	C_fktime
10	高收益市场	1	0	0	0
14	高强 100 罚 0.2	1	0.2	2	100
15	高强 100 税率 0.4	1	0.4	2	100
16	高强 100 税率 0.6	1	0.6	2	100
17	高强 100 税率 0.8	1	0.8	2	100
18	高强 100 税率 1	1	1	2	100
19	高强 100 税率 1.5	1	1.5	2	100
24	高强税率 0.2	1	0.2	2	0
25	高强税率 0.4	1	0.4	2	0
26	高强税率 0.6	1	0.6	2	0
27	高强税率 0.8	1	0.8	2	0
28	高强税率 1	1	1	2	0
29	高强税率 1.5	1	1.5	2	0
30	低收益市场	0.5	0	0	0
34	低强 100 税率 0.2	0.5	0.2	2	100
35	低强 100 税率 0.4	0.5	0.4	2	100
36	低强 100 税率 0.6	0.5	0.6	2	100
37	低强 100 税率 0.8	0.5	0.8	2	100
38	低强 100 税率 1	0.5	1	2	100

事项编号	事项名称	C_u	C_fk	C_fkfs	C_fktime
39	低强 100 税率 1.5	0.5	1.5	2	100
44	低强税率 0.2	0.5	0.2	2	0
45	低强税率 0.4	0.5	0.4	2	0
46	低强税率 0.6	0.5	0.6	2	0
47	低强税率 0.8	0.5	0.8	2	0
48	低强税率 1	0.5	1	2	0
49	低强税率 1.5	0.5	1.5	2	0

3. 企业主体表。企业主体表包括企业主体信息表（EN）和企业主体模拟状态明细表（EN_MX）两个数据表。企业主体信息表用以记录每一企业的具体属性信息，企业主体模拟状态明细表则记录每一企业在具体演化过程中的状态变化，两个数据表通过 ID 字段关联。企业主体信息表数据结构如表 5-7 所示。

表 5-7 企业主体信息表结构

序号	字段名	字段类型	字段长度	字段含义
1	ID	数值型		主体编号
2	ADOPTT2	数值型		采纳 T_2 的阈值
3	ABANDT1	数值型		放弃 T_1 的阈值
4	RDT2	数值型		T_2 技术研发占总 R&D 投入的比例

企业主体模拟状态明细表详细记录每一企业在各模拟周期的状态变化明细信息，其数据结构如表 5-8 所示。

表 5-8 企业主体明细表结构

序号	字段名	字段类型	字段长度	字段含义
1	ID	数值型		主体编号
2	PC	数值型		情境事项编号
3	BH	数值型		演化代数
4	STATUS	字符型	1	状态：正常经营 0、破产 1
5	A11	数值型		传统产品的价格
6	A12	数值型		传统产品的质量
7	A13	数值型		传统产品的排放
8	A21	数值型		创新产品的价格
9	A22	数值型		创新产品的质量

序号	字段名	字段类型	字段长度	字段含义
10	A23	数值型		创新产品的排放
11	SL1	数值型		传统产品销量
12	LR1	数值型		传统产品收益
13	LR2	数值型		创新产品的收益
14	RD2	数值型		创新产品的 R&D 投入
15	SC	数值型		创新技术转换成本
16	KN	数值型		创新技术知识累积
17	ZH	数值型		技术路线（1 传统、2 创新、3 组合）
18	IMID	数值型		新进入企业的参照企业主体号
19	LJLR	数值型		企业累计利润
20	SL2	数值型		创新产品销售量
21	RD1	数值型		传统产品的 R&D 投入

4. 消费者主体表。消费者主体信息表（PE）用以记录系统中每位消费者的属性信息，如对价格和质量的偏好和对历史选择的容忍度等。消费者主体信息表数据结构如表 5 - 9 所示。

表 5 - 9　　　　　　　　消费者主体信息表结构

序号	字段名	字段类型	字段长度	字段含义
1	PC	数值型		情境事项编号
2	P1	数值型		对价格的偏好
3	RES1	数值型		对价格的容忍度
4	RES2	数值型		对质量的容忍度
5	ID	数值型		消费者主体编号

（二）数据存储结构与程序的关系

在确定主要数据存储结构后，结合系统设计阶段确定的主要功能模块，可以描述出数据存储结构与程序的关系。EEIMSim 主要数据存储结构与应用程序的对照如表 5 - 10 所示。

表 5 - 10　　　　　　　主要数据存储结构与应用程序对照表

应用程序	CSSZ	ZK	ZK_MX	EN	EN_MX	PE
1. 实验场景设置	√	√	√			
1.1 定义情景模拟事项			√			
1.2 实验情景模拟分组		√				

应用程序	CSSZ	ZK	ZK_MX	EN	EN_MX	PE
1.3 设置情景模拟参数		√	√			
1.4 定义情景模拟次数	√					
2. 实验主体管理				√	√	√
2.1 消费主体管理						√
2.2 企业主体管理				√		
2.3 协同主体管理					√	
2.4 控制主体管理					√	
2.5 通信主体管理					√	
3. 主体演化模拟		√	√	√	√	√
4. 实验结果分析	√			√	√	√
5. 系统管理	√					

第四节　EEIMSim 系统实现

EEIMSim 的实现更多地涉及计算机系统开发技术，包括设定系统结构、功能模块、计算实验的环境、变量、边界条件、关键算法、计算公式和实验结果的可视化等多个环节。

一、运行环境

EEIMSim 系统采用分布式多层架构体系，前端采用"瘦"客户端或 Web 浏览器，后端通过应用程序服务器与后台数据库进行数据通信。

（一）操作系统

系统前端操作系统可选用 Windows 桌面操作系统，如 Windows XP，Windows 7 等，后端操作系统可选用 Windows 服务器操作系统，如 Windows 2000，Windows 2003 等。

（二）数据库系统

系统后台数据库采用 Oracle 数据库，数据访问采用 ODAC（Oracle Data Access Components）专用数据库访问引擎，允许用户程序直接使用 Oracle 调用接口 OCI，存取 Oracle 数据库服务器的过程或函数以及控制所有的 SQL 语句执行状态（关洪军，2007）。

（三）开发工具

系统开发工具主要以 Delphi XE 为主，辅助以 JAVA、PHP、Java Script 等 Web 开发工具。Delphi XE 是 Windows 平台下著名的快速应用程序开发工具，支持多种类型应用程序的开发，主要用于系统商务逻辑的封装、"瘦"客户端和应用程序服务器的开发，PHP 是一种创建动态交互性站点的强有力的服务器端脚本语言，配合以 Java Script、Css 和 Ajax，主要用于客户端浏览界面的编写（关洪军，2012）。

二、主要功能实现

根据第二节的分模块功能分析，EEIMSim 主要由数据准备、数据处理、数据输出和系统管理四个子系统组成，其中数据处理中的演化模拟和数据输出中的结果分析是整个系统的重点。接下来以主窗口界面、演化模拟和结果分析为例，就其具体实现进行简略说明。

（一）主窗口程序的设计实现

EEIMSim 采用基于 SOA 的分布式多层架构体系，提供了基于分布式多层架构的"瘦"客户端和 Web 客户端两种版本形式，前者主要用以参数设置、情境设置和演化模拟。后者主要是提供团队成员对数据进行分析。"瘦"客户端主要采用 Delphi XE 编写，Web 客户端则主要采用 PHP，辅助以 Java Script、Css 和 Ajax 等编写，两种模式都通过由 Delphi XE 编写的应用程序服务器与后端 Oracle 数据库相连。下面简要说明"瘦"客户端程序的实现过程，其主窗口屏幕如图 5 - 7 所示。

主窗口界面展示了 EEIMSim 的功能菜单项目选择，在图 5 - 7 中，屏幕上方功能菜单区依次排列了"系统参数""模拟事项定义""模拟事项分组""演化模拟""模拟结果分析"和"退出"五个按钮，分别对应了 EEIMSim 常用的功能，是 EEIMSim"瘦"客户端的设计界面。相对于 Web 客户端而言，该客户端功能更全，操作更方便，交互性也更强。

1. 系统参数。系统参数提供了 EEIMSim 对演化模拟系统基本参数的设置，主要针对基本参数表（CSSZ）进行操作，对主体个数、模拟迭代次数等系统参数进行赋值。

2. 模拟事项定义。模拟事项定义根据实验需要，拟订多种实验场景方案，并对各场景方案所需参数进行赋值。模拟事项定义源数据大多来源于系统参数表中数据，通过修订后保存到 ZK 和 ZK_MX 中。

3. 模拟事项分组。模拟事项分组则是在模拟事项定义的基础上，将

图 5 - 7　主窗口设计

事项按分类比较的需要进行事项分组，便于对比不同参数变化对实验结果产生的影响，以期通过对比分析，发现特定因素变化对系统整体演化的影响。

4. 演化模拟。演化模拟是整个 EEIMSim 的核心，通过对选择事项进行多周期模拟，并存储模拟过程的状态数据，为进一步分析不同情境下系统的演化过程提供数据资源。

5. 模拟结果分析。演化模拟完毕，对获得的演化数据进行综合分析，探索系统的演化规律，获取可能的管理启示，或在现有模拟基础上获取有用的数据，作为下一步演化模拟的训练参数。

上述五项功能相互依存，可根据研究人员需要选择执行。

（二）演化模拟程序的设计实现

1. 数据访问服务端设置。数据访问服务端提供两种数据访问模式，一种是通过 ODAC 直接访问的方式，另一种是通过连接应用服务器间接访问的方式。第一种方式用于各智能体分别将当前周期本身的状态和参数保存到数据库，第二种方式用于各智能体之间进行信息通信，完成智能体之间的数据交互。具体数据窗口设计如图 5 - 8 所示。

图 5 - 8 中，OraSession 组件用于直接连接后台的 Oracle 数据库，SocketConnection 组件用于智能体之间的数据通信。OraSession 的 Connect-

String 属性设置为 sy201410/＊＊＊@192.168.1.13：1521：oradb 的格式。

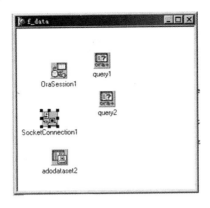

图 5 - 8　数据窗口设计

2. 演化模拟主窗口的设计实现。在窗体中放置一计时器 Timer 组件，并定期触发执行。演化模拟主窗口的屏幕设计如图 5 - 9 所示。

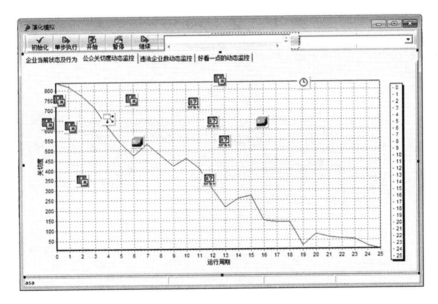

图 5 - 9　演化模拟主窗口设计

图 5 - 9 中，五个按钮分别为初始化、单步执行、开始、暂停和继续，通过初始化按钮可以对本次模拟场景的参数进行赋值，并准备好模拟状态信息存储数据表；其余四个按钮，均通过按周期调用演化模拟公共子程序完成模拟。模拟过程中，各消费者主体和生产企业主体分别按照自身规则完成工作流程。为了使操作人员能实时了解运行状态，并能对整个模拟过程进行控制，演化模拟公共子程序通过一个计时器进行触发，每一周期循

环模拟完毕，系统自动检查计时器的状态，以达到暂停和继续的效果。同时，为了能够在长时间模拟运行过程中监测系统的演化状态，系统提供四个标签页，按照不同的数据展现方式表现当前的演化状态。操作人员可以在运行中选择自己喜欢的页面，及时了解系统的演化进程。其程序流程如图 5 - 10 所示。

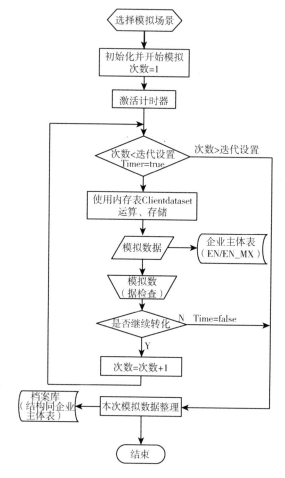

图 5 - 10 模拟演化程序流程

由图 5 - 10 可见，操作人员通过调用 Timer 组件触发模拟运行，运行前需要在下拉框中选择本次模拟的实验事项情景。为提高本地数据处理的速度，模拟运行初期主要通过 TClientdataset 组件在内存表中进行计算和处理，并在每一周期运行完毕后一次性提交到后端数据表中。考虑到每次模拟数据量较大，每一情景模拟完毕，系统自动对后端数据表中的数据进行批量迁移，以免随着模拟事项的增加导致数据剧增而影响运行速度。

（三）结果分析程序的设计实现

EEIMSim 中以多种图表形式对演化模拟结果进行显示，以满足 EEIM-Sim 后续结果分析的需要。在具体实现中，主要采用表格和图形两种方式展现。在实际应用中，由研究人员定义查询语句，编写查询分析脚本，然后根据需要进行展现。下面以表格显示和图形方式显示为例予以简要说明。

1. 演化结果动态表格展示。演化结果动态表格展示，主要通过 TDbgrideh 组件来展现，通过 TDatasuorce 连接后端数据源，通过设置 TDbgrideh 的栏次和属性值来实现数据的展示。演化结果动态表格展示设计界面如图 5 - 11 所示。

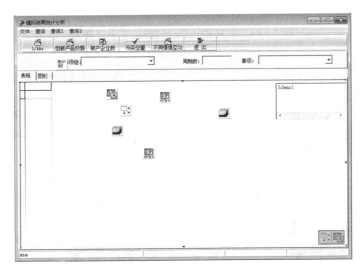

图 5 - 11　演化结果动态表格展示设计屏幕

2. 演化结果动态图形展示。演化结果动态图形展示，主要通过 TChart 组件来展现，通过设置其不同的展示类别，提供直方图、折线图、圆饼图、雷达图等形式。为了更好地进行图形展示，系统还采用 TWebbrowser 组件，借助于 Ajax 和 Highcharts 来生成漂亮的图表，将后端生成的数据更完美地展示出来。演化结果动态图形展示设计界面如图 5 - 12 所示。

由于 Highcharts 提供了许多交互式的 Web 图表，可以满足对不同数据分析的需要，图 5 - 13 所示为六个 Web 图表显示样式。由于生成的图表可以通过 TWebbrowser 调用，这也为采用 PHP 编写的 Web 客户端直接使用相同代码提供了便利。

图 5 - 12　演化结果动态图形展示设计屏幕

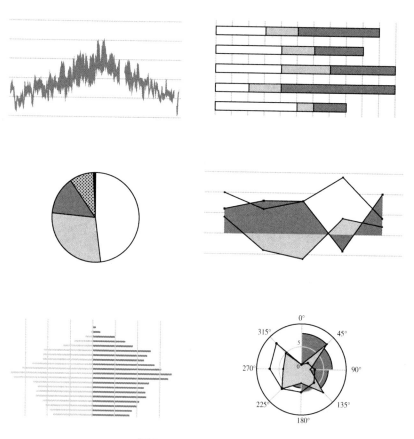

图 5 - 13　图形样式展示

第六章 环境税与企业绿色技术创新

【本章导读】

为实现环境绩效和经济绩效的"双赢",环境税应以诱导企业绿色技术创新为重要目的。基于社会科学计算实验方法,构建企业绿色技术创新行为动态仿真模型,模拟不同消费者选择、产品竞争和环境税情境下企业绿色技术创新演化过程,探索环境税征收时机及强度对企业环境绩效及经济绩效的影响。

本章首先介绍了模型对应的现实场景,企业绿色技术创新模拟平台 EEIMSim 的相关参数赋值,然后根据研究问题的需要设置多种实验情境,分别进行模拟实验,最后分析实验结果。

实验结果显示,在市场机制、产品竞争和环境税的协同作用下,当可替代绿色创新技术达到一定水平时,较高的环境税能够推动企业采纳绿色创新技术,并同时实现减排和增效的目标,促使产业向绿色经济方向发展;而较低的环境税可能出现企业花钱买污染的状况,与环境税初衷背道而驰。本章模型同时可以作为环境税设计的参考工具,通过改变模拟参数,观察企业绿色技术创新行为及其绩效的演化。

第一节 引 言

改革开放 30 多年来,我国工业化与城市化快速发展,年均 GDP 增长率高达 9.8%。然而,在举世瞩目的成就背后,是高能耗、高排放的粗放型增长方式带来的资源匮乏和环境恶化,发达国家上百年工业化过程中分阶段出现的环境问题在我国已经集中出现(张红凤等,2009)。这一现象必将对我国社会和谐发展、经济可持续增长带来严重的影响，并有损我国负责任的大国形象。2014 年 11 月 12 日，中美双方在北京发布应对气候变化的联合声明，我国正式提出 2030 年左右碳排放达到顶峰，这意味着以往模式工业化、城镇化增长的"天花板"被量化确定。

发达国家尤其是经济合作与发展组织（OECD）国家的实践表明，环境税能够对节能减排、保护环境起到很好的促进作用。它将环境污染和生态破坏的社会成本，内化到生产成本和市场价格中去，再通过市场机制来分配环境资源，具有较高的经济效率，使企业能够以最经济的方式对市场信号做出反应（陈诗一，2011）。中共十八届四中全会公报以"依法治国"为主题，使环境税立法预期再度升温。然而，我国还有大量的贫困人口有待解决，社会福利水平较低，同时城市化和工业化目标尚未实现，兑现全球减排义务的同时，还必须考虑经济的增长问题。如何在发展经济的同时实现减排目标成为亟待解决的热点问题。

第二节　相关研究综述

关于环境规制下企业环境绩效与经济绩效能否实现"双赢"的问题，学者们在不同的前提假设、分析方法、研究样本和变量构造下取得了并不一致的结论。一方面，环境规制通过强制企业购置治污设备和技术或限制污染密集型产品的生产、减少采用特定投入要素组合等多种方式以达到所要求的环境标准，会带来企业生产成本的增加，从而削弱了企业的创新能力和国际竞争力（Denison，1970；Gollop & Roberts，1983；Gray，1987）。另一方面，环境规制和企业竞争力之间则具备实现"双赢"格局的现实可能性。Porter 等（1991，1995）指出，合理的环境规制能够刺激被规制企业优化资源配置效率和采用创新技术，进而通过"创新补偿"效应，部分乃至全部抵消企业的创新成本，同时提高生产率和国际竞争力。

可见，环境税开征是否有助于完成环境保护和经济发展的双重任务，关键在于"创新补偿"效应的出现（张成等，2011）。也就是说，环境税设计应以诱导企业绿色技术创新为重要目的（Janicke & Lindemann，2010），而不单单是通过征税补偿环境。梁伟等（2014）指出，简单意义上的环境税征收很难实现节能减排和经济增长的"双重红利"，环境税会给宏观经济带来一定的负面影响。Walid（2014）、Abdullah 和 Morley（2014）的研究证实，长期来看，环境税可以增加财政收入，促进经济增长，但短期内，其总的社会福利效应是负的。因此，从促进经济可持续发展的视角出发，Ashford 等（1985）、Hahn（1989）强调了环境规制制定者必须根据不同行业的可替代技术发展条件，认真考虑规制设计的严格性、灵活性和实施的时机。许士春等（2012）指出，企业减排的主要影响因素是绿色技术创新能力和环境规制的严厉程度。而 Anna 等（2014）研究发现，环境规制在绿色创新技术扩散中发挥着关键性的作用，经济政策有利于激励渐进式创新，而只有严格的环境规制可以推动新技术研发。同时，环境政策必须有一定的连续性，Vliet（2010）研究发现，持续的政策工具在可替代能源采纳中发挥了关键性的作用。由此可见，行业特点、技术条件、开征时机及税率设置等多重因素影响环境税在绿色经济发展中扮演的角色。

在环境税的定量研究中，通常采用 CGE（computable general equilibrium）作为政策模拟工具，研究环境税对环境保护和宏观经济的影响。然而，不同学者通过 CGE 模型得出了不同的研究结论，例如，李洪心和付伯颖（2004）的研究结果表明环境税能够产生"双赢"效应，而刘晔和周志波（2011）认为环境税的实施与环境质量的改善并没有必然的联系。污染大户中的"富人"有可能用更多的钱换取对环境污染的超容，环境税还有可能被转嫁给消费者。何建武和李善同（2009）研究发现，以工业污染物排放全部达标为标准征收环境税，将影响经济增长 1% 左右，并使制造业就业量减少 1.8%，出口量下降 1.7%。而 Lee 等（2007）认为，环境税的征收是一个复杂的问题，例如，碳税征收中二氧化碳减排的效果以及产生的社会和经济效应，可能因不同的国家、地区和行业而有所不同，建议税率大小应该视情况不同而不同，而不应该制定一个"一刀切"的标准。

总之，环境税对环境保护和宏观经济的影响效果不能一概而论。而更重要的，在于揭示环境税征收对企业绿色技术创新的影响机制，分析环境税征收时机及强度等对"创新补偿"效应的影响。也就是说，在不同的环境税情境下，企业如何选择绿色创新行为？在环境税、市场机制及产品竞争的协同作用下，绿色创新技术的采纳如何影响企业环境及经济绩效？如何打开企业的"黑箱"探讨产业向绿色可持续方向发展的动力源泉？这些问题的解决难以根据面板数据得到答案，而从这个视角研究环境税的文献也不多见。社会科学计算实验方法（David et al.，2009；盛昭瀚和张维，2011）可以在调查研究取得实证数据的基础上，通过构建具有自适应能力的多智能体模型，模拟外部环境变化对系统内各主体行为及决策的影响，进而观察整系统的宏观"涌现"。作为一种自下而上的研究工具，计算实验已应用于社会科学的多个研究领域（Sopha et al.，2013；Martin & Jurgen，2014；Liu & Xu，2011；Lopolito et al.，2013）。本章通过企业绿色创新行为动态仿真模型，对企业环境行为与其内生要素和外部驱动之间的相互作用机理进行动态仿真，明确企业实施绿色技术创新行为的动机及其影响机制，为环境政策制定者提供理论支持，进而通过相应政策的制定实施，推动企业自觉采纳绿色创新技术，步入绿色可持续发展之路，并实现环境绩效与经济绩效的"双赢"。

第三节　实验情景描述

本模型以对企业生产过程中排放的 CO_2 征收环境税为背景，研究征税前后企业绿色技术创新行为的演变，并分析环境税征收时机和强度对可替代绿色创新技术发展和扩散的影响。系统初始阶段该行业内所有企业均采用传统技术，生产工艺较为成熟，生产成本较低，产品质量较好，但 CO_2 排放水平较高。即使可以通过末端治理等手段减排，但受限于技术手段等原因，减排效果有限。而与之对应的绿色创新技术 CO_2 排放较低，但可替代原材料及创新技术的采用需要一定的设备投入及生产流程改造，由于生产工艺尚不成熟等原因，生产成本较高，且产品质量不如传统技术产品。但可以通过技术研发与改造等手段不断改良生产工艺，从而降低生产成本，提高产品质量。

环境政策设计的重要目的在于能够诱导企业自觉选择绿色创新技术，孙晓华等（2014）研究发现，消费者异质性偏好为新产品提供了利基市场，在产业演化中发挥重要作用。因此，对不同政策设计效率的考察需要结合企业间竞争及消费者市场选择等多种复杂的自相关演化机制。由于实证方法难以找到不同环境政策背景的对照样本，因此本章采用社会科学计算实验方法，参考 Arfaoui（2014）、刘小峰等（2013）构建的多智能体模型的部分设计思路，根据现实原型构建计算实验模型，模拟企业在环境税、市场机制和产品竞争复杂环境下的绿色技术创新行为动态过程。

本模型中主要包含消费者和生产企业两大类主体，消费者根据自身偏好选择不同生产企业的产品，而生产企业间自由竞争，并根据各自的决策规则选择产品技术路线。为更好地观察不同环境政策情境下生产企业的绿色创新轨迹，本模型尽可能考虑了现实系统的复杂性，并对其进行抽象与简化。

本章所建模型旨在作为研究工具模拟不同环境税情境下，在行业竞争和市场选择的共同作用下，绿色创新技术的扩散过程。模型仅提供对复杂环境各影响因素协同作用下，企业采纳绿色创新技术的微观动力机制，及绿色创新技术宏观动态扩散路径的模拟研究，不能用于对企业绿色技术创新行为的精确预测。具体建模过程参见第三章和第四章，本章实验模型在基本模拟实验平台的基础上，调整了参数设置及场景设置等内容。

第四节　模拟实验与结果分析

一、基本参数设置

系统模拟需要的公共参数及各主体的个性化参数等设置尽量考虑其客观现实原型，对于现实中难以具体量化的参数（如消费者对产品价格与质量偏好的量化），采用基本模型（无政策干预场景）进行"虚实联动"，通过调整参数反复模拟，观察中间结果及最终结果，使各项结果与现实情况吻合。确定基本模型参数后，再引入政策参数，观察政策工具对模拟结果的影响。

系统中主要变量及其初始赋值规则如表 6-1 所示。

表 6-1　　　　　　　　　主要变量及初始赋值规则

变量/参数	含义	赋值	赋值规则
m	企业主体数	10	固定值
n	消费主体数	200	固定值
A/B	消费者最高承受价格，最低接受质量	6/20	模拟训练
p^p	消费者产品价格偏好	[0.1, 0.9]	消费者随机
inf	消费者从众效应	0.05	模拟训练
Tol	消费者容忍度	[0.8, 1.2]	模拟训练
$X_{max}^1/Cost_{min}^1/CO_{2min}^1$	T_1 技术产品最高质量/最低成本/最低 CO_2 排放	100/0.4/2	基于实证
$X_{max}^2/Cost_{min}^2/CO_{2min}^2$	T_2 技术产品最高质量/最低成本/最低 CO_2 排放	100/0.4/0	基于实证
$X_0^1/Cost_0^1/CO_{20}^1$	T_1 技术产品初始质量/初始成本/初始 CO_2 排放	100/0.5/23	基于实证

变量/参数	含义	赋值	赋值规则
$X_0^2/Cost_0^2/CO2_0^2$	T_2 技术产品初始质量/初始成本/初始 CO_2 排放	32/3/0.05	基于实证
B_0	企业初始资金	12	基于实证
μ	满意利润水平	0.8	基于实证
FC	固定成本	2	基于实证
Ad_{min}	T_2 技术采纳阈值	[0, 2]	企业随机
SC	初始转换成本	20	基于实证
$Aband_{min}$	T_1 技术放弃阈值	[0.5, 1]	企业随机
δ	R&D 投资比例	0.2	基于实证
δ_1	R&D 投入中 T_1 比例	[0, 1]	企业随机
α_w	知识速度	0.2	模拟训练
α_1	技术改造速度	0.25	模拟训练
K_{max}	最大知识累积值	1	基于实证
SC_{min}	最小转换成本	10	基于实证
$\beta_1/\beta_2/\beta_3$	产品质量/生产成本/CO_2 排放的改善效率	0.05/0.08/0.05	模拟训练

二、实验场景说明

本模型以无政策工具干预的基本情境为基础，主要分析环境税征收对企业绿色技术创新行为及绿色创新技术采纳的影响。根据环境税开征时机和征收强度设计如下场景：

O：无环境税征收的基本情境。

H_0：系统初始阶段开始征收环境税，此时可替代的绿色创新技术（T_2 技术）转换成本较高，且由于创新技术发展时间短，T_2 技术产品成本较高且质量较差；根据环境税征收强度，设置 $H_0\_0.2$、$H_0\_0.4$、$H_0\_0.6$、$H_0\_0.8$、H_0_1、$H_0\_1.5$ 等子场景，分别对应环境税征收强度（或税率）为 0.2、0.4、0.6、0.8、1、1.5 的情形。

H_{100}：在环境税征收预期（未正式开征）下，系统运行 100 周期，并从 101 周期开始正式征收环境税，此时可替代的绿色创新技术（T_2 技术）转换成本较低，且创新技术已得到一定发展，T_2 技术产品成熟度较高；根据环境税征收强度设置 $H_{100}\_0.2$、$H_{100}\_0.4$、$H_{100}\_0.6$、$H_{100}\_0.8$、H_{100}_1、$H_{100}\_1.5$ 等子场景。

三、不同情境下企业技术路线分析

环境税征收情境下，当模拟周期到达征收时机设定值时，开始对生产过程中的二氧化碳排放征收环境税。因此，当期利润公式调整为：

$$\Pi_{i,t} = (\mu \times C_{i,t} \times Q_{i,t}) - FC - CO_{2i,t} \times Q_{i,t} \times f \qquad (6.1)$$

其中，f 为单位产品单位二氧化碳排放征收的环境税，代表环境税的征收强度（或税率）。

当 f 分别为 0，0.2，0.4，0.6，0.8，1 和 1.5，环境税实施时机分别为系统开始阶段（H_0）和某中间阶段（H_{100}）时，其他参数设置与基本情境相同（此时 $f = 0$ 即基本情境），则系统运行 300 周期，模拟结果如图 6 - 1 所示。

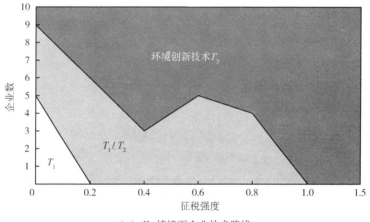

（a）H_0 情境下企业技术路线

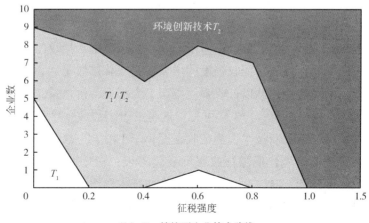

（b）H_{100} 情境下企业技术路线

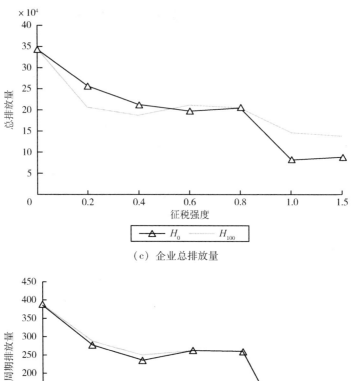

（c）企业总排放量

（d）300周期时企业当期排放量

图6-1 不同情境下企业排放结果

由图6-1可见，总体来说，环境税征收强度对企业绿色创新技术采纳具有正向影响，且随着征收强度的增大，企业总排放量和300周期的当期排放量呈下降趋势，并以征收强度等于1为拐点，排放量急剧下降；而由图6-1（a）和图6-1（b）可见，这是由于当征收强度达到1时，所有企业均采纳绿色创新技术；当征收强度小于1时，二氧化碳排放量虽小于未征收环境税情境，但随征收强度变化不大；对比两种环境税征收时机，征收强度达到1时，两类情境下的企业技术路线、总排放量和300周期当期排放量均差别不大；而征收强度小于1时，虽然两类情境下300周期当期企业排放量差别不大，但 H_0 情境下有更多企业最终选择绿色创新技术；不过意外的是，总排放量在征收强度小于 0.6 时 $H_0 > H_{100}$。为进一步分析原因，选取征收强度为 0.4 时，对比 H_0 和 H_{100} 下各周期 T_2 技术产品所占市场份额如图 6-2 所示。

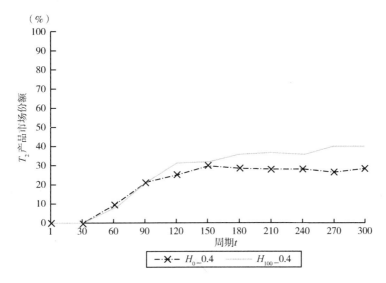

图 6-2　环境税 0.4 下 T_2 技术产品市场占有率

由图 6-2 可见，在环境税征收强度较小时，H_0 和 H_{100} 情境下 T_2 技术产品市场占有率差别不大，均小于 40%；也就是说，更多的企业选择传统技术进行生产。然而，在 H_0 情境下，由于过早征收环境税削弱了企业传统技术改造的能力，出现花钱买污染的情况，因而图 6-1（c）中 H_0 情境总排放量反而大于后征收环境税的 H_{100} 情境。可见，只有当环境税强度达到一定水平，才能促使企业积极选择绿色创新技术，真正实现减排的目标。

四、环境税影响下产业演化分析

上述分析可见，只有高强度的环境税才能真正推动企业对绿色创新技术的采纳，但过高的环境税是否会导致企业面临生存危机呢？不同情境下企业生存状况及绿色创新技术产业演化结果如图 6-3 所示。

由图 6-3（a）可见，在 H_0 情境下，当环境税强度大于 0.8 时，累计被淘汰企业大量增加，表明环境税的强度已超出企业的承受能力；而 H_{100} 情境下，环境税强度的增加对企业累计淘汰数量影响不大。这是由于 H_0 情境下，高额环境税征收虽然能够促使企业采纳绿色创新技术，但由于绿色创新技术不成熟，市场竞争力差，因此大量先期采纳绿色创新技术

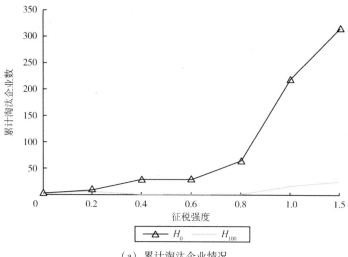

（a）累计淘汰企业情况

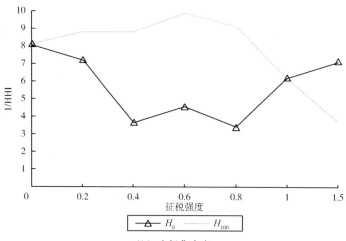

（b）市场集中度

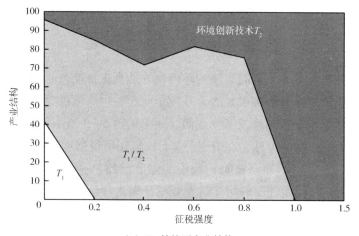

（c）H_0 情境下产业结构

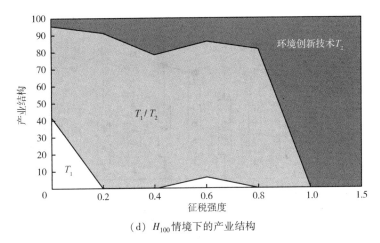

（d）H_{100}情境下的产业结构

图 6 - 3　不同情境下的产业演化

的企业被淘汰。现实场景中，这势必损伤企业绿色技术创新的积极性，且增加产业风险，难以出现模拟中大量后续企业进入的情况，也难以出现最终绿色创新技术完全扩散的情景。而由图 6 - 3（b）可见，环境税强度在 0.4～0.8 之间时，H_0 情境下市场集中度（通过赫芬达尔—赫希曼指数 Herfindahl-Hirschman Index 的倒数来衡量，表示为 1/HHI）提高，出现少量企业垄断市场的局面，且由图 6 - 3（c）可知，垄断企业为采用组合技术（T_1 / T_2）的企业，而完全采纳绿色创新技术的企业数量尽管已超过半数（见图 6 - 1（a）），但所占市场份额较低，企业生存状况欠佳，面临被"挤出"的风险。而 H_{100} 情境下，环境税强度大于 1 时，才出现垄断局面，而垄断企业全部采用绿色创新技术。也就是说，绿色创新技术获得成功扩散。

可见，环境税政策的实施时机对于产业向绿色创新技术方向演化起着关键作用。当以促进企业绿色创新技术采纳为前提时，应该选择绿色创新技术较成熟时推出环境税，且环境税需要达到一定强度才能真正发挥作用。综合分析对不同情境的模拟，H_{100} _1 是最优选择，能够有效促进绿色创新技术扩散，降低二氧化碳排放。

五、最优情境下企业经济效益分析

根据上述分析，绿色创新技术发展到一定阶段后，较强的环境税情境 H_{100} _1 在产业转型升级和减排方面最优。对比无环境税的 O 情境和 H_{100} _1 情境下，各周期企业累计利润变化情况如图 6 - 4 所示。

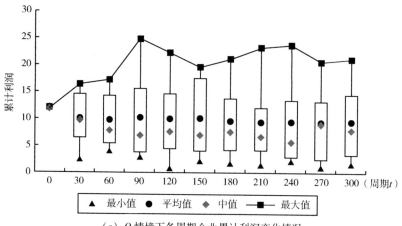

（a）O 情境下各周期企业累计利润变化情况

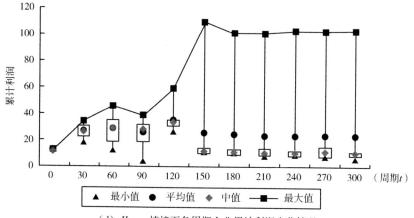

（d）H_{100-1} 情境下各周期企业累计利润变化情况

图 6-4　企业经济效益演化分析

由图 6-4 可见，O 情境下企业各周期平均累计收益基本在 10 左右，而 H_{100-1} 情境下，尽管企业间收益差距拉大，但平均累计收益大于 20。也就是说，环境税的征收使企业累计收益大幅提高，这也一定程度上验证了"波特"假说，即企业通过"创新补偿"，获得了环境绩效和经济绩效的"双赢"。

第五节　管理启示

本章运用社会科学计算实验方法，模拟了环境税征收不同情境下企业绿色创新行为的动态选择过程，并分析了不同情境下企业排放水平和经济效益的变化。模拟实验结果显示，环境税征收强度和征收时机的选择应根据行业特点，综合考虑市场机制、技术条件及企业竞争等的协同作用。由于企业绿色技术创新是实现环境绩效与经济绩效"双赢"的关键，因此，环境税出台的时机应重点考虑行业内可替代绿色创新技术的发展水平，而环境税征收的强度要达到促使企业采纳绿色创新技术，否则可能出现企业花钱买污染的状况，与环境税的初衷背道而驰。适当的环境税征收时机和税率设计可以在产业演化中发挥积极作用，通过绿色创新技术替代传统技术，可促使产业向绿色经济方向发展。

　　本章的研究尚存在以下不足，需要在后续研究中进一步深入：第一，本实验假设系统初始阶段企业规模、资金状况相同，没有考虑不同市场结构的情况；第二，模型设计中，企业进入机制设计时没有考虑产业风险对企业进入意愿的影响；第三，消费者产品购买决策仅考虑了产品价格、质量、消费习惯和从众效应，没有考虑其对产品环境属性的偏好。

第七章　创新补贴与企业绿色技术创新

【本章导读】

创新补贴通过降低企业的创新成本，帮助其生产模式向绿色转变。基于社会科学计算实验方法，构建企业绿色技术创新行为动态仿真模型，模拟市场机制、企业竞争和创新补贴情境下的民营企业绿色技术创新演化过程，探索不同补贴方式对企业绿色技术创新行为的影响。

本章首先介绍了模型对应的现实场景，企业绿色技术创新模拟平台 EEIMSim 的相关参数赋值，然后根据研究问题的需要设置多种实验情境，分别进行模拟实验，最后分析实验结果。

实验结果显示，在多主体共同作用下，创新产品市场补贴与创新技术转换补贴相结合，可取得最高的补贴资金利用效率；但在创新技术发展水平较低时，应同时补贴创新过程投入，方能取得最佳效果；因此，基于不同的创新技术发展水平，可采取灵活的创新补贴组合手段，分段优化补贴组合，使得补贴资金使用效率和效果同时达到最优。实验结果对于提高创新补贴资金使用效率，更好地推动企业步入绿色可持续发展之路具有重要意义。

第一节　引　言

由于绿色技术创新的不确定性和双重外部性，导致其对企业的私人回报小于社会回报，因此，完全由市场机制引导的企业绿色技术创新必然小于社会最优水平，这就需要政府制定必要的政策以促进企业实施绿色技术创新。也就是说，在需求拉动和技术推动这两个影响企业绿色技术创新的标准因素（Rennings，2000）之外，政府的创新政策是激发企业创新活力的重要驱动力（李晨光，2014）。因此，对技术创新给予一定的直接补贴或税收优惠，以引导企业开展新技术研发，是创新型国家较为常见的政策（林承亮和许为民，2012；张继良和李琳琳，2014）。作为技术追赶型国家，我国政府也惯常将研发补贴作为激励企业进行自主创新的关键政策手段（安同良等，2009）。

然而，相对于资金实力雄厚、技术力量较强的国有企业或外资企业，以中小微企业为主的民营企业对生产方式的选择替代弹性较弱。李红侠（2014）通过构建民营企业绿色技术偏好模型，并比较民营企业与国有企业及外资企业的平均创新强度，发现由于机器改良及工艺创新的成本太高，小规模企业向绿色增长方式转变的动力较弱。虽然欧美国家的实践证明了环境税征收能够促使企业通过不断技术创新摒弃传统生产方式，实现生产模式的绿色转变，但由于税收手段加重了民营中小企业的负担，更加不利于民营企业转向绿色创新发展模式。因此，必须配套对民营企业的绿色技术创新财政补贴，降低民营企业的创新成本，这对于在我国经济发展中越来越占据重要地位的民营企业可持续发展具有重要意义。

第二节 相关研究综述

江静（2011）通过对全国第一次经济普查数据的分析，对比了直接补贴与税收优惠对企业创新支持的绩效，发现直接补贴政策能够显著提高内资企业的研发强度。同时，樊琦和韩民春（2011）基于中国 28 个省域面板数据的实证研究发现，政府创新补贴投入对提高国家及区域自主创新产出具有十分显著的影响，且补贴投入对经济相对发达地区的创新产出影响绩效高于经济相对落后地区。而针对创新补贴的不同方式对创新绩效的影响，生延超（2008）通过一个三阶段的博弈模型，发现在政府介入技术联盟创新系统的情况下，创新产品补贴方式比创新投入补贴方式更为有效。然而，陈林和朱卫平（2008）通过非对称古诺博弈模型研究发现，以"科研三项费"为代表的创新投入补贴并没有明显刺激全社会创新产出的增长，政策补贴的效果具有一定的不确定性。

可见，虽然政策补贴在企业技术创新中扮演重要角色，但其实际绩效受到补贴方式、外部环境等多重因素的影响。事实上，除外部环境影响外，企业微观层面的异质性特征对企业绿色创新技术行为也产生重要作用，而现有研究大多基于面板数据展开实证研究，或将政府与企业作为博弈的双方构建数理模型，仅仅从宏观层面分析了政府补贴与企业技术创新产出的关系。企业绿色技术创新是政策支持、市场机制和产品竞争等多主体参与的复杂过程，企业的创新决策取决于企业性质、资金状况、风险态度、市场预期、创新优惠政策等内外部多方因素，是一个动态的复杂过程，尤其对于规模较小、经营模式灵活多变的民营企业，宏观层面的分析难以揭示政策变化对民营企业微观层面的影响机理，而把握民营企业绿色技术创新的微观动因，对于通过政策工具改变其对绿色创新技术的态度，促使民营企业转向绿色技术路线具有更深远的意义。

基于此，本章在调查研究取得实证数据的基础上，构建民营企业绿色创新行为动态仿真模型，利用社会科学计算实验方法（David et al.，2009；盛昭瀚和张维，2011），对民营企业环境行为与其内生要素和外部驱动力之间的相互作用机理进行动态仿真，明确民营企业实施绿色创新行为的动机及其影响机制，为环境政策制定者提供微观理论支持，进而通过相应政策的制定实施，推动民营企业自觉采纳绿色创新技术，步入绿色可持续发展之路。

第三节　实验情景描述

本模型的现实原型为一类民营化工企业，系统初始阶段该行业内所有企业均采用传统技术，生产过程中需使用某有机溶剂，生产工艺较为成熟，生产成本较低，产品质量较好，但 VOC 排放水平较高，虽可通过末端治理等手段减排，但受限于技术手段，减排效果有限；而与之对应的绿色创新技术采用某绿色溶剂，VOC 排放较低，但采用绿色溶剂需要一定的设备投入及生产流程改造，且由于生产工艺尚不成熟等原因，生产成本较高，且产品质量不如传统技术产品，但可以通过技术研发与改造等手段不断改良生产工艺，从而降低生产成本，提高产品质量。

创新补贴的目的在于能够诱导企业自觉选择绿色创新技术，孙晓华等（2014）研究发现，消费者异质性偏好为新产品提供了利基市场，在产业演化中发挥重要作用。因此，对不同政策设计效率的考察需要结合企业间竞争及消费者市场选择等多种复杂的自相关演化机制。由于实证方法难以找到不同政策背景的对照样本，因此本章采用社会科学计算实验方法，参考 Arfaoui（2014）和刘小峰等（2013）构建的多智能体模型的部分设计思路，根据现实原型构建计算实验模型，模拟企业在创新补贴、市场机制和企业竞争复杂环境下的绿色创新行为动态过程。

本章模型中主要包含生产企业和消费者两大类主体，消费者根据自身偏好选择不同生产企业的产品，而生产企业间自由竞争，并根据各自的决策规则选择产品技术路线。为更好地观察不同创新补贴情境下企业的绿色创新轨迹，本章模型尽可能考虑了现实系统的复杂性，并对其进行抽象与简化。本章实验模型在基本模拟实验平台的基础上，调整了参数设置及场景设置等内容。

第四节　模拟实验与结果分析

一、基本参数设置

系统模拟需要的公共参数及各主体的个性化参数等设置尽量考虑其客观现实原型，对于现实中难以具体量化的参数（如消费者对产品价格与质量偏好的量化），采用基本模型（无政策干预场景）进行"虚实联动"，通过调整参数反复模拟，观察中间结果及最终结果，使各项结果与现实情况吻合。确定基本模型参数后，再引入政策参数，观察政策工具对模拟结果的影响。

系统中主要变量及其初始赋值规则如表7-1所示。

表7-1　　　　　　　　　主要变量及初始赋值规则

变量/参数	含义	赋值	赋值规则
m	企业主体数	10	固定值
n	消费主体数	200	固定值
A/B	消费者最高承受价格，最低接受质量	6/20	模拟训练
p^p	消费者产品价格偏好	[0.1, 0.9]	消费者随机
inf	消费者从众效应	0.05	模拟训练
Tol	消费者容忍度	[0.8, 1.2]	模拟训练
$X_{max}^1/Cost_{min}^1/Voc_{min}^1$	T_1技术产品最高质量/最低成本/最低VOC排放	100/0.4/2	基于实证
$X_{max}^2/Cost_{min}^2/Voc_{min}^2$	T_2技术产品最高质量/最低成本/最低VOC排放	100/0.4/0	基于实证
$X_0^1/Cost_0^1/Voc_0^1$	T_1技术产品初始质量/初始成本/初始VOC排放	100/0.5/23	基于实证

变量/参数	含义	赋值	赋值规则
$X_0^2 / Cost_0^2 / Voc_0^2$	T_2 技术产品初始质量/初始成本/初始 VOC 排放	32/3/0.05	基于实证
B_0	企业初始资金	12	基于实证
μ	满意利润水平	0.5	基于实证
FC	固定成本	2	基于实证
Ad_{min}	T_2 技术采纳阈值	$[0, 2]$	企业随机
SC	初始转换成本	20	基于实证
$Aband_{min}$	T_1 技术放弃阈值	$[0.5, 1]$	企业随机
δ	R&D 投资比例	0.2	基于实证
δ_1	R&D 投入中 T_1 比例	$[0, 1]$	企业随机
α_w	知识速度	0.2	模拟训练
d_1	技术改造速度	0.25	模拟训练
K_{max}	最大知识累积值	1	基于实证
SC_{min}	最小转换成本	10	基于实证
$\beta_1 / \beta_2 / \beta_3$	产品质量/生产成本/VOC 排放的改善效率	0.05/0.08/0.05	模拟训练

二、实验场景说明

本模型以无创新补贴的基本情境为基础，主要分析三种补贴政策对民营企业绿色创新技术采纳的影响：企业绿色技术创新过程补贴、绿色创新技术转换补贴和绿色创新产品市场补贴。为对比各创新补贴的作用效果，共设计以下场景进行对比实验：

O：无创新补贴场景。

P：对企业绿色创新技术研发投入进行补贴。

T：补贴企业采纳绿色创新技术时发生的转换成本，如新设备投入等。

M：对市场中的绿色创新技术产品实行价格补贴。

PT，PTM，PM，TM：分别为以上三种补贴方案的组合方案。

根据以上定义，分别模拟各情境下的企业绿色技术创新过程，并进一步分析各种创新补贴手段的效率与效果等。

三、单补贴情境下企业绿色创新技术扩散过程

在基本模型的基础上，P 情境下，政府对企业用于绿色技术创新的研发投入进行补贴，实行 1∶1 匹配的方式，即 P 情境下，t 周期 i 企业获得

的政府补贴为：

$$Sub_{i,t}^{T_2} = (1 - \delta_1) \times RD_{i,t} \qquad (7.1)$$

而 T 情境下，政府补贴企业采纳绿色创新技术的转换成本，即 t 周期 i 企业获得的补贴为：

$$Sub_{i,t} = SC_{i,t} \qquad (7.2)$$

M 情境下，政府对绿色创新产品进行市场补贴，补贴后 T_2 技术产品价格与 T_1 技术产品市场平均价持平，则此情境下 t 周期 i 企业获得的补贴为：

$$Sub_{i,t} = \left[P_{2,i,t} - avg(P_{1,i,t}) \right] \times Q_{i,t}^{T_2} \qquad (7.3)$$

设置模拟周期为 300 周期，并在不同情境下各重复模拟 50 批次，取各批次模拟结果的平均值，单补贴情境下各周期企业绿色创新技术扩散情况如图 7 - 1 所示。

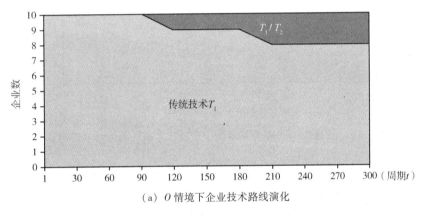

（a）O 情境下企业技术路线演化

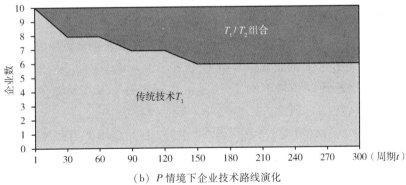

（b）P 情境下企业技术路线演化

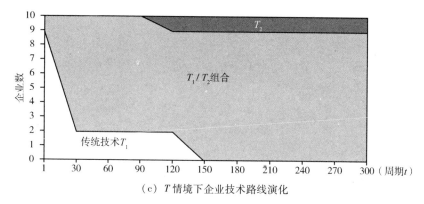

（c）T情境下企业技术路线演化

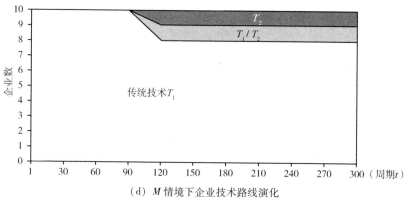

（d）M情境下企业技术路线演化

图7-1　单补贴政策下企业技术路线演化

由图7-1可见，不同补贴政策对企业技术路线的选择产生不同的影响：P情境与O情境比较，采用组合技术的企业数有显著增加，但没有企业选择放弃T_1技术；T情境下，120周期开始，出现完全转换为T_2技术的企业，且150周期后，虽然大部分企业仍保留T_1技术，但已全部开始采用T_2技术；M情境下，虽然120周期起也开始出现完全转换为T_2技术的企业，但仍有80%的企业仅采用T_1技术。

进一步分析不同情境下的T_2产品的市场占有率及产品竞争力情况，如图7-2（a）（b）所示。

由图7-2（a）可见，尽管图7-1（d）中M情境下仍有大量企业仅使用T_1技术，但在对创新产品市场补贴的刺激下，T_2技术产品的市场占有率大于其他情境；而T情境下，尽管全部企业均采纳了绿色创新技术，但由于仅补贴了企业的技术转换成本，在T_2产品质量和价格缺乏竞争力的情形下（图7-2（b）），其产品市场占有率偏低（低于P情境和M情境），因而，图7-1（c）显示，大部分企业仍然保留T_1技术；P情境下，

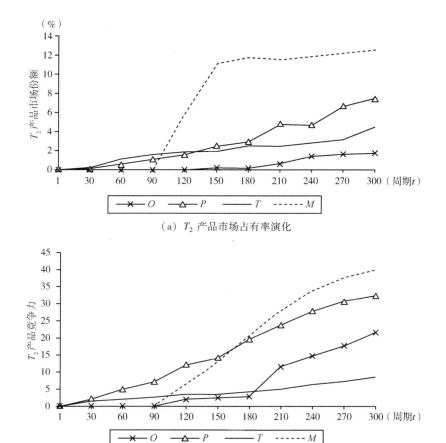

（a）T_2 产品市场占有率演化

（b）T_2 产品竞争力演化

图 7 - 2　单补贴情境下 T_2 产品市场占有率及竞争力演化

注：竞争力的计算根据公式（5.1）消费者效用函数进行计算，并以当期消费者效应最大值为 100，对计算结果进行标准化，T_2 产品竞争力为市场中全部 T_2 产品效用函数值标准化后的平均值。

在企业创新过程补贴的扶持下，由图 7 - 2（b）可见，T_2 技术产品性能提升速度较快，因而虽然图 7 - 1（b）中 T_2 技术采纳率较低，但市场占有率高于 T 情境。总体来看，三种补贴政策均对 T_2 技术产品市场占有率提高具有正向影响（高于 O 情境），然而 T_2 产品的整体竞争力小于 T_1 产品整体竞争力，其最终市场扩散效果不理想，即使占有率最高的 M 情境下，300 周期时也仅为 12% 左右。这是由于 M 情境下，虽然 T_2 技术产品价格得到了补贴，但由于产品质量不如 T_1 技术产品，因此 T_2 产品竞争力较弱；而 P 情形下，虽然 T_2 技术产品性能提高较快，但在企业缺乏足够技术转换资金的情况下，T_2 技术采纳率偏低；T 情境下，虽然技术转换得到资助，但由于 T_2 技术产品性能提高较慢，竞争力弱，产品难以赢得市场。

四、组合补贴情境下企业绿色创新技术扩散过程

单补贴情境下 T_2 技术产品市场扩散效果不理想，因此考虑组合补贴情境：PT、PTM、PM、TM。组合补贴情境下，企业各周期获得的政府补贴分别为各情境单独补贴方案的累加。设置周期长度为300周期，并在不同情境下各重复模拟50批次，取各批次模拟结果的平均值，组合补贴情境下各周期企业绿色创新技术扩散情况如图7-3所示。

由图7-3可见，组合补贴情境下 T_2 技术采纳比例较单补贴情境有不同程度的提高，尤其 PTM 情境下，30周期后全部企业均采纳 T_2 技术，且有70%的企业摒弃了 T_1 技术；其次是 TM 情境，尽管300周期时仍有10%的企业仅采用 T_1 技术，但仅采用 T_2 技术的企业已达60%；PM 情境下，采纳 T_2 技术的企业数也较单独的 P 或 M 情境有明显提高；而 PT 情境下，尽管60周期后，全部企业开始采纳 T_2 技术，但完全采纳 T_2 技术的企业在240周期才出现，且只有10%，与其他组合政策相比，企业绿色创新技术的采纳率偏低。

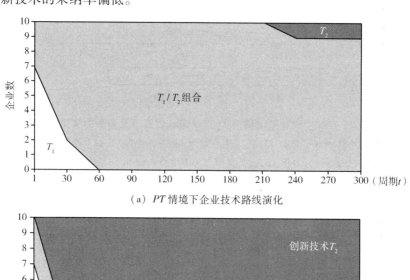

（a）PT 情境下企业技术路线演化

（b）PTM 情境下企业技术路线演化

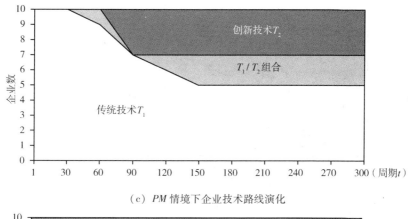

（c）PM情境下企业技术路线演化

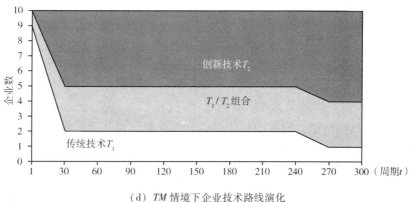

（d）TM情境下企业技术路线演化

图7-3　组合补贴政策下企业技术路线演化

进一步分析不同组合政策情境下的 T_2 产品的市场占有率及产品竞争力情况，如图7-4所示。

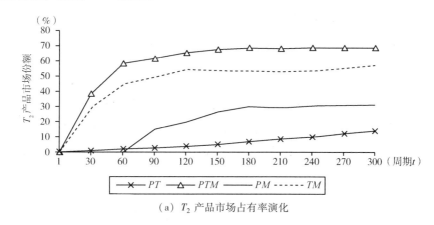

（a）T_2 产品市场占有率演化

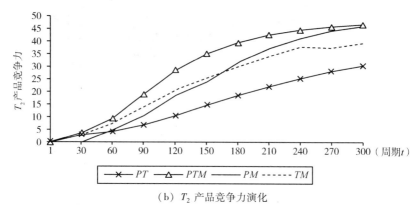

（b）T_2 产品竞争力演化

图7-4　组合补贴情境下 T_2 产品市场占有率及竞争力演化

由图7-4（a）可见，与图7-3中各组合补贴政策下企业采取的技术路线相对应，各情境下 T_2 技术产品的市场占有率 $PTM > TM > PM > PT$；但由图7-4（b）可见，300 周期时 T_2 技术产品的竞争力 $PTM > PM > TM > PT$，也就是说，如果 300 周期后取消补贴，由于 TM 情境下 T_2 技术产品竞争力不如 PM 情境，因此，市场占有率将出现 $PM > TM$ 的情况，这是由于补贴 T_2 技术创新过程的 PM 方式较补贴 T_2 技术转换的 TM 方式更利于产品性能的提高，从而产品竞争力提高较快；而由于 TM 方式通过资助企业完成技术转换，使更多企业提前采纳 T_2 技术，从而 T_2 技术产品市场份额高于 PM 情境；PT 情境下，尽管过程补贴利于 T_2 产品性能提高，但由于 T_2 产品本身竞争力弱，缺乏市场补贴刺激的情境下，T_2 技术采纳率偏低，因此 PT 补贴情境下，T_2 技术产品市场占有率最低。总之，对 T_2 技术的市场补贴 M 政策与补贴企业技术转换的 T 政策和补贴企业绿色创新过程的 P 政策结合，可以最大限度地发挥推动企业绿色创新技术扩散的效果。

五、不同情境下补贴政策激励创新效率分析

由以上分析可见，不同的补贴政策对 T_2 技术采纳及 T_2 技术产品扩散产生了不同的影响，而不同情境下 T_2 技术产品提高单位份额所需要的补贴投入为：

$$U\_subsidy_t^{T_2} = T\_subsidy_t^{T_2}/Sup_t^{T_2} \qquad (7.1)$$

$T\_subsidy_t^{T_2}$ 为 t 周期补贴政策投入的资金总额，$Sup_t^{T_2}$ 为以无创新补贴的 O 情境下各周期 T_2 技术产品的市场份额为基准，不同情境 T_2 技术产品市场份额的提高率。$U\_subsidy_t^{T_2}$ 为 T_2 技术产品提高单位份额所需要的补贴投入，在不考虑补贴带来的 T_2 产品竞争力提高等间接效应的前提下，$U\_subsidy_t^{T_2}$ 可理解为不同情境下补贴资金对 T_2 技术扩散产生的激励效率的倒数。由于 T_2 技术产品市场扩散过程反映了绿色创新技术的扩散过程，因此 $U\_subsidy_t^{T_2}$ 可理解为补贴政策激励创新效率的倒数。则单补贴政策情境下补贴政策激励创新效率的倒数如图 7-5 所示。

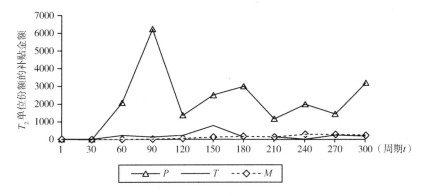

图 7-5　单补贴政策下补贴政策激励效率演化

由图 7-5 可见，单个补贴政策下，M 情境下补贴政策的激励效率最高，其次是 T 情境，而 P 情境下的补贴效率最低。结合图 7-3、图 7-4 不同政策对企业技术路线的影响和 T_2 技术产品市场扩散份额的影响，显然，单补贴情境下，对 T_2 技术产品实施补贴的 M 政策在资金使用效率和效果中最优。

组合补贴政策情境下补贴政策激励创新效率的倒数如图 7-6 所示。

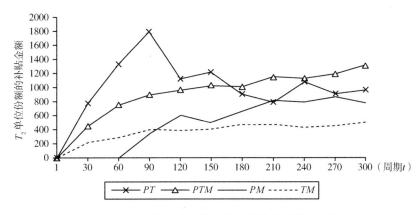

图 7-6　组合补贴政策下补贴政策激励效率演化

由图 7-6 可见，组合补贴情境下，300 周期时 TM 情境下补贴资金使用效率最高，而 PTM 情境下补贴资金使用效率最低。结合图 7-3、图 7-4 可见，组合补贴政策情境下，TM 补贴效率最高，且补贴效果仅次于 PTM。而 PTM 虽然补贴效果最好，但资金使用效率较低，尤其在 180 周期后，成为效率最低的补贴组合；可以考虑对 PTM 组合实行分段优化，前期采用 PTM 组合，利于提高 T_2 技术产品竞争力，后期采用 TM 组合，提高资金使用效率。

第五节　管理启示

本章运用社会科学计算实验方法，以某化工行业民营企业绿色技术创新过程为例，构建民营企业绿色技术创新模型，并基于模型分别模拟了不同创新补贴及其组合情境下企业绿色技术创新过程。模拟实验结果显示，在市场机制及企业竞争的共同作用下，不同创新补贴方式对民营企业绿色技术创新行为产生影响的效率和效果不同，其中补贴绿色创新技术产品市场的政策与补贴绿色创新技术转换的政策相结合，可以取得最高的资金利用效率；但在创新技术发展水平较低时，应同时补贴创新过程投入，方能取得最佳效果。因此，基于不同的创新技术发展水平，可采取灵活的创新补贴组合手段，分段优化补贴组合，使得补贴资金使用效率和效果同时达到最优。例如，可以在创新技术发展的初期，采用 PTM 组合政策提高 T_2 技术产品市场竞争力，而当创新技术发展到一定水平后，可采用 TM 组合帮助企业完成新旧技术更替，并提高创新产品市场份额。

本章的研究尚存在以下不足，需要在后续研究中进一步深入：第一，本实验假设系统初始阶段企业规模、资金状况相同，没有考虑不同规模企业的情况；第二，模型没有进一步讨论对补贴政策进行分段组合的情形，没有讨论创新补贴政策结束后企业的绿色技术创新行为演化；第三，消费者产品购买决策仅考虑产品价格、质量、消费习惯和从众效应，没有考虑其对产品环境属性的偏好。

第八章　企业绿色技术创新政策优化组合

【本章导读】

环境问题的日益严重，促使世界考虑更环保的经济增长，而企业绿色技术创新被视为解决一个国家生态问题同时并不减少相关经济活动的一个重要方式。然而，由于绿色技术创新的不确定性和双重外部性，环境政策成为激励企业实施绿色技术创新的重要驱动力，也成为国内外学者研究的热点。

本章首先介绍了模型对应的现实场景，企业绿色技术创新模拟平台 EEIMSim 的相关参数赋值，然后根据研究问题的需要设置多种实验情境，分别进行模拟实验，最后分析实验结果。

研究发现，由于绿色技术创新产品的市场竞争力决定企业对绿色创新技术的采纳行为，因此政策工具的制定应立足于促进绿色创新技术的发展，以提高创新产品的市场预期，降低创新技术采纳成本。在市场机制与企业竞争的共同作用下，当绿色技术创新产品市场竞争力较弱时，单一的补贴政策对绿色创新技术促进效果不明显，应考虑多种政策工具的优化组合。严格的环境税费制度与绿色创新产品市场补贴政策相组合，可有效促使企业绿色技术创新；但严格的环境税费在激励创新的同时，由于增加了企业负担，因此在创新技术更替的过程中会有大量资金薄弱、技术落后的企业遭遇淘汰；而宽松的环境税费制度与补贴绿色技术创新产品市场的政策工具相组合，首先通过环境税费预期提高企业对绿色创新技术的预期，提前为技术更替做好准备，从而可以在维持企业正常经营的前提下，逐步促进企业绿色技术创新，完成新旧技术更替。

第一节 引 言

环境问题的日益严重，促使世界考虑更环保的经济增长，而企业绿色技术创新被视为解决一个国家生态问题同时并不减少相关经济活动的一个重要方式。因此，绿色技术创新也就成为以成本有效方式达到环境目标的一条黄金道路。企业绿色技术创新主要指企业面临来自政府、公众、消费者等出于对环境保护的压力，基于自身条件及竞争形势，在生产之前考虑的与环境有关的创新行为，例如，企业采纳新的生产工艺（如发展清洁生产技术）或生产新的产品（如生产环保产品）以更好地保护环境等。企业积极采纳绿色创新技术替代高污染高能耗的传统技术，不仅有利于环境问题的根本解决，对于国家绿色经济产业发展同样具有重要意义。Fankhauser 等（2013）结合专利数据和国际贸易与输出数据研究发现，绿色竞赛可能改变目前的竞争力现状，许多当前有着较强优势的国家产业将由于绿色转换能力落后于其他国家，失去竞争优势。因此，积极推动企业实施绿色创新，对于赢得全球范围的绿色竞赛具有重大的战略意义。

第二节 相关研究综述

由于绿色技术创新的不确定性和双重外部性，导致其对企业的私人回报小于社会回报。因此，完全由市场机制引导的企业绿色技术创新必然小于社会最优水平，这就需要政府制定必要的政策以促进企业实施绿色创新。张红凤等（2009）认为，正是由于环境保护与经济发展的两难，环境承载阈值以及环境问题负外部性的存在，昭示了以实现社会福利最大化为目标的环境规制的必要性。Katsoulacos 和 Xepapadeas（1995）指出，只有在环境规制的作用下，企业才会进行与绿色技术创新有关的研发活动。也就是说，企业绿色技术创新行为是政策激励的结果，企业自身往往并不具备这种创新的动机。Rennings（2000）认为，尽管新古典环境经济学将需求拉动和技术推动作为影响企业绿色技术创新的标准因素，但环境规制的推动和拉动作用在企业绿色技术创新中扮演了更重要的角色，成为企业绿色技术创新的重要决定因素之一。而关于环境规制和绿色技术创新的理论与实证同样支持"政策驱动"绿色技术创新的观点（Janicke，2012；

Janicke & Lindemann，2010；王国印和王动，2011；张成等，2011；沈能和刘凤朝，2012；Anna et al.，2014）。这使得环境规制不仅仅作为环境问题末端治理的执法依据，更成为企业绿色技术创新的"助推器"。

同时，根据 Porter 和 Van（1995）的研究成果，设计良好的环境规制能够给予企业更多的创新激励，并使企业在积极创新中通过创新补偿与先动优势等途径为企业创造收益，部分或全部弥补企业的绿色技术创新成本，甚至给企业带来收益，在实现环境绩效与经济效益"双赢"的同时，提高其核心竞争力（Porter，1911）。在现有文献中，很多学者证实了环境规制对企业绿色技术创新的正向修正作用，汤长安和黄平（2013）更认为，环境规制可以促进企业技术创新，这在学界已经达成了共识。然而，企业绿色技术创新不能认为是环境规制的系统响应，环境政策设计应以诱导企业绿色技术创新为重要目的（Janicke & Lindemann，2010），而不仅仅是行政处罚威慑。从这个视角出发，Ashford 等（1985）和 Hahn（1989）强调了环境规制制定者必须认真考虑规制设计的严格性、灵活性和实施的时机。贾军和张伟（2014）研究了环境规制对绿色技术创新研发路径依赖的影响，通过 2003～2011 年全国 31 个省市自治区的面板数据分析，发现加大环境规制强度和合理政策引导才能有效促进绿色经济增长。李阳等（2014）通过对我国工业 37 个细分行业的面板数据分析，考察了环境规制对企业技术创新能力影响的异质性效应，发现环境规制对技术创新能力的长短期促进具有明显的行业异质性。而 Janicke（2012）认为政策设计尤其应该兼顾创新过程支持和扩散激励，从政策补贴的角度给予企业更多的绿色技术创新激励与扶持，帮助企业应对绿色技术创新的不确定性风险。

由此可见，政策工具在企业绿色技术创新中扮演重要角色，直接影响企业绿色技术创新的积极性和绿色技术创新的绩效。尽管目前国内外学者从理论和实践层面对环境政策和企业绿色技术创新做了大量研究，为保护环境提供了宝贵的建议和思路，但目前研究仍存在环境政策工具研究范围窄、研究视角单一等问题（许士春等，2012）。在不同的环境政策情境下，企业如何选择绿色技术创新行为，绿色技术创新如何影响企业绩效？企业如何应对环境政策的变化？如何打开企业的"黑箱"探讨其绿色技术创新的内在机理？对于这些问题还没有得到充分论证。从微观角度入手，研究企业在不同环境政策下的技术创新路线，深入分析不同环境规制下企业的生存发展状况，可以探索不同环境政策情境下企业绿色技术创新行为的演化规律，并从宏观层面归纳环境政策与企业绿色技术创新的联系。这就需要在调查研究取得实证数据的基础上，构建企业绿色技术创新行为动态仿真模型，利用社会科学计算实验方法（David et al.，2009），对企业绿色技术创新行为与其内生要素和外部驱动力之间的相互作用机理进行动态仿真，明确企业实施绿色技术创新行为的动机及其影响机制，为环境政策制定者提供微观理论支持，进而通过相应政策的制定实施，推动企业积极实施绿色技术创新，步入绿色可持续发展之路。

第三节　实验情景描述

本模型的现实原型为某类精细化学品制造商，系统初始阶段该行业内所有企业均采用传统技术，生产过程中使用有机溶剂，生产工艺较为成熟，生产成本较低，产品质量较好，但 VOC 排放水平较高。虽可通过末端治理等手段减排，但受限于技术手段，减排效果有限；而与之对应的绿色创新技术采用绿色溶剂，VOC 排放较低，但采用绿色溶剂需要一定的设备投入及生产流程改造，由于生产工艺尚不成熟等原因，生产成本较高，且产品质量不如传统技术产品，但可以通过技术研发与改造等手段不断改良生产工艺，从而降低生产成本，提高产品质量。

各企业为满足日益严格的环境规制和赢得更多市场份额，需要不断通过技术改造减少生产过程中的 VOC 排放，提高产品竞争力。环境政策设计的重要目的在于能够诱导企业自觉选择绿色创新技术，对不同政策设计效率的考察需要结合企业间竞争及消费者市场选择等多种复杂的自相关演化机制。由于实证方法难以找到不同环境政策背景的对照样本，因此本章采用社会科学计算实验方法，参考实证研究成果及 Arfaoui（2014）构建的多智能体模型的部分设计思路，根据现实原型构建计算实验模型，模拟不同政策情境下，企业为适应新技术发展及行业竞争、市场选择做出的技术路线调整过程、消费者市场产品选择过程及绿色创新技术采纳过程。

本模型中主要包含生产企业和消费者两大类主体，消费者根据自身偏好选择不同生产企业的产品，而生产企业间自由竞争，并根据各自的决策规则选择产品技术路线。为更好地观察不同环境政策情境下生产企业的绿色创新轨迹，本模型尽可能考虑了现实系统的复杂性，并对其进行抽象与简化。

本章所建模型旨在作为研究工具模拟不同政策情境下，在行业竞争和市场选择的共同作用下，企业绿色技术创新的动态过程，借此寻求推动企业绿色技术创新的最优政策组合。具体建模过程参考第三章和第四章。

第四节 模拟实验与结果分析

一、基本参数设置

系统模拟需要的公共参数及各主体的个性化参数等设置尽量考虑其客观现实原型，对于现实中难以具体量化的参数（如消费者对产品价格与质量偏好的量化），采用基本模型（无政策干预场景）进行"虚实联动"，通过调整参数反复模拟，观察中间结果及最终结果，使各项结果与现实情况吻合。确定基本模型参数后，再引入政策参数，观察政策工具对模拟结果的影响。

系统中主要变量及其初始赋值规则如表8-1所示。

表8-1　　　　　　　　　　主要变量及初始赋值规则

变量/参数	含义	赋值	赋值规则
m	企业主体数	10	固定值
n	消费主体数	200	固定值
A/B	消费者最高承受价格，最低接受质量	6/20	模拟训练
p^p	消费者产品价格偏好	[0.1, 0.9]	消费者随机
inf	消费者从众效应	0.05	模拟训练
Tol	消费者容忍度	[0.8, 1.2]	模拟训练
$X_{max}^1/Cost_{min}^1/Voc_{min}^1$	T_1 技术产品最高质量/最低成本/最低 VOC 排放	100/0.4/2	基于实证
$X_{max}^2/Cost_{min}^2/Voc_{min}^2$	T_2 技术产品最高质量/最低成本/最低 VOC 排放	100/0.4/0	基于实证
$X_0^1/Cost_0^1/Voc_0^1$	T_1 技术产品初始质量/初始成本/初始 VOC 排放	100/0.5/23	基于实证
$X_0^2/Cost_0^2/Voc_0^2$	T_2 技术产品初始质量/初始成本/初始 VOC 排放	32/3/0.05	基于实证
B_0	企业初始资金	12	基于实证
μ	满意利润水平	0.8	基于实证
FC	固定成本	2	基于实证
Ad_{min}	T_2 技术采纳阈值	[0, 2]	企业随机

变量/参数	含义	赋值	赋值规则
SC	初始转换成本	20	基于实证
$Aband_{min}$	T_1 技术放弃阈值	[0.5, 1]	企业随机
δ	$R\&D$ 投资比例	0.2	基于实证
δ_1	$R\&D$ 投入中 T_1 比例	[0, 1]	企业随机
α_w	知识速度	0.2	模拟训练
α_1	技术改造速度	0.25	模拟训练
K_{max}	最大知识累积值	1	基于实证
SC_{min}	最小转换成本	10	基于实证
$\beta_1/\beta_2/\beta_3$	产品质量/生产成本/VOC 排放的改善效率	0.05/0.08/0.05	模拟训练

二、实验场景说明

本模型以无政策工具干预的基本情境为基础，主要模拟三种政策工具对企业绿色创新行为的影响：环境税费征收、绿色创新技术采纳补贴和绿色创新产品市场补贴。为对比各政策工具的作用效果，设计如下政策场景进行对比实验：

O：无任何政策工具干预。

F：对单位产品 VOC 排放大于一定水平的产品征收环境税费。

F_1, F_150：分别代表系统开始阶段及中间阶段开始征收环境税费。

T：补贴企业采纳绿色创新技术中发生的转换成本，如新设备投入等。

M：对市场中的绿色创新技术产品实行价格补贴。

TF_1、MF_1、TM、TM_1、TF_150、MF_150、TMF_150：分别为以上政策工具的组合。

三、环境税费情境下企业绿色技术创新过程

环境税费征收情境下，当单位产品生产过程中的 VOC 排放超过一定标准 E_0 时，将额外征收环境税费。因此，当期利润公式调整为：

$$\Pi_{i,t} = (\mu \times C_{i,t} \times Q_{i,t}) - FC - \max[(Voc_{i,t} - E_0), 0] \times Q_{i,t} \times f \tag{8.1}$$

其中，f 为单位产品征收的环境税费，E_0 为征收标准，取上期所有企业生

产过程中能达到的最低 VOC 排放。

当 f 分别为 0、0.1、0.3、0.5、0.8 和 1，环境税费征收时机分别为系统开始阶段（F_1）和系统运行至中间阶段（F_150），其他参数设置与基本情境相同，则系统运行 300 周期，模拟结果如图 8-1 所示。

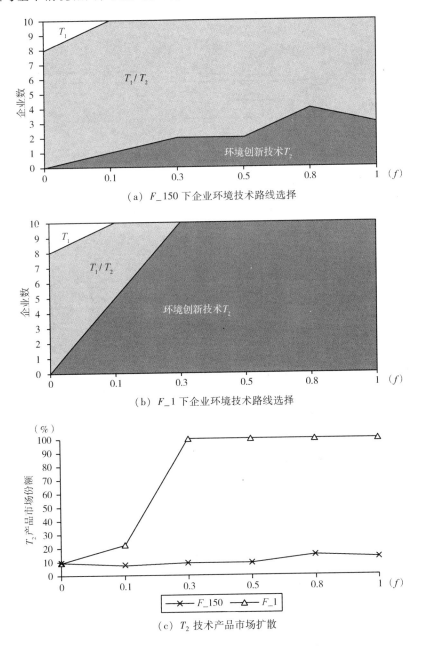

（a）F_150 下企业环境技术路线选择

（b）F_1 下企业环境技术路线选择

（c）T_2 技术产品市场扩散

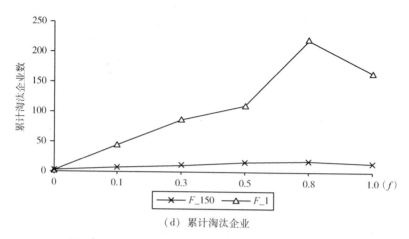

（d）累计淘汰企业

图 8 - 1 环境税费不同情境下企业绿色技术创新过程

由图 8 - 1（a）可见，在 F_150 情境下，完全采纳 T_2 技术的企业数随征收力度的增大呈倒 U 形变化，顶点出现在 $f = 0.8$ 时，共有 4 家企业完全采用 T_2 技术，表明环境规制对企业绿色创新行为的影响是非线性的，这一结论与李勃昕等（2013）通过面板数据分析所得结论一致；而在 F_1 情境下（见图 8 - 1（b）），当 $f \geq 0.3$ 时，到 300 周期时，所有企业均采纳绿色创新技术。同时，由图 8 - 1（c）可见，F_1 情境下，当征收力度大于 0.1 时，T_2 产品可以完全占领市场，似乎加大环境税费征收力度即可完成绿色创新技术的推广；但同时从图 8 - 1（d）可见，随着环境税费征收力度的加大，F_1 情景下，更多企业被淘汰，以每个模拟周期对应 1 个月时间计算，则征收力度为 0.1 时年淘汰比例已达 20%，而在 T_2 技术产品市场占有率达到 100% 的 0.3 征收力度下，企业的年淘汰比例高达 40%，随着征收力度的加大，企业淘汰率还将继续增加。因此，单纯通过加大环境税费征收力度，强制企业采纳绿色创新技术的做法，会导致企业无法经营。而 F_150 情景下，随着征收力度的加大，T_2 技术产品市场份额波动幅度不大，最高点出现在征收力度为 0.8 时，仅约为 20%。可见，环境税费征收虽然一定程度上有利于促使企业采纳绿色创新技术，但单纯依靠环境税费征收政策，在企业资金不够充足的情境下，难以取得理想效果。

四、创新补贴情境下企业绿色技术创新过程

绿色创新技术采纳补贴情境（T）下，由于政府补贴绿色创新技术采纳所需的转换成本，因此创新技术采纳的累计收益仍为：

$$B_{i,t} = B_{i,t-1} + \Pi_{i,t-1} - RD_{i,t-1} \tag{8.2}$$

而绿色创新产品市场补贴情境（M）下，政府对绿色创新技术产品实行补贴，假设补贴后产品价格与传统技术产品市场平均价一致。模型中其他参数设置与基本情境相同，则系统运行 300 周期，模拟结果如图 8-2 所示。

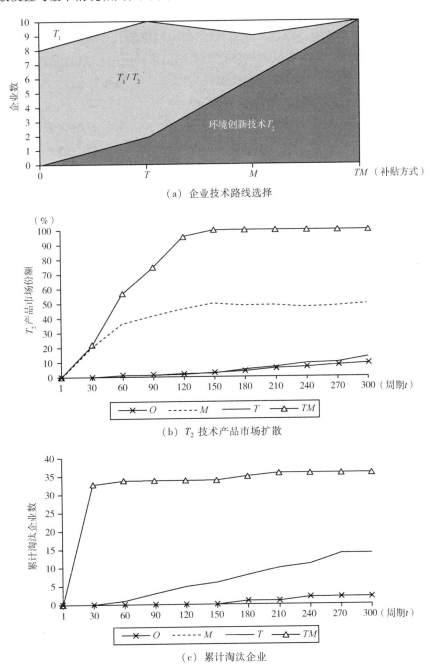

（a）企业技术路线选择

（b）T_2 技术产品市场扩散

（c）累计淘汰企业

图 8-2　绿色创新补贴情境下企业绿色技术创新过程

由图 8 - 2（a）可见，补贴政策情境下，完全采纳绿色创新技术的企业数 $TM > M > T > 0$，补贴政策可以不同程度地促使企业采纳绿色创新技术；同时，图 8 - 1（b）可见，TM 情境下，120 周期后 T_2 技术产品完全占领市场；但由图 8 - 2（c）可见，TM 情境下企业淘汰率高，尤其前 30 周期，大量企业退出市场。这是由于在绿色创新技术采纳补贴和市场补贴的双重作用下，企业绿色创新技术采纳门槛降低，较多企业选择绿色创新技术进行生产。然而，尽管政策补贴缩小了 T_2 技术产品与 T_1 技术产品的价格差距，但 T_2 技术产品质量差导致消费者选择率低，企业淘汰率高。仅补贴市场的 M 情境下，几乎无企业淘汰，而 300 周期时 T_2 技术产品市场占有率约 40%，完全采纳 T_2 技术企业约占总企业数的 50%，40% 企业采用组合技术路线，另有 10% 的企业仍然只采用 T_1 技术。可见，绿色创新技术的采纳应顺应市场机制，当产品质量不成熟时，仅通过补贴企业转换成本的方式盲目促使企业完成技术转换，对绿色创新技术的长期扩散不利。

五、组合政策工具下企业绿色技术创新过程

（一）F_1 与补贴政策组合

分别将环境税费征收政策 F_1 与绿色创新技术采纳补贴政策 T 和绿色创新产品市场补贴政策 M 结合，300 周期的模拟结果如图 8 - 3 所示。

由图 8 - 3（a）可见，MF_1 和 TMF_1 情境下，300 周期时企业全部采纳绿色创新技术，图 8 - 3（b）显示，T_2 技术产品市场占有率几乎都达到 100%；不同的是，MF_1 下 60 周期时 T_2 产品占有率即达到 100%，而 TMF_1 下直到 180 周期才达到 100%；同时，从图 8 - 3（c）来看，MF_1 情境下的企业淘汰率略大于 TMF_1，这是由于在市场补贴和环

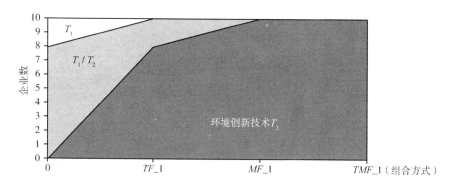

（a）企业技术路线选择

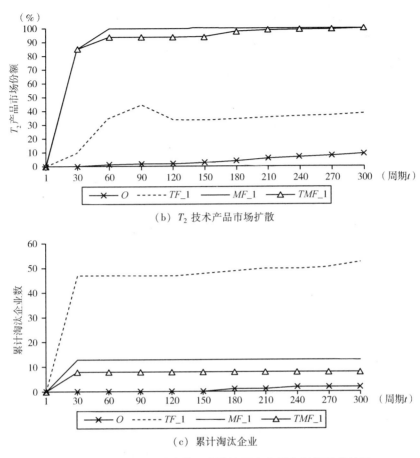

（b）T_2 技术产品市场扩散

（c）累计淘汰企业

图 8-3　F_1 与补贴政策组合情境下企业绿色创新技术扩散

境税费征收的双重作用下，企业积极采纳绿色创新技术，而与 TMF_1 相比，创新技术采纳企业需要承担高额的转换成本，导致日常技术研发投入降低，产品竞争力下降，这加速了竞争力较弱企业的淘汰，而由于被淘汰的企业通常是资金状况较差的企业，新加入企业模仿主流企业技术组合，因此更快到达 T_2 技术完全扩散的状态，这也解释了图 8-2（b）中 MF_1 比 TMF_1 更早达到 T_2 技术产品占有率 100% 的情形。

　　而与图 8-2 中无环境税费征收政策的 TM 情境相比，虽然加入环境税费征收的 TMF_1 情境 T_2 技术产品同样达到 100% 市场占有率，但 TMF_1 情境下企业淘汰率大幅下降，其原因可从图 8-4 所示的两种情境下企业各周期的技术路线选择进行分析。

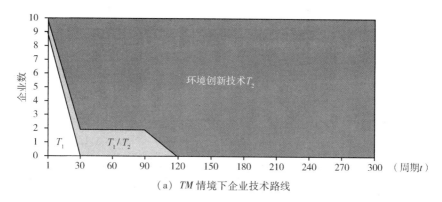

（a）*TM* 情境下企业技术路线

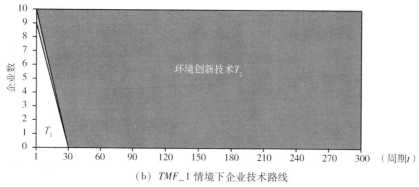

（b）*TMF*＿1 情境下企业技术路线

图8-4　*TM* 与 *TMF*＿1 情境下企业各周期技术路线选择

由图8-4（b）可见，加入环境税费征收情境下，高环境税费、高补贴使30周期后所有企业均采纳 T_2 技术，由于市场中没有 T_1 技术产品的竞争，因而 *TMF*＿1 情境下企业淘汰率降低；然而，应该看到的是，这只是一种理想的情境，因为此情境的前提是环境规制的严格执行，否则就会出现 *TM* 情境，其结果是大量绿色创新企业被淘汰，而采取传统技术的小企业通过偷漏税等手段，反而能够长期存在，使图8-4（b）的情境难以实现。

（二）*F*＿150 与补贴政策组合

分别将环境税费征收政策 *F*＿150 与绿色创新技术采纳补贴政策 T 和绿色创新产品市场补贴政策 M 结合，300周期的模拟结果如图8-5所示。

由图8-5（a）可见，*TF*＿150 情境下，300周期时各政策组合情境下，企业绿色创新技术采纳企业数均有不同程度增加，但由图8-5（b）可见，*TF*＿150 情境 T_2 技术产品市场份额几乎与无政策工具干预的 *O* 情境一致，对推动企业绿色创新技术扩散效果不明显，而由图8-5（c）可见，*TF*＿150 情境下，淘汰企业数显著增加。*MF*＿150 和 *TMF*＿150 情境

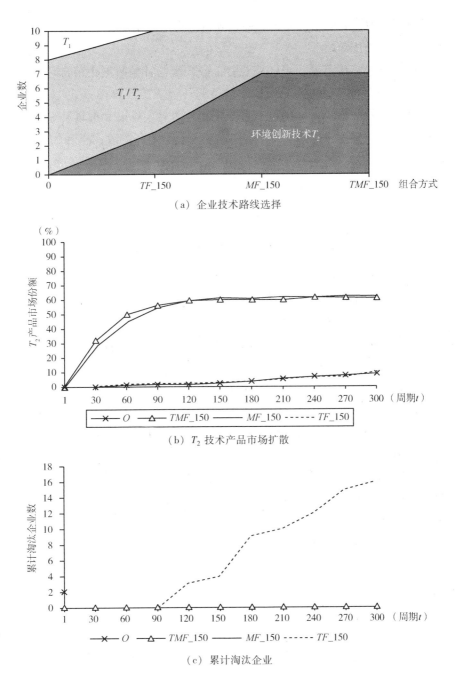

（a）企业技术路线选择

（b）T_2技术产品市场扩散

（c）累计淘汰企业

图8－5　F_150 与补贴政策组合情境下企业绿色创新技术扩散

均可有效推动企业绿色创新技术采纳，此两情境下，T_2技术产品在90周期后市场份额可达到60%左右，且没有企业被淘汰。但两种情境相比，TMF_150 需要更多补贴投入，因此，就效率而言，在温和的环境税费征收手段下，MF_150 是保证企业稳定经营前提下，促使更多企业采纳绿色创新技术的最优策略。

通过以上分析可见，当环境税费征收政策与补贴政策相结合时，良好的组合可以收到满意的效果。其中严厉的环境税费征收模式 F_1 下，若能保证规制的严格执行，则可通过与创新技术转换补贴和市场补贴政策的组合，淘汰少量技术落后企业，达到 T_2 技术的完全扩散；温和的 F_150 模式下，可通过与市场补贴手段的组合，在保证企业正常经营的前提下，推动企业逐步采纳绿色创新技术，使 T_2 技术占市场更多份额。

六、绿色创新政策工具设计实例

为更好地推动绿色技术创新，政策工具的设计必须立足于行业和技术特点，首先应考虑是否存在可替换的绿色创新技术，绿色创新技术的成熟度与可行性，绿色创新产品的性能及市场接受程度等。对于前景良好，但目前技术成熟度较低、产品性能较差的绿色创新技术，政策工具需要根据具体需求分别设计。譬如，根据前面的模拟实验结果，针对以下两种具体情形，可以设计不同的政策组合。

实例一： 假设某行业生产过程污染严重，虽存在可替换绿色创新技术，但企业采纳率较低，则可选择政策组合 MF_1，通过严格的环境税费和对绿色创新产品的市场补贴，淘汰大量技术落后企业，促使绿色创新技术扩散。

实例二： 假设希望通过温和手段，在维持企业正常经营情况下实现绿色创新技术更替，则可选择政策组合 MF_150，首先公布从严征收环境税费的开始时间，同时对绿色创新技术实施市场补贴，分阶段逐步推动企业采纳绿色创新技术。

第五节　管理启示

本章运用社会科学计算实验方法，以某行业企业绿色技术创新过程为例，构建企业绿色技术创新过程动态仿真模型，并基于模型分别模拟了不同政策工具组合情境下企业绿色技术创新过程。模拟实验结果显示，在市场机制及企业竞争的共同作用下，不同政策工具及其组合对企业绿色技术创新行为产生影响的效率和效果不同，且能够对企业淘汰率产生一定影响，因此，政策工具的设计应该针对具体目标多角度统筹考虑。当允许一定淘汰率时，严格的环境规制与绿色创新技术产品市场补贴政策组合可以取得良好的效果；而对于影响国计民生的重点行业，应该采取宽松的环境规制，通过与补贴绿色创新产品市场的政策进行组合，促使更多企业自觉采纳绿色创新技术。

本章的研究尚存在以下不足，需要在后续研究中进一步深入：第一，本实验假设系统初始阶段企业规模、资金状况相同，没有考虑不同规模企业的情况；第二，模型没有考虑企业绿色创新技术转换及研发中贷款等金融政策工具扶持的情况，也没有考虑企业负债经营的情况；第三，消费者产品购买决策仅考虑产品价格、质量和从众效应，没有考虑其对产品环境属性的偏好。

第九章 消费者偏好与企业绿色技术创新

【本章导读】

消费者对绿色技术创新产品的偏好促使企业积极创新，而消费者偏好受群体内其他成员偏好影响和外界刺激发生"渐变"和"突变"。本章基于计算实验方法构建模型，模拟不同偏好突变情境下消费者偏好演化过程和企业绿色技术创新过程，揭示企业绿色技术创新行为的微观动因，并分析不同情境下各绿色技术创新策略的环境绩效和经济绩效。实验结果显示，个体对绿色技术产品的偏好突变在不同群体偏好演化中扮演"桥梁"角色，并对推动社会整体绿色技术产品偏好改变发挥重要作用；而当社会整体绿色技术创新产品偏好水平较低时，为保护企业绿色技术创新积极性，政府应通过激励或补贴等手段降低企业绿色技术创新风险，并与环保组织、媒体等共同努力，加大教育和宣传力度，推动消费者偏好的"突变"。

本章研究思路主要概括为：首先，进行情景描述，提出基本条件假设；其次，分析消费者主体和生产企业主体行为规则，建立仿真模型，设定初始参数；最后，进行模拟实验，通过分析模拟结果，得出研究结论。

第一节 引 言

绿色技术创新思想蕴涵了当今社会节约资源的要求，它成了企业在环境规制日益严厉、公众环境诉求日益强烈的条件下争取市场地位、赢得竞争优势的必然选择（Lin et al.，2013）。然而，由于环境问题的经济外部性以及绿色创新不确定性带来的风险，企业绿色技术创新行为会表现出多样性的特征，既可能由于绿色创新投资成本的增加导致生产效率的下降及生产成本的增加，使企业经济效益受损；也可能通过创新补偿与先动优势（Porter & Van，1995）等途径为企业创造收益，部分或全部弥补企业的绿色技术创新成本，甚至给企业带来收益，实现环境绩效与经济效益的"双赢"。而决定绿色技术创新成功与否的关键在于消费者对绿色技术创新相关产品的采纳程度（Ernst et al.，2014）。也就是说，消费者偏好决定了企业是否采取更清洁、更环保的新型生产技术取代对环境有害的技术模式（Ilker，2012；Bekiroglu et al.，2011）。

在研究消费者产品采纳的相关理论中，占主导地位的新古典主义经济模型认为消费者是"理性个体"，他们通过完备的信息得出个体最满意（效用最大）的决策，而其中稳定不变的偏好假定几乎被应用于所有的经济分析中。然而，行为经济学、心理学、社会学和其他一些领域的研究从实证和理论方面提出了不同于这种理想的理性行为模式的观点。Jonn（2013）通过对英国国家环保电动车消费市场的调研，探讨了消费者对环保产品的采纳过程，批判了新古典主义关于消费者选择被预先设定的、静态偏好指引的假说，并研究了社会影响在消费者偏好形成中的作用，证实真实世界中偏好稳定仅仅体现了一种特殊性，广泛存在的偏好改变与演化才具有一般性。同时，偏好的演化观表明了偏好的情景依存性，它可以通过主客观两方面进行改变与演化。一方面，通过个体自身的主观心理等因素而演化；另一方面，通过个体外界客观环境的变动而相应改变（周小亮和笪贤流，2010）。

John（1992）通过生物进化自适应机制构建了生物体通过"渐变"和"突变"的演化适应过程，并建立了广泛应用于经济文献的 NK 模型。然而，NK 模型建立在随机适当表现基础上，没有考虑经济环境；虽然 Chang 和 Harrignton（2000）的模型增加了明确的经济学基础，并引入了消费者偏好和企业启发式搜索的交互，然而其消费者偏好是静态的，这种交互并不完全符合创新产品采纳过程的非线性特点，且其消费需求正数的假设也仅适用于垄断市场。事实上，消费者偏好的演化是情景依赖的动态过程，且其偏好受邻居或交互个体的影响，具有以下特性：第一，对产品的偏好和对新鲜事物的接受态度具有异质性；第二，对来自交互个体的影响具有不同的敏感程度；第三，群体同质性，倾向于与消费偏好、社会地位、观点等比较一致的个体交互（Benoit et al.，2013）；第四，受外界环境的刺激有发生偏好突变的可能性。因此，整个消费者网络可以认为是许多不同子网络的集合，而每个子网络由相似个体组成，"渐变"演化的结果是子网中个体的趋同，而"突变"个体在子网间扮演"桥梁"，并通过与其他个体的交互成为"领头人"，推动全体消费者偏好向某个方向演化。

尽管目前国内外许多学者从理论和实践层面对市场需求和企业绿色技术创新行为做了大量研究（Maria et al.，2014；谢家平和王爽，2011；劳可夫，2013；范群林等，2011；黄薇，2012），为企业绿色技术创新提供了宝贵的建议和思路。但目前研究大多建立在静态需求偏好的假设基础上。随着环境状况的日益恶化，公众对环境问题日益关注。同时，在政府、环保组织及媒体等的共同努力下，公众环保意识、绿色消费理念不断提升。在内外部因素的共同作用下，消费者对环保新产品偏好的演化必然是"渐变"与"突变"共同作用的非线性过程。因此，必须站在个体需求偏好演化的角度研究企业绿色技术创新的效率与效果。传统的定性定量或数理建模方法由于其"自上而下"的研究思路，无法细致刻画个体偏好演化的异质性；而基于 Agent 的计算实验方法可构建具有自主行为的人工主体，并对来自外部环境的刺激做出反应，能实时、动态、自主地与不断变化着的外部环境进行交互，通过对极复杂系统进行模型与程序化，利用计算机直接模拟出整个复杂过程的演变（David，2009；盛昭瀚和张维，2011）。计算实验方法目前已应用于多个领域，例如，Xue（2013）利用多智能体仿真技术研究了全球城市商务中心空间结构的演化；张永杰等（2010）通过计算实验金融方法考察不同策略投资者投资收益水平；熊熊等（2013）采用基于计算实验金融的多 Agent 仿真技术构建了违约成本——社会信用环境模型和选择策略概率模型等。

本章采用社会科学的计算实验方法，充分考虑现实生活中消费者个体的异质性及消费者社会网络成员（朋友群体）之间的交互关系，通过归纳与抽象，将现实生活中的消费者映射为计算实验中具有自适应、自学习及交互能力的人工主体，进而通过情景建模，动态模拟现实生活中消费者需求偏好的演化过程及产品选择过程，将微观层面的个体偏好演化与宏观层面的企业绿色创新路径建立动态关联，揭示企业绿色创新行为的微观动因，为进一步因势利导提供理论基础和政策参考依据。

第二节　模型构建

一、情景假设

假设某日用消耗品（如洗衣粉）具有传统属性（如价格、质量、包装外观等）和环境属性（如节水节能、绿色标志等），消费者对产品属性的偏好具有异质性；同时，假设有多家企业生产该类产品，不同企业的产品具有不同的传统性能和环境性能。消费者偏好受朋友群体影响及外界环境刺激发生"渐变"或"突变"，并根据个人偏好变化选择不同企业的产品；企业根据市场需求反馈调整产品创新策略，通过传统创新或绿色创新提高产品传统性能或环境性能以适应市场变化。本章运用计算实验手段，模拟不同情境下消费者偏好演化过程及产品选择过程，探讨偏好演化对企业绿色创新行为的影响，并通过各周期企业产品性能及所占市场份额的变化，观察企业的绿色创新绩效。系统基本假设如下：

（1）市场中消费者总数为 m，为便于观察消费者多个消费周期的偏好演化规律，假设市场消费者群体固定，且无增减。

（2）每个消费者有相对固定的朋友群体，消费者对产品属性的偏好受朋友影响，影响程度取决于个体的敏感程度及朋友的影响力。

（3）生产该类产品的企业总数为 n，初始状态企业产品属性相同，企业根据市场需求反馈决定产品创新类型（传统创新或绿色创新）。按照企业对市场反馈信息的行为策略将企业分为激进型（捕捉到需求信息即采取行动）、主动型（市场份额低于平均值时创新）、被动型（临近被淘汰边缘方才采取行动）三类，三类企业的数目分别为 $a_1, a_2, a_3 (a_1 + a_2 + a_3 = n)$。

（4）政府、环保组织及媒体等的共同努力影响消费者对环保新产品的偏好。根据外界刺激的强度假设四种偏好突变情境，分别对应 0%（无偏好突变）、5%、10% 和 30% 比例消费者发生偏好突变。

（5）每个周期每位消费者根据自身偏好选择不同企业的产品，当所有消费者均不再选择某企业产品时，该企业退出市场。

二、消费者偏好演化及产品选择规则

消费者按照路径依赖原则及自身偏好选择不同生产企业的产品，而消

费者的偏好同时受朋友群体影响和外界刺激发生"渐变"或"突变"。假定系统总的演化周期数为 T，则各周期分别以 $t=1,2,\cdots,T$ 表示，$t=0$ 代表初始状态。以 $x_{i,t}^h$（$i=1,\cdots,m,h=1,2$）表示消费主体 i 在 t 周期产品传统性能、环境性能维度的偏好，则消费者偏好的渐变表示为：

$$x_{i,t}^h = (1-\beta_i) \times x_{i,t-1}^h + \beta_i \times \sum_j (\text{inf}_j \times x_{j,t-1}^h) / \sum_j \text{inf}_j \quad h=1,2$$

$$(9.1)$$

其中，β_i 是消费主体 i 受朋友偏好影响的敏感程度，inf_j 是朋友主体 j 对消费主体 i 的影响力，h 为产品属性维度，1 为传统维度，2 为环境维度。

同时根据不同情境下的偏好突变假设，每周期随机选取情境假设比例的突变消费主体，则突变消费主体 i 的环境偏好表示为：

$$x_{i,t}^h = x_{i,t-1}^h + Random(0,1) \quad h=2 \qquad (9.2)$$

其中，$Random(0,1)$ 为消费主体 i 偏好突变的程度，是介于 0～1 之间的随机数。

消费者产品选择规则是：首先检查上期选择企业的产品当前属性，如果两个维度均符合其偏好限定的阈值（即产品传统性能不低于 $x_{i,t}^1$，环境性能不低于 $x_{i,t}^2$），则本期仍选择原生产企业；否则消费者随机遍历市场生产企业，如果存在两个维度均符合其偏好阈值者，消费主体将选择该生产企业为其新的交易对象；如果市场中不存在符合其偏好的产品，消费主体本周期放弃交易。

三、企业绿色技术创新规则

将 t 周期生产企业 k 的产品性能表示为 $p_{k,t}^h$（$k=1,\cdots,n,h=1,2$），生产企业为满足消费者不断变化的需求偏好，需要通过创新提高自身产品性能以满足消费者需求；同时，创新需要一定的资金投入，企业必须拥有一定的资金储备才能实施创新；实施创新的类型根据市场需求反馈。企业绿色技术创新规则具体描述如下：

（1）检查创新临界点：各企业主体计算本期交易情况及市场需求信息，只要本期存在未交易的消费者，即达到激进型企业创新临界点；而当企业销量小于各企业的平均销量时，达到主动型企业创新临界点；当企业销量小于警戒销量 s 时，达到被动型企业创新临界点。未达临界点企业选择保持现状。

（2）达临界点企业检查资金状况，资金储备满足创新投入时，企业选择创新，否则维持现状。

（3）创新企业分别检查自身产品传统性能和环境性能未达到消费者需求偏好的情况，当更多的消费者是由于产品环境性能未达到偏好而放弃交易时，企业选择绿色技术创新，否则将实施传统创新。

（4）当企业选择绿色技术创新时，产品环境性能提高，而传统性能的变化则可能由于成本增加等原因导致价格上升等，使传统性能下降，也可能由于环保新设备的采用使生产效率提高而价格降低等，使传统性能提高，因此传统性能的变化是（-1，1）的随机数：

$$\left\{\begin{matrix} p_{k,t}^1 = p_{k,t-1}^1 + Random(-1,1) \\ p_{k,t}^2 = p_{k,t-1}^2 + 1 \end{matrix}\right\} \tag{9.3}$$

当企业选择传统创新时，假定产品环境性能不变，传统性能变化为：

$$p_{k,t}^1 = p_{k,t-1}^1 + 1 \tag{9.4}$$

四、计算实验模型设计

根据系统假设及相关主体行为规则，将现实场景中的生产企业及消费者个体映射为多个 Agent，每个 Agent 有唯一识别号，并将生产企业及消费者的个性特征、偏好及行为决策方式等映射为 Agent 的属性和规则。消费主体通过自身偏好选择符合条件的企业主体，企业主体为满足消费主体偏好通过传统创新或绿色技术创新提升自身产品性能；而消费主体的偏好受朋友主体影响及外界刺激发生"渐变"或"突变"。各 Agent 记忆自身的历次交易过程，在交互中不断学习与自适应，是一个动态的演化过程。观察记录各 Agent 在各周期的行为与决策规律，模拟现实世界消费者偏好演化过程及产品选择过程，可以将微观层面的消费者偏好演化与宏观层面的企业绿色技术创新行为建立动态关联，深入探寻企业绿色技术创新行为的微观动力机制。模型工作流程如图 9 - 1 所示。

如图 9 - 1 所示，在每个交易周期，首先依次访问每个消费主体，按预定规则完成偏好更新及产品选择，并保存消费主体信息；然后依次遍历企业主体，统计本期销量及市场需求，并根据财务状况及市场需求做出创新决策，同时将交易及创新信息保存到数据库；周而复始，达到设定循环周期后完成模拟实验。通过计算实验方法研究需求偏好演化下企业绿色创新行为路径及创新绩效，可以通过参数调整模拟不同情境，既可以通过对比实验观察不同情境下单个因素的影响规律，又可以同时考察多个因素的协同作用；另外，可以通过随机变量的引入模拟现实世界的不确定性

（如绿色技术创新对产品传统性能的影响等），使模拟结果更符合现实场景。

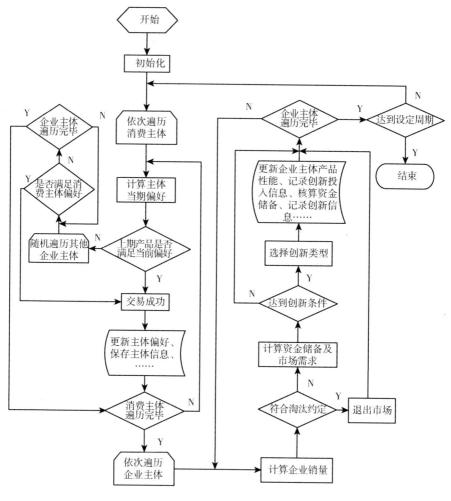

图 9 – 1　模型工作流程

第三节　模拟实验与结果分析

根据前面的假设，本实验按照外部刺激引发消费者偏好突变的比例假设四种情境，对应消费者偏好突变比例分别为 0%、5%、10% 和 30%，企业主体总数 $n = 9$，且激进型、主动型、被动型企业数 $a_1 = a_2 = a_3 = 3$，其产品传统性能、环境性能初始值 $p_{k,0}^1 = p_{k,0}^2 = 2$；消费主体总数 $m = $

900，消费主体 i 的朋友数 $f_i = Random(1,10)$，初始随机选择相应数量的朋友主体，且各周期固定，消费主体 i 初始偏好 $x_{i,0}^1 = Random(0,5)$，$x_{i,0}^2 = Random(0,5)$，受朋友影响敏感程度 $\beta_i = Random(0,0.2)$；其他主要参数为：实验周期 $T = 100$，朋友 j 影响力均值 $\inf_j = Random(0, 0.2)$，被动型企业销量预警值 $s = 10$ 等。由于主体微观异质性及自适应性导致的复杂性，同一情境下的多次模拟实验其演化结果可能表现出多样性的特征，为避免因实验结果的偶然性做出片面结论，每种情境均实验多次（大于 30 次），选取其中有代表性的实验结果做进一步分析（参数的调整对实验结果会有一定影响，但不影响总体趋势）。

一、消费者偏好演化分析

按照系统假设重构四种情境，分别对应消费者偏好突变比例为 0（偏好无突变）、5%、10%、30%，其他参数相同，模拟运行 100 周期，则不同情境下消费者各周期环境性能偏好水平和企业产品环境性能水平演变如图 9-2 所示。

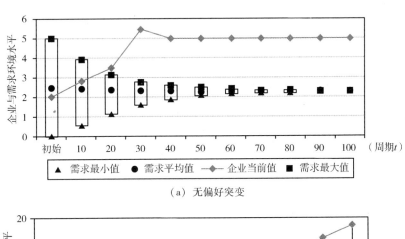

（a）无偏好突变

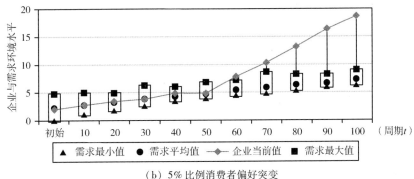

（b）5% 比例消费者偏好突变

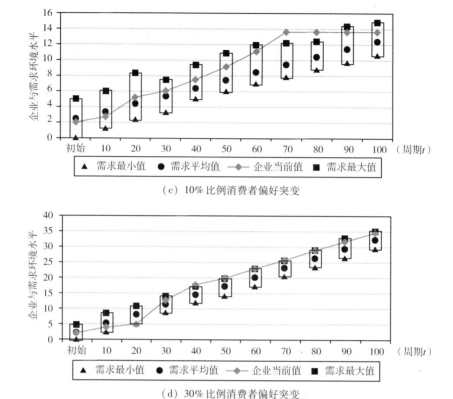

（c）10% 比例消费者偏好突变

（d）30% 比例消费者偏好突变

图 9 - 2　不同突变情境下消费者需求偏好与企业产品环境性能水平演化

由图 9 - 2 可见，随着消费者偏好突变比例的提高，消费者整体环境偏好水平和企业产品环境性能水平呈上升趋势；从消费者需求偏好平均值来看，无偏好突变情境下（见图 9 - 2（a）），需求偏好平均值基本持平，且消费者需求偏好随时间趋同（最大、最小和平均值逐渐接近）；而在其他三种情境下，消费者需求偏好平均值不断上升，且随消费者偏好突变比例的升高而上升幅度增大，并随时间演变保持偏好异质性；在无偏好突变时，企业产品环境性能水平在 20 周期左右即已满足全体消费者性能偏好需求，而当偏好突变为 30% 时，企业需要不断提高产品环境性能才能满足消费者环境偏好。图 9 - 3 对比显示了不同情境第 50 周期的消费者环境偏好水平。

图 9 - 3 对比显示了不同突变情境下消费者环境偏好水平及消费者环境偏好的异质性程度，随着偏好突变比例的加大，消费者环境偏好水平上升，且偏好趋同趋势降低。

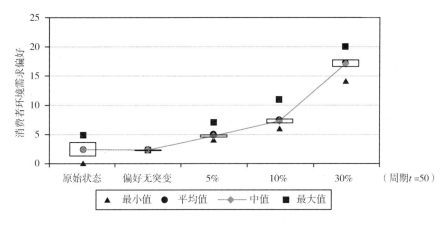

图 9 - 3 　不同突变情境下消费者环境偏好水平

二、企业产品环境性能分析

　　企业通过创新提高产品性能，以满足消费者偏好。由上述分析可见，随着消费者环境偏好突变比例的提升，消费者对产品环境性能的偏好不断上升，促使企业不断实施绿色技术创新以提高产品环境性能。图 9 - 4 显示了不同情境下各周期各企业产品环境性能的演化过程。

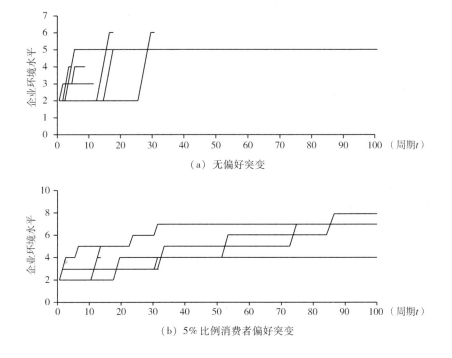

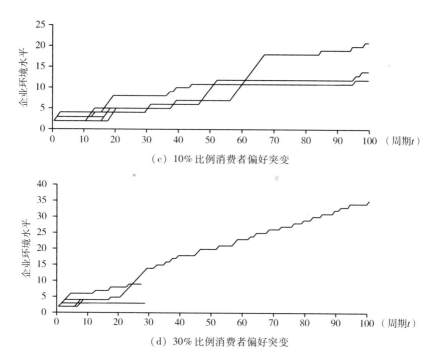

（c）10%比例消费者偏好突变

（d）30%比例消费者偏好突变

图9-4 不同情境下各企业产品环境性能演化

图9-4显示了各企业的产品环境性能演化过程，由于创新需要一定的资金投入，且绿色技术创新可能导致产品传统性能降低，致使有些企业逐渐失去消费者，并中途退出市场（图中浅颜色中断的曲线）。从图中可见，随着消费者环境偏好突变比例的上升，企业产品环境性能呈上升趋势；同时，在无偏好突变情境下，较早实施绿色技术创新的企业最终占领市场。但其产品环境性能到达一定水平后，由于市场需求已得到充分满足，企业不再实施绿色创新，出现了"锁定"现象；图9-4（b）和9-4（c）两种情境下，虽然产品环境性能多次经历平台期，但仍然有不断上升态势；而图9-4（d）情境下，产品环境性能的上升是不间断的，印证了消费者环境偏好对企业绿色技术创新的驱动作用。

三、创新策略绩效分析

企业通过创新满足消费者偏好，以获取更大的市场份额，取得更高的经济效益。然而创新有一定的风险，且需要资金投入，因此不同类型的企业采取不同的创新策略。图9-5显示了不同偏好突变情境下各创新策略的市场绩效情况。由于绿色技术创新提高产品环境性能的同时，传统性能的变化具有不确定性，在多次的模拟实验中，无偏好突变、5%、10%三种突变情境下，均出现了两种不同的演化趋势，在图 8 − 5 中分别以"情形 1"和"情形 2"列示。

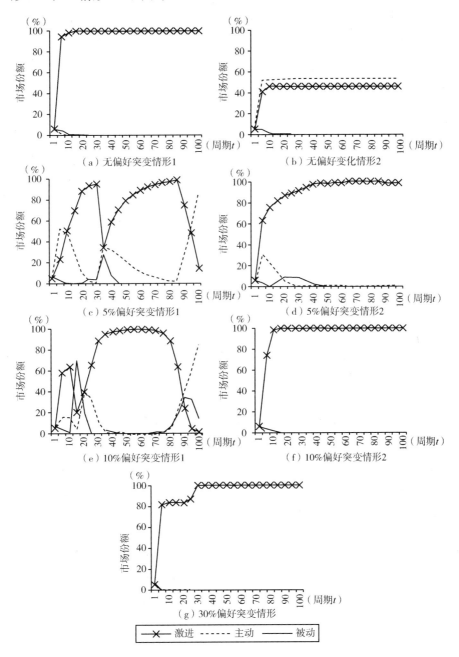

图 9 − 5　不同情境下各创新策略经济绩效演化

从图 9 – 5 总体情况来看，被动创新策略在各种情境的长期演化中始终不占优势，由于创新的迟滞性及消费者选择企业产品的路径依赖，必须及时响应市场需求变化才能占领先机。同时，随着消费者偏好突变比例的提升，激进型企业由于能够及时掌握市场需求动向，抢先适应市场变化而最终以绝对优势占领市场；而在无偏好突变情境下，由于消费者偏好变化缓慢，主动型企业也有机会长期跑赢市场；在 5% 和 10% 偏好突变情境下，由于创新伴随的风险，激进型企业有时会因市场反应过度而落后于主动型企业。因此，从企业角度，创新决策不应仅依据市场需求现状，还应根据外部环境刺激分析消费者偏好演化动态才能准确预测市场；而从保护企业绿色技术创新积极性角度，应加大环境教育和宣传力度，动员更多的消费者采纳绿色技术创新产品；同时，绿色先行者更担负着积极宣传绿色产品的重任，他们在整个社会网络的子网中扮演"桥梁"的角色，可以带动整个子网成员环境偏好的改变，这对社会整体环境偏好的提升和推动企业积极开展绿色技术创新具有重要意义。

第四节　管理启示

本章通过构建消费者与企业互动的计算实验模型，探索了消费者偏好演化的不同情境下企业绿色技术创新行为的演化轨迹。研究发现：外界环境刺激通过引发某些个体的偏好突变，打破消费群体因交互发生"渐变"而导致的趋同及市场"锁定"，从而成为企业绿色技术创新的持续动力。而绿色先行者通过自身环境偏好的突变，在社会整体偏好突变中扮演"桥梁"的角色，他们对绿色技术创新产品和环保知识的积极宣传，可以影响更多消费者，从而带动整个网络成员环境偏好的改变。同时，在社会整体环境偏好水平较低时，绿色技术创新的资金投入和风险会导致企业经济绩效的下滑，为保护绿色技术创新企业的积极性，政府应通过创新激励及绿色创新产品补贴等方式降低企业绿色技术创新风险。

以下问题有待进一步探索：第一，本章假定产品环境性能提高与绿色技术创新投入具有线性关系，没有考虑产品环境性能达到一定水平后的技术瓶颈问题；第二，本章通过偏好突变比例假设了偏好突变的四种情境，没有考虑具体外界刺激方式和强度对消费者偏好的影响过程，有待于在后续研究中进一步深入。

附　　录

企业绿色技术创新行为及创新绩效调研问卷

尊敬的女士/先生：

您好！非常感谢您在百忙之中抽空填写本调研问卷，本问卷采取匿名的方式作答，答案仅作为学术研究的分析之用，不会披露给任何个人、企业或单位，我们迫切地希望您能够根据本企业的实际情况作答。谢谢您的配合和支持，在填写问卷的过程中您有任何问题均可联系咨询，祝您工作顺利，万事如意！

《企业绿色技术创新行为研究》课题组

第一部分：企业基本信息（请在以下适当选项上打"√"）：

1. 贵公司所属行业：

☐金属制品业　　☐造纸及纸制品业　　☐化学原料及化学制品业

☐钢铁产业　　　☐交通运输、仓储业　☐电子产品及半导体产业

☐纺织业　　　　☐非金属物制品业（含水泥、玻璃、陶瓷、耐火材料）

☐建筑业　　　　☐橡胶、塑料制品业　☐其他（请注明：＿＿＿＿）

2. 贵公司员工数：

☐低于 150 人　　　　　　　　☐150～500 人

☐501～1000 人　　　　　　　☐1001～5000 人

☐5000 人以上

3. 贵公司上年度销售额：

☐少于 1000 万元　　　　　　☐1001 万～5000 万元

☐5001 万～1 亿元　　　　　　☐1 亿元以上

4. 贵公司成立年限：

☐5 年以下　　　　　　　　　☐6～10 年

☐11～20 年　　　　　　　　　☐20 年以上

5. 贵公司的所有制类型：

□国有　　　　　　　　　　　　　□私营

□中外合资　　　　　　　　　　　□外商独资

6. 贵公司是否上市公司：

□是　　　　　　　　　　　　　　□否

第二部分：企业绿色技术创新行为及绩效调研（请根据贵公司绿色技术创新驱动因素、绿色技术创新行为及实现绩效的实际情况，在以下适当的选项□或数值上打"√"。①表示"非常不符合"，②表示"不符合"，③表示"不大符合"，④表示"一般"，⑤表示"基本符合"⑥表示"符合"⑦表示"非常符合"）。

		请选择下列陈述符合贵公司 实际情况的程度	非常 不符合	不符合	基本 不符合	一般	基本 符合	符合	非常 符合
预期经济收益	A1	提高员工环保素质，重视企业绿色形象树立，有利于提高品牌价值	1	2	3	4	5	6	7
	A2	企业通过提高清洁生产水平和进行绿色产品创新，取得了更高的经济收益	1	2	3	4	5	6	7
	A3	在更为环保的生产工艺和产品研发上进行投资，有助于提高企业竞争力	1	2	3	4	5	6	7
	A4	通过开发绿色产品，能够帮助企业开拓有利可图的新市场	1	2	3	4	5	6	7
	A5	政府环境监测及行政处罚增加了排污成本，迫使贵公司通过绿色技术创新改变污染现状	1	2	3	4	5	6	7
	A6	绿色技术创新补贴降低了企业的研发投入及新产品新工艺开发成本	1	2	3	4	5	6	7
	A7	绿色产品税费优惠能够降低了企业绿色技术产品的成本	1	2	3	4	5	6	7
	A8	科技发展突破了绿色创新的技术瓶颈，企业有望通过新技术应用取得更好的收益	1	2	3	4	5	6	7
	A9	同行企业绿色技术创新活动取得的成绩会成为贵企业创新决策的重要参考	1	2	3	4	5	6	7
	A10	与其他企业建立创新联盟有利于降低绿色技术创新的风险和成本，取得更好的经济收益	1	2	3	4	5	6	7

请选择下列陈述符合贵公司实际情况的程度		非常不符合	不符合	基本不符合	一般	基本符合	符合	非常符合
利益相关者压力	B1 来自媒体的压力对企业绿色技术创新决策很重要	1	2	3	4	5	6	7
	B2 来自环保组织的压力对企业绿色技术创新决策很重要	1	2	3	4	5	6	7
	B3 来自社区居民的压力对企业绿色技术创新决策很重要	1	2	3	4	5	6	7
	B4 日益严格的环境规制促使企业进行绿色技术创新	1	2	3	4	5	6	7
	B5 来自消费者的压力对企业绿色技术创新决策很重要	1	2	3	4	5	6	7
	B6 来自竞争者的压力对企业绿色技术创新决策很重要	1	2	3	4	5	6	7
	B7 来自股东的压力对企业绿色技术创新决策很重要	1	2	3	4	5	6	7
	B8 来自管理者的压力对企业绿色技术创新决策很重要	1	2	3	4	5	6	7
	B9 来自企业员工的压力对企业绿色技术创新决策很重要	1	2	3	4	5	6	7
资源冗余	C1 企业有足够的财力资源进行新技术研发	1	2	3	4	5	6	7
	C2 企业有足够的人力和财力资源进行新市场开拓	1	2	3	4	5	6	7
	C3 企业有足够的技术力量进行新技术研发	1	2	3	4	5	6	7
	C4 企业能够在需要时获得银行贷款或其他金融机构资助	1	2	3	4	5	6	7
	C5 企业有先进的工艺设备或技术，但没有充分利用	1	2	3	4	5	6	7
	C6 企业人力资源丰富，还有进一步发掘的潜力	1	2	3	4	5	6	7
	C7 企业生产能力尚有富余	1	2	3	4	5	6	7

		请选择下列陈述符合贵公司实际情况的程度	非常不符合	不符合	基本不符合	一般	基本符合	符合	非常符合
绿色技术创新行为	P1	企业调整经营活动以减少资源浪费和污染物排放	1	2	3	4	5	6	7
	P2	企业调整经营活动以实现废物再利用	1	2	3	4	5	6	7
	P3	企业采用了新的原材料以减少环境破坏	1	2	3	4	5	6	7
	P4	企业开发了新的环境友好产品替代传统产品	1	2	3	4	5	6	7
	P5	企业增加了环保工艺或环保产品的研发投资	1	2	3	4	5	6	7
环境绩效	S1	贵公司产品废水排放减少了	1	2	3	4	5	6	7
	S2	贵公司产品废气排放减少了	1	2	3	4	5	6	7
	S3	贵公司产品固体废物排放减少了	1	2	3	4	5	6	7
	S4	贵公司生产过程中污染减少了	1	2	3	4	5	6	7
	S5	贵公司较好地履行甚至加强了环境管理体系	1	2	3	4	5	6	7
	S6	贵公司废弃物达标比例居同行领先水平	1	2	3	4	5	6	7
经济绩效	U1	贵公司新产品盈利能力居同行领先水平	1	2	3	4	5	6	7
	U2	贵公司新产品销售额占总销售额比重高	1	2	3	4	5	6	7
	U3	贵公司盈利增长比竞争者更快	1	2	3	4	5	6	7
	U4	贵公司产品市场份额比竞争者提高更多	1	2	3	4	5	6	7
	T1	创新产品提高了环境友好性能	1	2	3	4	5	6	7
	T2	创新价格高于传统产品	1	2	3	4	5	6	7
	T3	该行业有一定数量的绿色消费群体	1	2	3	4	5	6	7
	T4	绿色购买会使消费者感到有面子	1	2	3	4	5	6	7
	T5	新产品的节能性降低了消费者的使用成本	1	2	3	4	5	6	7

问卷到此结束，请您检查一下有无漏选项目。非常感谢您的作答，愿您全家幸福安康！

参考文献

［1］安同良，周绍东，皮建才：《R&D 补贴对中国企业自主创新的激励效应》，《经济研究》2009 年第 10 期。

［2］蔡宁，吕燕：《产品导向型生态技术创新过程及其特征的研究》，《生态经济》2000 年第 12 期。

［3］曹柬，吴晓波，周根贵，胡强：《制造企业绿色产品创新与扩散过程中的博弈分析》，《系统工程学报》2012 年第 5 期。

［4］陈林，朱卫平：《出口退税和创新补贴政策效应研究》，《经济研究》2008 年第 11 期。

［5］陈诗一：《边际减排成本与中国环境税改革》，《中国社会科学》，2011 年第 3 期。

［6］陈晓萍，徐淑英，樊景立：《组织与管理研究的实证方法》，北京：北京大学出版社 2008 年版。

［7］程聪，谢洪明：《企业外部环境、绿色经营策略与竞争优势关系研究：以环境效益为调节变量》，《科研管理》2012 年第 11 期。

［8］程琼，范华：《Levene 方差齐性检验》，《中国卫生统计》2005 年第 6 期。

［9］仇立：《基于绿色品牌的消费者行为研究》，天津大学论文，2012 年。

［10］杜建国，王敏，陈晓燕等：《公众参与下的企业环境行为演化研究》，《运筹与管理》2013 年第 1 期。

［11］樊琦，韩民春：《政府 R&D 补贴对国家及区域自主创新产出影响绩效研究——基于中国 28 个省域面板数据的实证分析》，《管理工程学报》2011 年第 3 期。

［12］范群林，邵云飞，唐小我：《以发电设备制造业为例探讨企业绿色创新的动力》，《软科学》2011 年第 1 期。

［13］范群林，邵云飞，唐小我：《中国 30 个地区绿色技术创新能力

分类特征》，《中国人口·资源与环境》2011 年第 6 期。

[14] 方润生：《企业的冗余资源及其有限理性来源观》，《经济经纬》2004 年第 4 期。

[15] 傅京燕：《环境桂枝与产业国际竞争力》，经济科学出版社 2006 年版。

[16] 耿振余，毕义明：《战场信息协作的知识表示模型》，《情报指挥控制系统与仿真技术》2004 年第 6 期。

[17] 关洪军：《石化行业经营风险控制模型构建与应用研究》，武汉理工大学论文，2011 年。

[18] 郭文胜：《基于敏捷制造模式的虚拟车间协同作业原理与应用实践》，四川大学论文，2002 年。

[19] 何建武，李善同：《节能减排的环境税收政策影响分析》，《数量经济技术经济研究》2009 年第 1 期。

[20] 何铮，谭劲松，陆园园：《组织环境与组织战略关系的文献综述及最新研究动态》，《管理世界》2006 年第 11 期。

[21] 侯杰泰等：《结构方程模型及其应用》，教育科学出版社 2004 年版。

[22] 黄来磊：《基于复杂在线网络的社会化搜索》，南京航空航天大学论文，2009 年。

[23] 黄蓬国，刘胜全，贾百川：《基于 ZEUS 的智能电子商务交易系统设计》，《计算机应用与软件》2011 年第 3 期。

[24] 黄薇：《环境、风险与企业技术效率：基于改进型三阶段 DEA 模型》，《系统工程理论与实践》2012 年第 1 期。

[25] 戢守峰：《基于多层次 CPFR 的三级库存协调与优化方法》，科学出版社 2011 年版。

[26] 贾军，张伟：《绿色技术创新中路径依赖及环境规制影响分析》，《科学学与科学技术管理》2014 年第 5 期。

[27] 江静：《公共政策对企业创新支持的绩效——基于直接补贴与税收优惠的比较分析》，《科研管理》2011 年第 4 期。

[28] 蒋国银，胡斌，王缓缓：《基于 Agent 和进化博弈的服务商动态联盟协同管理策略研究》，《中国管理科学》2009 年第 2 期。

[29] 蒋国银，胡斌：《集成博弈和多智能体的人群工作互动行为研究》，《管理科学学报》2011 年第 2 期。

[30] 蒋国银，马费成，刘行军：《在线到移动环境下消费接受行为

的演化研究：基于计算实验方法》，《中国管理科学》2014 年第 11 期。

［31］蒋洪强，张静：《绿色技术创新与环保产业发展》，《环境保护》2012 年第 15 期。

［32］蒋伟进，许宇晖，张莲梅：《基于 MAS 构件技术的复杂知识复用动态演化模型研究》，《系统工程理论与实践》2013 年第 10 期。

［33］焦俊，李垣：《基于联盟的企业绿色战略导向与绿色创新》，《研究与发展管理》2011 年第 1 期。

［34］焦长勇：《企业绿色技术创新探析》，《科技进步与对策》2001 年第 3 期。

［35］井绍平：《绿色营销及其对消费者心理与行为影响的分析》，《管理世界》2004 年第 5 期。

［36］劳可夫：《消费者创新性对绿色消费行为的影响机制研究》，《南开管理评论》2013 年第 4 期。

［37］雷善玉，王焕冉，张淑慧：《环保企业绿色技术创新的动力机制：基于扎根理论的探索研究》，《管理案例研究与评论》2014 年第 4 期。

［38］黎建新：《绿色购买的影响因素分析及启示》，《长沙理工大学学报》2006 年第 4 期。

［39］李勃昕，韩先锋，宋文飞：《环境规制是否影响了中国工业 R&D 创新效率》，《科学学研究》2013 年第 7 期。

［40］李晨光：《区域创新政策对企业创新效率影响的实证研究》，《科研管理》2014 年第 9 期。

［41］李钢，刘鹏：《钢铁行业环境管制标准提升对企业行为与环境绩效的影响》，《中国人口·资源与环境》2015 年第 12 期。

［42］李红侠：《民营企业绿色技术创新与环境税政策》，《税务研究》2014 年第 3 期。

［43］李洪心，付伯颖：《对环境税的一般均衡分析与应用模式探讨》，《中国人口·资源与环境》2004 年第 3 期。

［44］李静：《面向 Multi-Agent 的实时信息下驾驶员行为仿真研究》，哈尔滨工业大学论文，2010 年。

［45］李平：《技术创新从传统迈向绿色》，《社会科学》2001 年第 12 期。

［46］李平：《论绿色技术创新主体系统》，《科学学研究》2005 年第 3 期。

［47］李巧华，唐明凤，潘明清：《企业绿色创新因素影响效应研

究——以生产型企业为例》,《科技进步与对策》2015 年第 2 期。

〔48〕李旭:《绿色创新相关研究的梳理与展望》,《研究与发展管理》2015 年第 2 期。

〔49〕李艳艳,王坤:《企业行为约束下技术创新所得税激励政策效应研究》,《科技进步与对策》2016 年第 4 期。

〔50〕李阳,党兴华,韩先锋等:《环境规制对技术创新长短期影响的异质性效应——基于价值链视角的两阶段分析》,《科学学研究》2014 年第 6 期。

〔51〕李怡娜,叶飞:《制度压力、绿色环保创新实践与企业绩效关系——基于新制度主义理论和生态现代化理论视角》,《科学学研究》2011 年第 4 期。

〔52〕连军:《组织冗余、政治联系与民营企业 R&D 投资》,《科学学与科学技术管理》2013 年第 1 期。

〔53〕梁伟,朱孔来,姜巍:《环境税的区域节能减排效果及经济影响分析》,《财经研究》2014 年第 1 期。

〔54〕林承亮,许为民:《技术外部性下创新补贴最优方式研究》,《科学学研究》2012 年第 5 期。

〔55〕刘岗,刘孝贤:《企业技术创新与管理》,黄河出版社 2002 年版。

〔56〕刘小峰,盛昭瀚,杜建国:《产品竞争与顾客选择下的清洁生产技术演化模型》,《管理科学》2013 年第 6 期。

〔57〕刘晔,周志波:《完全信息条件下寡占产品市场中的环境税效应研究》,《中国工业经济》2011 年第 8 期。

〔58〕柳卸林,姜江:《发挥公众参与在绿色技术创新中的重要作用》,《工业技术经济》2012 年第 1 期。

〔59〕卢方元:《环境污染问题的演化博弈分析》,《系统工程理论与实践》2007 年第 9 期。

〔60〕马媛,侯贵生,尹华:《企业绿色创新驱动因素研究——基于资源型企业的实证》,《科学学与科学技术管理》2016 年第 4 期。

〔61〕荣泰生:《企业研究方法》,北京:中国税务出版社 2005 年版。

〔62〕荣泰生:《SPSS 与研究方法（第 2 版)》,东北财经大学出版社 2012 年版。

〔63〕沈能,刘凤朝:《高强度的环境规制真能促进技术创新吗?——基于"波特假说"的再检验》,《中国软科学》2012 年第 4 期。

［64］生延超：《创新投入补贴还是创新产品补贴：技术联盟的政府策略选择》，《中国管理科学》2008 年第 6 期。

［65］盛昭瀚，李静，陈国华：《社会科学计算实验基本教程》，上海三联书店 2010 年版。

［66］盛昭瀚，张军，杜建国：《社会科学计算实验理论与应用》，上海三联书店 2009 年版。

［67］盛昭瀚，张军，刘慧敏：《社会科学计算实验案例分析》，上海三联书店 2011 年版。

［68］盛昭瀚，张维：《管理科学研究中的计算实验方法》，《管理科学学报》2011 年第 5 期。

［69］隋俊，毕克新，杨朝均等：《跨国公司技术转移对我国制造业绿色创新系统绿色创新绩效的影响机理研究》，《中国软科学》2015 年第 1 期。

［70］孙爱英，苏中锋：《资源冗余对企业技术创新选择的影响研究》，《科学学与科学技术管理》2008 年第 5 期。

［71］孙剑，李崇光，黄宗煌：《绿色食品信息、价值属性对绿色购买行为影响实证研究》，《管理学报》2010 年第 1 期。

［72］孙晓华，郭少蓉：《新技术、异质性偏好与产业演化》，《系统工程学报》2014 年第 3 期。

［73］谭家美，王正：《信任水平对动态共乘匹配效果的仿真》，《系统管理学报》2014 年第 6 期。

［74］汤长安，黄平：《环境规制下企业环保技术联盟创新》，《系统工程》2013 年第 6 期。

［75］童昕：《集群中的绿色技术创新扩散研究——以电子制造的无铅化为例》，《中国人口·资源与环境》2007 年第 6 期。

［76］托马斯·思德纳：《环境与自然资源管理的政策工具（中译本）》，上海人民出版社 2005 年版。

［77］万伦来，黄志斌：《推动绿色技术创新，促进经济可持续发展》，《自然辩证法研究》2003 年第 2 期。

［78］王飞跃，曾大军，袁勇，李林静，杨彦武：《新兴电子商务——关键字竞价基础理论与计算实验》，清华大学出版社 2013 年版。

［79］王飞跃，曾大军，袁勇：《基于 ACP 方法的电子商务系统复杂性研究》，《复杂系统与复杂性科学》2008 年第 3 期。

［80］王飞跃：《人工社会、计算实验、平行系统——关于复杂社会

经济系统计算研究的讨论》，《复杂系统与复杂性科学》2004 年第 4 期。

［81］王国印，王动：《波特假说、环境规制与企业技术创新——对中东部地区的比较分析》，《中国软科学》2011 年第 1 期。

［82］王雪茹，高婷婷，李萌，张磊，王培东：《一种改进的基于合作调停的交通协调控制算法》，《哈尔滨理工大学学报》2014 年第 1 期。

［83］王志刚，古学军：《质量、信息和公共政策：消费者购买无公害鸡蛋的影响因素分析》，《辽宁大学学报》2007 年第 4 期。

［84］温肇东，陈泰明：《台湾的绿色创新组织初探》，《台大管理论丛》1998 年第 2 期。

［85］吴江，胡斌，鲁耀斌：《实证驱动的信息系统扩散与组织互动模拟研究》，《管理科学学报》2010 年第 10 期。

［86］吴明隆：《SPSS 统计应用实务——问卷分析与应用统计》，科学出版社 2003 年版。

［87］席德立：《清洁生产的概念与方法》，《环境保护》1993 年第 5 期。

［88］席元凯，吴旻：《基于多智能体的供应链风险管理》，《物流科技》2009 年第 3 期。

［89］谢家平，王爽：《偏好市场下制造/再制造系统最优生产决策》，《管理科学学报》2011 年第 3 期。

［90］谢睿，王少荣：《基于多智能体与实时数据的合同能源管理决策支持系统》，《电力系统自动化》2013 年第 12 期。

［91］熊熊，姚传伟，张永杰：《中小企业联合担保贷款的计算实验金融分析》，《管理科学学报》2013 年第 3 期。

［92］熊鹰，徐翔：《政府环境监管与企业污染治理的博弈分析及对策研究》，《云南社会科学》2007 年第 4 期。

［93］徐杨，王晓峰，何清漪：《物联网环境下多智能体决策信息支持技术》，《软件学报》2014 年第 10 期。

［94］徐杨，张玉林，孙婷婷，苏艳芳：《基于多智能体交通绿波效应分布式协同控制算法》，《软件学报》2012 年第 11 期。

［95］徐迎，张薇：《技术创新理论的演化研究》，《图书情报工作》2014 年第 7 期。

［96］许伦辉，高雅隽，邝先验：《基于多智能体的高速公路收费站交通仿真》，《计算机仿真》2013 年第 5 期。

［97］许庆瑞，王毅：《绿色技术创新新探：生命周期观》，《科学管

理研究》1999 年第 1 期。

[98] 许士春，何正霞，龙如银：《环境规制对企业绿色技术创新的影响》，《科研管理》2012 年第 6 期。

[99] 许士春，何正霞，龙如银：《环境政策工具比较：基于企业减排的视角》，《系统工程理论与实践》2012 年第 11 期。

[100] 薛澜，董秀海：《基于委托代理模型的环境治理公众参与研究》，《中国人口·资源与环境》2010 年第 10 期。

[101] 杨东，柴慧敏：《企业绿色技术创新的驱动因素及其绩效影响研究综述》，《中国人口·资源与环境》2015 年第 11 期。

[102] 杨东宁，周长辉：《企业环境绩效与经济绩效的动态关系模型》，《中国工业经济》2004 年第 4 期。

[103] 杨伟娜，刘西林：《排污权交易制度下企业环境技术采纳时间研究》，《科学学研究》2011 年第 2 期。

[104] 易开刚，刘培，厉飞芹：《社会责任视角下企业技术创新向度与边界》，《科技进步与对策》2014 年第 18 期。

[105] 约瑟夫·熊彼特：《经济发展理论》，商务印书馆 1990 年版。

[106] 岳朝龙，林钟高，汤谢莹等：《竞争程度、市场需求、资金约束与企业创新》，《安徽工业大学学报》2012 年第 2 期。

[107] 张炳，毕军，袁增伟等：《企业环境行为：环境政策研究的微观视角》，《中国人口·资源与环境》2007 年第 3 期。

[108] 张成，陆旸，郭路，于同申：《环境规制强度与生产技术进步》，《经济研究》2011 年第 2 期。

[109] 张钢，张小军：《企业绿色创新战略的驱动因素：多案例比较研究》，《浙江大学学报（人文社会科学版）》2014 年第 1 期。

[110] 张钢，张小军：《国外绿色创新研究脉络梳理与展望》，《外国经济与管理》2011 年第 8 期。

[111] 张红凤，张细松：《环境规制理论研究》，北京大学出版社 2012 年版。

[112] 张红凤，周峰，杨慧，郭庆：《环境保护与经济发展双赢的规制绩效实证分析》，《经济研究》2009 年第 3 期。

[113] 张鸿辉，王丽萍，金晓斌，宋歌，周寅康，杨悉廉：《基于多智能体系统的城市增长时空动态模拟——以江苏省连云港市为例》，《地理科学》2012 年第 11 期。

[114] 张继良，李琳琳：《R&D 资助差异与企业技术创新阶段的关

系研究》，《科学学研究》2014 年第 11 期。

［115］张倩，曲世友：《环境规制下政府与企业环境行为的动态博弈与最优策略研究》，《预测》2013 年第 4 期。

［116］张庆普：《我国企业绿色技术创新的主要对策》，《学习与探索》2001 年第 3 期。

［117］张维：《计算实验金融研究》，科学出版社 2010 年版。

［118］张伟，李虎林，安学兵：《利用 FDI 增强我国绿色创新能力的理论模型与思路探讨》，《管理世界》2011 年第 12 期。

［119］张小军：《企业绿色创新战略的驱动因素及绩效影响研究》，浙江大学，2012.

［120］张永杰，张维，熊熊：《投资策略与投资收益：基于计算实验金融的研究》，《管理科学学报》2010 年第 9 期。

［121］赵爱武，杜建国，关洪军：《环境税情景下企业环境技术创新模拟》，《管理科学》2016 年第 1 期。

［122］赵爱武，杜建国，关洪军：《基于计算实验的有限理性消费者绿色购买行为》，《系统工程理论与实践》2015 年第 1 期。

［123］赵爱武，杜建国，关洪军：《绿色购买行为演化路径与影响机理分析》，《中国管理科学》2015 年第 11 期。

［124］赵爱武，杜建国，关洪军：《需求偏好演化下企业环境创新行为路径与绩效》，《系统工程理论与实践》2016 年第 4 期。

［125］赵卫东：《基于 MAS 的个性化信息检索系统的设计》，《现代电子技术》2008 年第 12 期。

［126］周华，郑雪姣，崔秋勇：《基于中小企业技术创新激励的环境工具设计》，《科研管理》2012 年第 5 期。

［127］周小亮，笪贤流：《偏好融合及其经济学意义》，《经济学家》2010 年第 4 期。

［128］朱庆华，柳卿：《电信设备制造企业绿色创新》，《研究与发展管理》2011 年第 1 期。

［129］邹彩芬，刘双，谢琼：《市场需求、政府补贴与企业技术创新关系研究》，《统计与决策》2014 年第 9 期。

［130］Abdullah S, Morley B. "Environmental taxes and economic growth: Evidence from panel causality tests", *Energy Economics*, Vol. 4, 2014, p. 27.

［131］Aerts W, Cormier D. "Media legitimacy and corporate environmental communication ", *Accounting. Organizations and Society*, Vol. 34, No. 1, 2009, p. 1.

[132] Ajzen I, Fishbein M. Understanding attitudes and predicting social behavior. Englewood Cliffs, NJ: Prentice-Hall, 1980.

[133] Ajzen I. "Theory of planned behavior", Handb Theor Soc Psychol, Vol. 1, No. 1, 2011, p. 438.

[134] Ajzen I. Attitudes, personality, and Behavior. Chicago: Dorsey Press, 1988.

[135] Ajzen I. From intentions to actions: A theory of planned behavior. In: Kuhl J, Beckman J, (Eds.), Action control: From cognition to behavior. Heidelberg, Germany: Springer, 1985, pp. 11 – 39.

[136] Anna B, Christian B, KIKE R G. "The impact of environmental policy instruments on innovation: A review of energy and automotive industry studies". Ecological Economics, Vol. 106, 2014, p. 112.

[137] Ansoff I. Corporate strategy. New York: McGraw Hill, 1965.

[138] Arfaoui N, Brouillat E, Jean M S. "Policy design and technological substitution: Investigating the REACH regulation in an agent-based model", Ecological Economics, Vol. 107, 2014, p. 347.

[139] Ariel Rubinstein. Modeling Bounded Rationality, Cambridge MA: The MIT Press, 1997.

[140] Arora C. "Do community characteristics influence environmental outcomes? Evidence from the toxics release inventory", Southern Economic Journal, No. 4, 1999, p. 691.

[141] Ashford N A, Ayers C, Stone R. "Using regulation to change the market for innovation", Harvard Environmental Law Review. Vol. 9, No. 2, 1985, p. 419.

[142] Baneijee S B, Lyer E S, et al. "Corporate enviromnentalism: Antecedents and influence of industry type ", Journal of Marketing, Vol. 67, No. 2, 2003, p. 106.

[143] Banerjee S B. "Managerial perceptions of corporate environmentalism: Interpretations from industry and strategic implications for organizations", Journal of Management Studies, Vol. 38, No. 4, 2001, p. 489.

[144] Bansal P. "Building sustainable value through fiscal and social responsibility", IVEY Business Journal, Vol. 11, No. 1, 2005, p. 1.

[145] Baum J A, Rowley T J, Shipilov A V, et al. "Dancing with strangers: Aspiration performance and the search for underwriting syndicate partners", Administrative Science Quarterly, Vol. 50, No. 4, 2005, p. 536.

[146] Bekiroglu C, Erdil O, Alpkan L. "Vriables perceived by managers as antecedents that lead firms to environmental management: an empirical research in the Turkish construction sector", Procedia-Social and Behavioral Sciences, Vol. 24, 2011, p. 101.

[147] Benoit D, Faridah D, Faiz G. "Environmental policies and eco-innovations by service firms: An agent-based model", Technological Forecasting and Social Change, Vol. 80, No. 7, 2013, p. 1395.

[148] Berry T C, Junkus J C. "Socially responsible investing: An investor perspective", Journal of Business Ethics, Vol. 112, No. 4, 2013, p. 707.

[149] Bi G B, Song W, Zhou P, Liang L. "Does environmental regulation affect energy efficiency in China's thermal power generation? Empirical evidence from a slacks-based DEA model", Energy Policy, Vol. 66, 2014, p. 537.

[150] Biglan A. "The role of advocacy organizations in reducing negative externalities", Journal of Organization Behavior Management, Vol. 29, No. 3, 2009, p. 215.

[151] Bouigeois L J. "On the measurement of organizational slack", Academy of Management Review, Vol. 6, No. 1, 1981, p. 29.

[152] Bragdon J H, Marlin J. "Is pollution profitable", Risk management, Vol. 19, No. 4, 1972, p. 9.

[153] Buysse K, Verbeke A. "Proactive environmental strategies: A stakeholder management perspective", Strategic Management Journal, Vol. 24, No. 5, 2003, p. 453.

[154] Chan R Y K, He H, Chan H K, et al. "Environmental orientation and corporate performance: The mediation mechanism of green supply chain management and moderating effect of competitive intensity", Industrial Marketing Management, Vol. 41, No. 4, 2012, p. 621.

[155] Chan R Y K. "Corporate environmentalism pursuit by foreign firms competing in China", Journal of World Business, Vol. 45, No. 1, 2010, p. 80.

[156] Chan R Y K. "Does the natural-resource-based view of the firm apply in an emerging economy? A survey of foreign invested enterprises in China", Journalof Management Studies, Vol. 42, No. 3, 2005, p. 625.

[157] Chang M H, Harrington J E. "Centralization vs. decentralization in a multi-unit organization: A computational model of a retail chain as a multi-agent adaptive system", Management Science, Vol. 46, 2000, p. 1427.

[158] Chappin M M H, Vermeulen W J V, Meeus M T H, et al. "Enhancing our understanding of the role of environmental policy in environmental innovation: Adoption explained by the accumulation of policy instruments and agent-based factors", Environmental Science & Policy, Vol. 12, No. 7, 2009, p. 934.

[159] Chen Y S, Lai S B, Wen C T. "The influence of green innovation performance on corporate advantage in Taiwan", Journal of Business Ethics, Vol. 67, No. 4, 2006, p. 331.

[160] Chun H, Lee C, "Rousseau D M. Psychological contract and organizational citizenship behavior in China: Investieatins seneralizability and instrumentality", Journal of Applied Psychology, Vol. 89, No. 2, 2004, p. 311.

[161] Churchill G A. "A Paradigm for Developing Better Measures of Marketing Constructs", Journal of Marketing Research, Vol. 16, No. 1, 1979, p. 64.

[162] Cowe R, Williams S. Who are the Ethical Consumers, New York: The Cooperative Bank, 2000.

[163] Cyert R M, March J G. "A behavioral theory of the firm ", Englewood Cliffs, 1963, 2.

[164] Cyert Richard M, James G March. A behavioral theory of the firm. 李强, 译: 北京: 中国人民大学出版社, 2008.

[165] David L, Alex P, Lada A, et al. "Computational Social Science", Science, Vol. 323, No. 5915, 2009, p. 721.

[166] Delaney J T, Huselid M A. "The impact of human resource management practices on perceptions of organizational performance", Academy of Management journal, Vol. 39, No. 4, 1996, p. 949.

[167] Denison, E F. "Accounting for slower economic growth: The United States in the 1970s ", Southern Economic Journal, No. 47, 1981, p. 1191.

[168] Denison, E F. "Accounting for slower economic growth: The United States in the 1970s". Southern Economic Journal, Vol. 47, 1981, p. 1191.

[169] Engel J F, Blackwell R D., Miniard P W. Consumer Behavior, 8th ed. Philadephia: The Dryden Press, 1995.

[170] Ernst H N, Kees K, Jan W B, et al. "The adoption of sustainable innovations: Driven by symbolic and environmental motives", Global Environmental Change, Vol. 25, 2014, p. 52.

[171] Erzurumlu S S, Erzurumlu Y O. "Development and deployment drivers of clean technology innovations", The Journal of High Technology Management Research, Vol. 24, No. 2, 2013, p. 100.

[172] Eva H. "The impact of environmental performance on firm performance: Short-term costs and long-term benefits?", Ecological Economics, No. 84, 2012, p. 91.

[173] Fankhauser S, Bowen A, Calel R, et al. "Who will win the green race? In search of environmental competitiveness and innovation", Global EnvironmentalChange, Vol. 23, No. 5, 2013, p. 902.

[174] Fiksen Ø, Jørgensen C, Kristiansen T, Vikebø F, Huse G. "Linking behavioural ecology and oceanography: Larval behaviour determines growth, mortality and dispersal", Marine Ecology Progress Series, Vol. 347, No. 11, 2007, p. 195.

[175] Fineman S, Clarke K. "Green stakeholders: Industry interpretations and response", Journal of Management Studies, Vol. 33, No. 6, 1996, p. 715.

[176] Fishbein M, Ajzen I. Belief, attitude, intention and behavior: An introduction to theory and research. Reading, MA: AddisonWesley, 1975.

[177] Freeman R E. Strategic management: A Stakeholder Approach. Boston: Pitman, 1984.

[178] George H, Anastasios S. "Can capital markets respond to environmental policy of firms? Evidence from Greece", Ecological Economics, Vol. 63, 2007, p. 578.

[179] Ghisetti C, Rennings K. "Environmental innovations and profitability: how does it pay to be green? An empirical analysis on the German innovation survey", Journal of Cleaner Production, Vol. 75, No. 15, 2013. p. 106.

[180] Gollop, F M, Roberts M J. "Environmental regulations and productivity growth: the case of fossil-fueled electric power generation", Journal of Political Economy, Vol. 91, 1983, p. 654.

[181] Gray W B. "The Cost of Regulation: OSHA, EPA and the Productivity Slowdown", American Economic Review, Vol. 77, 1987, p. 998.

[182] Griliches Z. "Issues in assessing the contribution of R&D to productivity growth", Bell Journal of Economics, Vol. 10, No. 1, 1979, p. 92.

[183] Hahn R W. "Economic prescriptions for environmental problems: how the patient followed the doctor's orders". J. Econ. Perspect. Vol. 3, No. 2, 1989, p. 95.

[184] Hart S L, Dowell G. "A natural -resource-based view of the firm: Fifteen years after", Journal of Management, Vol. 20, No. 5, 2010, p. 986.

[185] Henriques I, Sadorsky P. "The relationship between environmental commitment and managerial perceptions of stakeholder importance", Academy of Management Journal, Vol. 42, No. 1, 1999, p. 87.

[186] Horbach J. "Determinations of environmental innovation-New evidence from German panel data sources", Research Policy, Vol. 37, 2008, p. 163.

[187] Horvathova E. "Does environmental performance affect financial performance? A meta-analysis", Ecological Economics, Vol. 70, No. 1, 2010, p. 52.

[188] Ilker M A. "The impact of green product innovation on firm performance and competitive capability: the moderating role of managerial environmental concern", Procedia-Social and Behavioral Sciences, Vol. 62, No. 24, 2012, p. 854.

[189] Janicke M, Lindemann S. "Governing environmental innovations", Environmental Politics, Vol. 19, No. 1, 2010, p. 127.

[190] Janicke M. "Dynamic governance of clean-energy markets: how technical innovation could accelerate climate policies", Journal of Cleaner Production, Vol. 22, No. 1, 2012, p. 50.

[191] Jean, M. S. "Polluting emissions standards and clean technology trajectories under competitive selection and supply chain pressure", Journal of Cleaner Production, Vol. 16, No. 1, 2008, p. 113.

[192] John H. Adaptation in Natural and Artificial Systems, Holland:

MIT Press, 1992.

[193] Jonn A, Caroline O, Stephen S. "Social influence and consumer preference formation for pro-environmental technology: The case of a U. K. workplace electric-vehicle study", Ecological Economics, Vol. 95, 2013, p. 96.

[194] Judge W Q, Douglas T J. "Performance implications of incorporating natural environmental issues into the strategic planning process: an empirical assessment", Journal of Management Studies, Vol. 35, No. 2, 1998, p. 241.

[195] Kaiser H F. "An index of factorial simplicity", Psychometrika, Vol. 39, No. 1, 1974, p. 31.

[196] Kast F E, Rosenzweig J E. Organization and management : a systems and contingency approach. McGraw-Hill, 2010.

[197] Katsoulacos Y, Xepapadeas A. "Environmental policy under oligopoly with endogenous market structure", Scandinavian Journal of Economics, Vol. 97, No. 4, 1995, p. 411.

[198] Khanna M, Deltas G, Harrington D R. "Adoption of pollution prevention techniques: The role of management systems and regulatory pressures ", Environmental and Resource Economics, Vol. 44, No. 1, 2009, p. 85.

[199] Kilbourne W E, Beckmann S C. "Review and Critical Assessment of Research on Marketing and the Environment", Journal of Marketing Management, Vol. 14, No. 6, 1998, p. 513.

[200] Lee C F, Lin S J, Lewis C, Chang Y F. "Effects of carbon taxes on different industries by fuzzy goal programming: a case study of the petrochemical related industries, Taiwan " . Energy Policy, Vol. 35, No. 8, 2007, p. 4051.

[201] Lee, Sanghoon. "Slack and innovation: investigating the relationship in Korea ", Journal of Business Research, Vol. 68, No. 9, 2015, p. 1895.

[202] Lin R J, Tan K H, Geng Y. "Market demand, green product innovation, and firm performance: evidence from Vietnam motorcycle industry", Journal of Cleaner Production, Vol. 40, 2013, p. 101.

[203] Liu W R, Xu X L. "Study on agent-based innovation behavior re-

search technique". Procedia Engineering, Vol. 15, 2011, p. 3541.

[204] Liu Y, Ye H. "The dynamic study on firm's environmental behavior and influencing factors: an adaptive agent-based modeling approach", Journal of Cleaner Production, Vol. 37, 2012, p. 278.

[205] Liu Y. "Investigating external environmental pressure on firms and their behavior in Yangtze River Delta of China", Journal of Cleaner Production, Vol. 17, 2009, p. 1480.

[206] Lopolito A, Morone P, Taylor R. "Emerging innovation niches: An agent based model". Research Policy, Vol. 42, 2013, p. 1225.

[207] Mainieri T, BarnettE G, Valdero T R, et al. "Green Buying: The Influence of Environmental Concern on Consumer Behavior", Journal of Social Psychology, Vol. 137, No. 2, 1997, p. 189.

[208] Maria C C, Angela T C, David C. "Drivers of green and non-green innovation: empirical evidence in Low-Tech SMEs", Journal of Cleaner Production, Vol. 68, No. 1, 2014, p. 104.

[209] Martin R, Jurgen W. " Agent-based simulation of policy induced diffusion of smart meters". Technological Forecasting & Social Change, Vol. 85, 2014, p. 153.

[210] Meagan W, Anne S, Magda N. "The effect of 'green' messages on brand purchase and brand rejection", Australasian Marketing Journal, Vol. 21, 2013, p. 105.

[211] Mitchell R K, Agle B R, et al. "Toward a theory of stakeholder identification and salience: Defining the principle of who and what really counts", Academy of Management Review, Vol. 22, No. 4, 1997, p. 853.

[212] Monroe K B. Pricing: making profitable decisions, Nw York: Ma-Graw-Hill, 1990.

[213] Never B. "Behave and save? Behaviour, energy efficiency and performance of micro and small enterprises in Uganda", Energy Research & Social Science, Vol. 15, 2016, p. 34.

[214] Palmer K, Oates W E, Portney P R. "Tighering environmental standards: the benefit-cost or the no-cost paradigm ", The Journal of Economic Perspectives, Vol. 66, No. 5, 1995, p. 88.

[215] Paul W, Tommaso C, Chris B. "Consumer heterogeneity and the development of environmentally friendly technologies", Technological Forecas-

ting & Social Change, Vol. 76, 2009a, p. 533.

[216] Paul W, Tommaso C, Chris B. "Environmental impact, quality, and price: Consumer trade-offs and the development of environmentally friendly technologies", Technological Forecasting & Social Change, Vol. 76, 2009b, p. 552.

[217] Peattie K. "Golden goose or wild goose? The hunt for the green consumer", Business Strategy and the Environment, Vol. 10, No. 4, 2001, p. 187.

[218] Popp D, Hafner T, Johnstone N. "Environmental policy vs. public pressure: Innovation and diffusion of alternative bleaching technologies in the pulp industry", Research Policy, Vol. 40, No. 9, 2011, p. 1253.

[219] Porter M E, Van D L. "Green and competitive: ending the stalemate", Harvard Business Review, Vol. 73, No. 5, 1995, p. 120.

[220] Porter M E. "America's green strategy", Scientific Amercian, Vol. 264, No. 4, 1991, p. 1.

[221] Prakash, A. "Green marketing, public policy and managerial strategies", Business Strategy and the Environment, Vol. 11, No. 5, 2002, p. 285.

[222] Rassier D G, Earnhart D. "The effect of clean water regulation on profitability: testing the Porter hypothesis", Land Eonomics, Vol. 86, No. 2, 2010, p. 329.

[223] Rennings K. "Redefining innovation-Eco-innovation research and the contribution from ecological economics", Ecological Econimics, Vol. 32, 2000, p. 319.

[224] Rennings K. "Towards a theory and policy of eco-innovation: Neoclassical and (co-) evolutionary perspectives", ZEW Discussion Paper, Center for European Economic Research (ZEW), Mannheim, 1998, p. 98.

[225] Ruekert R W, Walker Jr O C. "Marketing's interaction with other functional units: a conceptual framework and empirical evidence", The Journal of Marketing, Vol. 51, No. 1, 1987, p. 1.

[226] Samantha S, Angela P. "Eating clean and green? Investigating consumer motivations towards the purchase of organic food", Australasian Marketing Journal. Vol. 18, 2010, p. 93.

[227] Sarkisa J, Gonzalez-Torreb P, Adenso-Diazb B. "Stakeholder

pressure and the adoption of environmental practices: The mediating effect of training", Journal of Operations Management, Vol. 28, No. 2, 2010, p. 163.

[228] Schaefer A. "Contrasting institutional and performance accounts of environmental management systems: Three case studies in the UK Water & Sewerage Industry", Journal of Management Studies, Vol. 44, No. 4, 2007, p. 506.

[229] Schumpeter J A. The theory of economic development: An inquiry into profits, capital, credit, interest and the business cycle, New Brunswick: Transaction Publishers, 1934.

[230] Schwarz N, Ernst A. "Agent-based modeling of the diffusion of environmental innovations—An empirical approach", Technological Forecasting and Social Change, Vol. 76, No. 4, 2009, p. 497.

[231] Sharma A. "Managerial interpretations and organizational context as predictors of corporate choice of environmental strategy", Academy of Management Journal, Vol. 43, No. 4, 2000, p. 681.

[232] Sharma S, Vredenburg H. "Proactive corporate environmental strategy and the development of competitively valuable organizational capabilities", Strategic Management Journal, Vol. 19, No. 8, 1998, p. 729.

[233] Shinkle G A. "Organizational aspirations, reference points, and goals building on the past and aiming for the future", Journal of Management, Vol. 38, No. 1, 2012, p. 415.

[234] Shrivastava P. "Environmental Technologies and Competitive Advantage", Strategic Management Journal, Vol. 16, 1995, p. 183.

[235] Shrum L M, Mccarty J A, Lowrey T M. "Buyer Characteristics of the Green Consumer and Their Implications for Advert", Journal of Advertising, Vol. 24, No. 2, 1995, p. 71.

[236] Singh J. "Performance slack and risk taking in organizational decision making", Academy of Management Journal, Vol. 29, 1986, p. 562.

[237] Smith A M. "Some Problems When Adopting Churchill's Paradigm for the Development of Service Quality Measurement Scales", Journal of Business Research, Vol. 46, No. 2, 1999, p. 109.

[238] Solow R M. "Technical and the aggregate production function", The review of economics and statistics, Vol. 39, No. 3, 1957, p. 312.

[239] Sopha B M, Klockner C A, Hertwich E G. "Adoption an diffu-

sion of heating systems in Norway: Coupling agent-based modeling with empirical research". Environmental Innovation and Societal Transitions, Vol. 8, 2013, p. 42.

[240] Stead J G, Stead W E. Management for a small planet. ME Sharpe, 2009.

[241] Suarez D. "Persistence of innovation in unstable environments: Continuity and change in the firm's innovative behavior", Research Policy, Vol. 43, 2014, p. 726.

[242] T. Ramayah, Jason W, Osman M, et al. "Green product purchase intention: Some insights from a developing country", Resources, Conservation and Recycling, Vol. 54, 2010, p. 1419.

[243] Timothy R, Cai H. "Unmasking chinese business enterprises-Using information disclosure laws to enhance public participation in corporate environmental decision making", Harvard Environmental Law Review, No. 33, 2009, p. 177.

[244] Tseng M L, Wang R, Chiu A S, et al. "Improving performance of green innovation practices under uncertainty", Journal of Cleaner Production, Vol. 40, 2013, p. 71.

[245] Vliet O V, Vries B D, Faaij A, Turkenburg W, Jager W. "Multi-agent simulation of adoption of alternative fuels". Transportation Research Part D, Vol. 15, 2010, p. 326.

[246] Walid O. "Environmental tax reform: Short-term versus long-term macroeconomic effects". Journal of Macroeconomics, Vol. 40, 2014, p. 190.

[247] Xue Ling. "Evolution of spatial structure of commerce center in global city-region: A dynamic agent-based simulation", Procedia-Social and Behavioral Sciences, Vol. 77, 2013, p. 308.

[248] Youn S, Yang M G, Hong P, et al. "Strategic supply chain partnership, environmental supply chain management practices, and performance outcomes: an empirical study of Korean firms", Journal of Cleaner Production, Vol. 56, 2013, p. 121.

[249] Zeppini P, Frenken K, Kupers R. "Thresholds models of technological transitions", Environmental Innovation and Societal Transitions, Vol. 11, 2014, p. 54.

[250] Zhang B, Yang S C, Bi J. "Enterprises' willingness to adopt/de-

velop cleaner production technologies: an empirical study in Changshu, China", Journal of Cleaner Production, Vol. 40, 2013, p. 62.

[251] Zhang Y J, Wang A D, Tan W P. "The impact of China's carbon allowance allocation rules on the product prices and emission reduction behavior of ETS-covered enterprises", Energy Policy, Vol. 86, 2015, p. 176.

[252] Zhao X L, Zhao Y, Zeng S X, Zhang S F. "Corporate behavior and competitiveness: impact of environmental regulation on Chinese firms", Journal of Cleaner Production, Vol. 86, 2015, p. 311.

[253] Zhao X, Sun B W. "The influence of Chinese environmental regulation on corporation innovation and competitiveness", Journal of Cleaner Production, Vol. 112, 2016, p. 1528.

后　记

　　一个偶然的机会，听说了社会科学领域悄然兴起的计算实验方法，便仔细拜读了南京大学盛昭瀚教授等编著的《社会科学计算实验理论与应用》系列丛书，并被书中提出的复杂系统研究理论及计算实验理论与方法深深吸引。随着研究的深入，逐渐认识到计算实验方法在研究社会科学问题中的独到之处，并日益领悟盛昭瀚教授和天津大学张维教授2011年共同在《管理科学学报》中发表的《管理科学研究中的计算实验方法》中提出的"定性定量，科学实验，虚实结合，综合集成"研究方法的精辟。

　　运用计算实验方法从事社会科学领域相关问题的研究工作，最核心的难点在于对现实系统的合理抽象与量化建模。计算实验模型能够真实客观地反映社会现实系统，并与现实系统通过虚实结合相互印证，是保证实验研究工作科学性的前提。然而，由于社会科学领域中研究问题的主体通常是复杂的人类活动，而人类本身是理性与非理性、主动与被动、主观与客观的统一体，具有高度的智能性、自主性、目的性和对外界的自适应能力；同时，人类所处的社会网络是非结构化的，主体与主体之间、主体与环境之间不断交互，并通过学习、模仿、尝试等手段调整自身行为并影响其他主体；而人类所处的环境更是动态变化的，突发事件的发生随时影响着社会系统的演化。现实系统的复杂性要求我们在计算实验建模中既要避免"一叶障目"，要有全局观和系统观，又不能忽视不同个体的异质性，要从微观个体的属性、行为规则及交互规则入手，综合集成相关学科的研究成果，采用自下而上的方式，基于情景建模，完成现实世界人工系统的构建，并通过相应参数的调整，模拟主体或环境变化对系统的影响，探索不同情境下系统的演化规律。

　　社会科学计算实验是一种跨学科的研究方法，所研究的问题常常涉及社会经济学、行为心理学及计算机科学等多个相关领域，复杂自适应理论（CAS）、多智能体理论、博弈理论等是常用的理论与方法。因此，对于复杂社会系统计算实验模型的构建常常需要各方专长人员的通力合作。本书写作过程中得到了江苏大学社会科学计算实验研究团队成员的大力支持与帮助，团队成员金帅、孟庆峰、张道海、李真等有着多年从事计算实验相关研究工作的经历。在此向各位表示诚挚的感谢。本书引用了部分其他学者的论文及著作，在此，向各位作者致以深深的谢意。

由于社会科学计算实验在企业绿色技术创新领域的研究尚不多见，笔者只能是边学习、边思考、边写作；同时，受限于认识问题的深度及所构建计算实验平台的局限，研究的问题并没有关注到企业绿色技术创新领域的方方面面。当把这本书奉献给读者时，与最初的设想还是有一定差距的。加之笔者水平有限，书中难免存在一些疏忽或错误的地方，敬请读者原谅并指正。

最后，我要感谢我的家人和朋友，他们的支持与鼓励是我前行的最大动力！

关洪军
2017 年 2 月于泉城济南

图书在版编目（CIP）数据

企业绿色技术创新行为研究 / 关洪军等著. —北京：
经济科学出版社，2017.4
ISBN 978 - 7 - 5141 - 7861 - 6

Ⅰ. ①企…　Ⅱ. ①关…　Ⅲ. ①企业管理－技术革新－
研究　Ⅳ. ①F273.1

中国版本图书馆 CIP 数据核字（2017）第 057289 号

责任编辑：侯晓霞　程辛宁
责任校对：隗立娜
责任印制：李　鹏

企业绿色技术创新行为研究

关洪军　赵爱武　杜建国　著

经济科学出版社出版、发行　新华书店经销
社址：北京市海淀区阜成路甲 28 号　邮编：100142
教材分社电话：010 - 88191345　发行部电话：010 - 88191522
网址：www. esp. com. cn
电子邮箱：houxiaoxia@ esp. com. cn
天猫网店：经济科学出版社旗舰店
网址：http://jjkxcbs. tmall. com
北京密兴印刷有限公司印装
710 × 1000　16 开　13.75 印张　250000 字
2017 年 4 月第 1 版　2017 年 4 月第 1 次印刷
ISBN 978 - 7 - 5141 - 7861 - 6　定价：48.00 元
（图书出现印装问题，本社负责调换。电话：010 - 88191510）
（版权所有　侵权必究　举报电话：010 - 88191586
电子邮箱：dbts@ esp. com. cn）